U0940472

孩子，不仅给我们带来快乐，

更重要的是，他们把我们重新引入真、善、美的世界

立 品 图 书·自觉·觉他

www.tobebooks.net

出 品

为了支持、启迪与幼儿一起生活、工作的父母和老师们，中国华德福幼儿教育论坛（CECEF）特此将本书引进国内，希望这本书能成为父母和老师们的好助手。在此诚挚感谢本书的作者和译者，感谢北美华德福幼教联盟的大力支持。

以华德福教育的视角

重新认识你的孩子

引导孩子度过6～7岁转变期

（加拿大）露丝·科尔 / 编著
郭淑琴　谭颖　吴开萍 / 译

海天出版社（中国·深圳）

版权登记号：图字 19-2017-114 号

图书在版编目（CIP）数据

重新认识你的孩子：引导孩子度过6～7岁转变期 /（加）露丝·科尔编著；郭淑琴，谭颖，吴开萍译. -- 深圳：海天出版社，2018.1

ISBN 978-7-5507-2215-6

Ⅰ.①重… Ⅱ.①露… ②郭… ③谭… ④吴… Ⅲ.①儿童教育—家庭教育 Ⅳ.①G782

中国版本图书馆CIP数据核字(2017)第285392号

重新认识你的孩子：引导孩子度过6～7岁转变期

CHONGXIN RENSHI NI DE HAIZI：YINDAO HAIZI DUGUO 6~7 SUI ZHUANBIAN QI

出 品 人　聂雄前
责任编辑　陈　军
特约编辑　柯祥河
责任技编　梁立新
封面绘图　任卓鹏
封面设计　尚上文化 · 海凝

出版发行　海天出版社
地　　址　深圳市彩田南路海天综合大厦（518033）
网　　址　www.htph.com.cn
订购电话　0755-83460239（批发）0755-83460397（邮购）
排版设计　九章文化　Tel：010-82116993
印　　刷　三河市华晨印务有限公司
开　　本　787mm × 1092mm　1/16
印　　张　24
字　　数　300千
版　　次　2018年1月第1版
印　　次　2018年1月第1次
定　　价　68.00元

海天版图书版权所有，侵权必究。

海天版图书凡有印装质量问题，请随时向承印厂调换。

论孩子

纪伯伦

你的儿女，其实不是你的儿女。

他们是生命对于自身渴望而诞生的孩子。

他们借助你来到这个世界，却非因你而来，

他们在你身旁，却并不属于你。

你可以给予他们的是你的爱，却不是你的想法，

因为他们有自己的思想。

你可以庇护的是他们的身体，却不是他们的灵魂，

因为他们的灵魂属于明天，属于你做梦也无法达到的明天。

你可以拼尽全力，变得像他们一样，却不要让他们变得和你一样，

因为生命不会后退，也不在过去停留。

你是弓，儿女是从你那里射出的箭。

弓箭手望着未来之路上的箭靶，

他用尽力气将你拉开，使他的箭射得又快又远。

怀着快乐的心情，在弓箭手的手中弯曲吧，

因为他爱一路飞翔的箭，也爱无比稳定的弓！

——《先知》第四章

目录

第三部分 构建混龄幼儿园的社交风格

第四部分 满足孩子的需求——班级工作建议

第五部分 课堂活动及其素材

编者简介

WECAN 大孩子工作小组

（WECAN：Waldorf Early Childhood Association of North America，即北美华德福幼教联盟）

露丝·科尔（Ruth Ker）

露丝是两个孩子的妈妈，一个 27 岁，另一个 21 岁，他们都就读过露丝亲手参与创建的位于加拿大哥伦比亚省温哥华岛邓肯镇（Duncan）的华德福学校。她从事华德福早期教育工作已经有 30 多年了，之前她在公立学校当过老师，然后就到了日出华德福学校（Sunrise Waldorf School）。露丝现在带的是幼儿园一个混龄班，班上有很多她深爱的 6 岁的孩子。她还是 WECAN 的董事会成员，西海岸人智学学习机构幼教培训老师和指导老师。露丝是大孩子工作组特别会议的主要推动者，并且全程参与了这本书的编辑。在闲暇时间，露丝喜欢和愿意到郊外远足。

蒂姆·班尼特（Tim Bennett）

蒂姆·班尼特出生于英格兰，10 岁时移居美国。生活在太平洋西北岸的他，充分地享受了野趣的大自然、露营、滑雪和远足的乐趣。毕业于华盛顿大学，他获得了艺术学士学位，主修美术专业，主攻陶艺和绘画。因为艺术，他开始了跟孩子们的工作。在西雅图华德福学校（Seattle Waldorf School）的幼儿园里当了三年助理老师之后，他成为一名主班老师。他从 1990 年开始在幼儿园任教。蒂姆于 1994 年参加了在美国举办的第一期空间体育培训班的学习，并获得证书。他对于孩子和运动的兴趣引领着他遇到了海勒·海克曼（Helle Heckmann），并参观了她在哥本哈根的学校。在他自己的幼儿园里，蒂姆很好地将对大自然的爱融入愉快的运动之中。

南希·布兰宁（Nancy Blanning）

南希在华德福学校当了 25 年的主班老师，现在任丹佛华德福学校（Denver Waldorf School）治疗和疗愈老师。她主要研究如何丰富那种能促进年幼孩子发展的运动。南希与她的同事劳瑞·克拉克（Laurie Clark）合著了《运动之旅和晨圈探索》（Movement Journeys and Circle Adventures）。她还为北美华德福学校教师培训和辅导做咨询工作，也是 WECAN 的董事会成员。

露易丝·德·福里斯特（Louise de Forest）

露易丝有 4 个孩子，他们的年龄从 23 岁到 40 岁不等。她做了多年的华德福幼儿园老师，现在任曼哈顿鲁道夫·斯坦纳华德福学校（Rudolf Steiner Waldorf School in Manhattan）早期教育部的教学主任。露易丝一直对成人教育很感兴趣，已经在日桥学院任教多年，也开设了一个叫“把华德福教育带回家”的家长课程。她还与珍妮弗·布鲁克斯－奎安（Jennifer Brooks-Quinn）每月对在家上学的家庭进行指导，也为家长们提供咨询，还奔走于美国和世界各地，为早教老师提供指导和评估。在进行各项工作的同时，露易丝还是 WECAN 的董事会成员，WECAN 在墨西哥的区域代表，是从北美到国际斯坦纳 / 华德福早期教育协会（IASWECE—International Association for Steiner/Waldorf Early Childhood Education）的代表之一，还是墨西哥库埃纳瓦卡（Cuernavaca）的幼教培训的领导者之一。在她“自由”的时候，露易丝喜欢旅游（她的 3 个孩子都住在其他不同的国家）、做手工、园艺，还喜欢在她家后面的湖里划独木舟。

芭芭拉 · 克拉克（Babara Klocek）

芭芭拉 · 克拉克在萨克拉曼多华德福学校（Sacramento Waldorf School）任幼儿园混龄班老师多年。在那段时间里，她还是一位职业艺术家和职业艺术治疗师。她早年就非常喜欢艺术，后来她在天普大学（Temple University）获得艺术硕士学位。她有 3 个儿子，现在都已经长大成人。儿子们在华德福学校受教育的经历激励她成为一名华德福老师。她在鲁道夫 · 斯坦纳学院（Rudolf Steiner College）完成她的教师培训，她也在全国各地乃至世界各地教学。她还喜欢音乐、园艺和大自然。

序一
陪伴孩子度过 6 ～ 7 岁转变期

美丽的大自然经由四季和时节去转化、衍生，奇妙的人生也会经由一些特殊转变期去成长、成熟。从华德福教育的视角来说，2 ～ 3 岁、6 ～ 7 岁、9 岁、14 岁等都是孩子在成长过程中的重要转变期。在这些时期，孩子的身体、心魂和意识发生着巨变，由此呈现出和过去不同的内外特质，呈现出对未来的憧憬与不安。这些变化也许会给家长和老师带来无数的惊喜和兴奋，也有可能带来不少的困难和挑战。

如何理解 6 ～ 7 岁的大孩子？如何更好地陪伴和照顾他们？如何帮助他们从幼儿园过渡到小学？这是很多老师和家长的共同需求和要面对的问题。《重新认识你的孩子》对“6 岁之变”的研究是众多的华德福教育书籍中最具有专业性、针对性和权威性的著作。这本书集合了许多具有丰富经验的华德福老师对幼儿园里“大孩子”的观察、研究、教育、照顾的智慧和经验。我相信它可以帮助家长和老师更智慧、更自信、更有效地陪伴孩子度过 6 ～ 7 岁转变期。这确实是一份值得大家信任的宝贵礼物。

张俐

中国华德福幼教论坛主席

序二
为孩子的健康发展提供保障

作为早期华德福幼儿教育工作者，当与同事分享我们的经验和关注的问题时，美妙的事情开始发生——在一个更大的团体的带领滋养下，我们关注的问题得到解决。我们对于与孩子、父母、同事开展的工作也有了新的理解和领悟。如果我们能时常与他人讨论这些问题，一种钻研探索的氛围就会形成，而且调研的成果就会呈现出来并可以和他人分享。这本书展示了在过去的七年中，这种协同合作的硕果。

不列颠哥伦比亚省邓肯市的日出学校（Sunrise School）的一位名为露丝·科尔（Ruth Ker）的教育工作者，她内心一直关注如何与幼儿园较大孩子相处这个问题。2001 年，露丝率先向北美华德福幼教联盟董事会表达了她对我们幼儿园里较大孩子的关注：我们真的满足了他们的需求吗？她注意到她自己在与大孩子相处时面临的挑战，而孩子们的要求看起来已超过她所能提供的支持。在北美华德福幼教联盟的支持下，露丝调查了北美的幼儿园老师，了解他们如何看待自己的工作，并开始走访北美的幼儿园去体验较大孩子和老师是如何相处的。在她的走访中，她遇见了那些面临类似问题的老师，他们都用非常不同的方式去和较大的孩子相处。

这些人在2003年和露丝组建北美华德福幼教联盟工作小组。小组成员有来自萨克拉曼多华德福学校的芭芭拉·克拉克，西雅图华德福学校的蒂姆·班尼特，纽约冈栗的绿荫华德福学校的露易丝·德·福里斯特和丹佛华德福学校的南希·布兰宁。通过诺顿基金会的慷慨支持，北美幼教联盟工作小组能够连续三年开展培训，分享经验和解决工作中碰到的问题。在他们的努力下，其他的教育工作者、医学博士和孩子的父母也被邀请参与其中。当初仅打算在小范围收集、整理、分享他们的想法，不料却逐渐成为面向幼儿园较大孩子成长所需的主要支持性资源，最终结集为《重新认识你的孩子》一书。工作小组的成果已经远远地超越了一本书所能涵盖的内容，因而第二本《入学准备》已经着手准备。

北美华德福幼教联盟工作小组的活动已经远远超过了现有的服务地域；国际斯坦纳华德福幼教联盟最近成立了一个专门针对6岁孩子的工作小组，使得这些问题能在全球范围内继续深化研究。随着欧洲和世界教育改革给华德福学校带来的压力——“要降低入学年龄和把学校体验带给幼儿园的孩子，理解和支持6岁孩子需求”的要求变得越来越迫切。北美华德福幼教联盟工作小组一直在为满足这个不断增长的需求而努力。

以上的成果都始于露丝·科尔内心的疑问！我们感谢她对此问题不懈的探索，她内心深处的包容使得她能够尊重并倾听他人的观点和找到不同的处理方法。出于更好地服务并发展新的能力的意愿，她的推动使本书得以出版。同时，还要感谢工作小组的每一位成员、同事为此付出的努力，特别要感谢芭芭拉·克拉克为英文原版书封面以及插图所做的艺术性设计。

北美华德福幼教联盟非常高兴能出版这本书。我们希望本书能为成长中的孩子、为教师的实际工作以及家长对孩子的养育提供有益的帮助，并为孩子的健康发展提供保障。

苏珊·霍华德

北美华德福幼教联盟协调人

前言

这不是一本告诉你在华德福幼儿园里应该做什么的书，而是一本由幼儿园孩子的教师、医生和家长所写的文章的合集。作者们提出建议的同时，也带来了自己日常生活中的问题，希望加强和拓宽我们对幼儿园里较大孩子的理解。本书同样面向父母，旨在加强家长与教师之间纽带的联结。我希望你通过本书找到与自己个人努力相关的理念并强化自身独特的艺术性。或许在你阅读的过程中，一些新的灵感会出现。

在 20 世纪 80 年代，许多专家、学者在各种研讨会上发表了他们关于如何处理某些早期童年问题的看法。当听众们聆听这些来自欧洲大陆、斯堪的纳维亚半岛和北美的同事的演说时，我们明显感受到对于我们承担的这项备受祝福的工作有很多不同的处理方法。一旦我们跨越了“没有操作手册”带给我们的冲击，我们就能欣然接受这个事实，即在华德福早期幼儿教育的基本原则下，保持灵活性和独特艺术性是允许的。

鲁道夫・斯坦纳不止一次地提到：老师应该是一名艺术家。而且，当我代表北美华德福幼教联盟董事会开始我的调研，去寻找他人与我一起着手开展幼儿园较大孩子项目时，我遇到的当然是艺术性。

这个调研的目标是寻找在幼儿园与较大孩子相处没有压力且愉快的成熟教师，并从中挑选出不同的教学方法，加深和拓宽对该年龄段儿童发展的理解。我很高兴见到马萨诸塞州、缅因州、华盛顿州和加利福尼亚、纽约这些地区的学校受益于该调研成果，却没想到自己所在的幼儿园也受到了强大的影响。当我写这些文字的时候，我对这些同事给我的，以及从我自己幼儿园里的孩子那里所学到的，产生了极大的感激之情。

解释一下为什么这个调研小组在第一时间成立是很重要的，它最初从北美幼儿园督导老师的不断观察中得出，许多老师与幼儿园里的较大孩子相处时面临挑战。2002 年，北美华德福幼教联盟通过公布以及后来出版的关于这一主题的调研结果回应了教师的这些需求。北美华德福幼教联盟想知道老师们与较大孩子相处时是否经历了挫折，他们的挑战是什么，什么是进展顺利的问题，什么是迫在眉睫的问题。与这相关的调研结果可以从北美华德福幼教联盟的出版物中获得，里面有很多北美的同事给出的敏锐的观察和建议。

随着调查的开展，我们越来越明显地感受到这有利于不断地深入该主题的研究。北美华德福幼教联盟董事会成员建议我从这个调查中寻找出谁是可以协助开展这项工作的合作伙伴。他们还找寻资金帮助我尽可能地拜访这些教师，并寻找合适的成员与我一起参与到北美华德福幼教联盟“幼儿园较大孩子”项目组中。这个小组通常被称为“6 岁孩子工作小组”。

我参观的第一个班是位于萨克拉曼多的芭芭拉·克拉克老师所带的班。在那里，我观察到了一个非常有节奏的、平衡室内与室外的活动安排，还有被充满爱与严格界限的氛围笼罩着的可爱的孩子们。工作性质的活动被穿插在戏剧、偶戏和创造性玩耍中，整个上午的活动在音乐的映衬下自然流动着。在这里，我还目睹了较大的女孩和男孩温柔而富有创造性地玩“小不点”的游戏（你可以在本书第三部分读到更多有关“小不点”的信息）。

在芭芭拉的班里有很多较大的男孩和女孩，他们很有意义地参与到整个环节中。在这个幼儿园里，爱和喜悦的疗愈力量的呈现是容易感知到的。

拜访位于纽约冈栗的露易丝·德·福里斯特幼儿园是体验隔代项目的机会。我不仅与露易丝一起在一个幼儿园度过了一个上午，在这个环节结束后，我还去了友谊社区（一个面向老年人的社区）吃饭，这个社区离这个幼儿园很近，首先上了一道非常美味的主菜，接着是露易丝和她的幼儿园的孩子们在上午准备的苹果馅饼。在露易丝的幼儿园上午的安排中，玩要、晨圈歌曲和室内点心准备之后，露易丝和孩子们就在户外为友谊社区做有意义的工作。和露易丝及她的学生们结伴穿过田野和开花的苹果林去到农场是很快乐的，在那里，幼儿园的孩子们每天都做农场日常维护的琐碎事情。当孩子们拾起地上的石头、播种、除草、喂牛马羊的时候，我也一起帮忙（你可以在本书第四部分中读到关于这个安排的更多内容）。露易丝的工作充满着温暖和意义。

蒂姆·班尼特的幼儿园坐落在华盛顿西雅图的一个迷人的花园里，紧挨着一个繁忙的十字路口。上午环节从一个户外的晨圈开始，孩子们的父母也参与了进来。然后我很惊奇地看到蒂姆和孩子们很自信地穿过那个五条道路交汇的十字路口，漫步穿过一个巨大的城市公园。在公园里，孩子们有很多的运动和玩要体验：大孩子可以爬的小山；水泥坑可用于平衡；高大的树上悬垂的树枝可用于荡秋千；孩子们爬上周围的石头上的时候，兔子会突然从洞穴中跳出来；绿草地上的小花；树木顶上空形成的枝叶茂盛的遮篷，可以让孩子们藏起来或者用环抱的树枝搭建小小的空间。在步行途中遇到停留区域，孩子们就会开始活动。蒂姆平静、耐心而坚定地根据实际发生的情况回应着孩子们的需要。返回途中，当我们再次穿过十字路口，户外玩要的院子里已经准备好了点心。这个户外玩耍的院子对较大孩子也有着挑战性的运动体验。在这里，我看到一个孩子手上抱着一只小鸡，还有两个孩子用悬挂在树上的粗绳子尝试将对方升起或者放下。蒂姆的存在提供了一个平静而安全的环境，激发了孩子们对有挑战性的活动的需求。

当我以学生身份体验了南希・布兰宁的运动晨圈时，我被迷住了。在丹佛的学校里，南希・布兰宁是一个兼职的疗愈老师，她在幼儿园分享她的一些晨圈。这将有助于她为一个孩子或者团体开展工作，并协助幼儿园老师做好新生一年级准备的评估。南希作为治疗教师的工作让她对儿童发展和年幼孩子的运动需求有独到见解，并提升了她的观察能力。她是我们项目团队中非常有价值的人才。

在我拜访完我的同事后，上面提到的变化被我在自己的工作中渐渐吸纳并完善了，这些变化在我有条不紊的室内与室外活动的实践过程中慢慢地延伸了：我怎么能避免早上散步的时候带一根大绳子，只是因为附近可能有树杈？我怎么能抗拒找到一种合适的方式把“小不点”带到孩子们中；或者在我每天的工作中安排一个我非常需要的安静的休息时间；或者在晨圈时间里使用“运动之旅”；或者观察我周围的环境，发现我们如何更好地通过有意义的活动服务社区？“老人麻烦”（见本书第二部分）也是一个对我所在的幼儿园部分活泼的较大孩子的有价值的训练工具。

拜访这些同事及询问他们是否有兴趣参与到这个团队后，我们开始提交申请并获得了授权。之后连续三年里，我们每年相聚三次，学习鲁道夫・斯坦纳关于早期幼儿本质的演讲内容，更确切地说是关于换牙和以太体出生的内容。在此期间，我们通过打电话、发电子邮件相互交流，和北美及欧洲的其他同事做调研。我们也向人智学医生咨询，这帮助我们找到了围绕 6 岁变化这个重要的转折点的其他参考书籍和医学观点。

这个改变时期，基本上反映了从大约 5 岁开始一直到孩子准备上一年级的过渡时期，有很多不同的叫法。在这本书里，你会看到，它被叫作 6—7 岁的转变、6 岁的变化、意志和想象力危机、以太体的出生、7 岁危机以及换牙等等。在培训期间，我们花了部分时间思考如何解释和称呼这个强有力的转换期。当变化发生的时候，就能用很多不同的层次来探索较大孩子在幼儿园里经历的未知体验。

这些集中在培训以及学习让我们每一个独立的班级的实践能力得到了加强。在我们分开的那段时间，我们的观察结果以及持续调研的成果都将纳入我们下一次的工作小组再培训的内容。

细心体会鲁道夫·斯坦纳的语言以及指导，使得我们在一起的工作更加有活力，这是我独自一人学习时从未体会到的。孩子们在班级里的行为引领我更深入地探究我们学习的主题。我们都有第一手的示范，正如弗莱娅·杰福克在《关于儿童的玩耍》中表达的："深受鲁道夫·斯坦纳指导方法影响的老师，注意到自己对孩子越来越有责任感。"在这个情况下，我们完全可以说，这种"对儿童的责任感"和分享家长们和老师们合作成果的意愿密不可分。我们得出结论是，合作写书是超越我们个体班级，并引导他人更包容地理解幼儿园里较大的孩子的完美方式。

《重新认识你的孩子》这本书汇集了许多人不同的贡献。我之前从来没有编辑过或写过书，而编辑整理本书的工作让我成长很快。许多人对我信心满满，也为本书的问世提供了许多帮助，特别是我亲爱的丈夫迈克·科尔，苏珊·霍华德，以及编辑丽迪雅·罗伯逊和劳瑞·威德默。衷心地感谢为本书付出辛劳的所有人。

这些努力的结果就是你手上捧的这本书。我们希望这对你的工作有所帮助。

祝愿你的工作很好地承载着我们孩子的未来。

露丝·科尔

2007 年 6 月

第一部分

6～7岁孩子的变化

换牙时，以太体脱离物质身体独立出来。记忆力的构建从物质体脱离，并几乎完全留在心魂里，而这个事实可以真正地把老师放在正确的位置上。因为在此变化之前，心、灵、物质体和以太体形成一个统一的整体。在这之后，曾经与精神一起工作的物质体就以成人齿的形态表现。在这个过程中与物质体合作的东西被分开，在思想的形成力量和可靠记忆力方面呈现出来。

——鲁道夫·斯坦纳，《教育的根基》

6 岁孩子变化的观察

露丝·科尔

作为老师，我们要把 6 岁孩子转变的信息传递给父母，孩子在这个时期被直接满足是有很大好处的。

在华德福教育中已经谈了很多有关 9 岁孩子的变化，但关于 6 岁孩子的变化是怎样的呢？这个转换期，通常被称为“第一个青春期”，是孩子经历无数转变的一个时期。这些转变带来的无序的行为症状，甚至出现在能很好适应变化的孩子身上。多年儿童早期教育的工作经历，让我从幼儿园里“时而困惑，时而挑战”的大孩子身上学到很多。这些经历都是令人振奋且受益良多的。

很明显，孩子在 6 岁左右开始经历许多变化。作为幼儿园老师，我们竭尽所能地觉察孩子内在成长的需求，以便我们有意识地帮助孩子度过这个无法抗拒且意义深远的阶段。鲁道夫·斯坦纳在《教育的本质》中谈道：“虽然人们近来对生命中这个阶段的儿童身心发生的变化有一定的觉察但对这个年龄段发生的事情却觉察得不够。要成为教育者，我们必须要了解这一点。牙齿的出现……仅是整个有机体完整转化的最明显的迹象。有更多的东西在有机体内发生，尽管无法从外在感知到。”[1]

作为老师，我们的第一个挑战是更深入地探索 6 岁孩子变化的本质。我们的同事和孩子的父母得益于我们做的这个调研。孩子的换牙期对所有陪伴孩子成长的家长来说都是个很艰难的时期，因此对这个变化的动态要了解并与他人分享，这是对所有人的巨大支持。

琼·艾尔蒙（Joan Almon）在她的作品《一年级准备》[2] 中，把这个变化与“毛毛虫吐丝成茧然后变成一个全新的生物——蝴蝶”联系起来。她指出，处于 6 岁变化期的儿童在很多不同的层次都经历着转变。

这种认识能使我们与孩子情感共通，并以内在态度回应孩子：“我知道你正在经历转变，我爱你和这些新的变化，并且我会帮助你找到你自己的方式。”当然，永远不要直接告诉孩子这些。然而，如果我们作为照顾者能从内在做好准备去看到并支持孩子的这些新行为，那么孩子和他们的父母就能在我们面前更自在。孩子也会有一个安全的地方试探他们新出现的推动边界的需求，我们准备好支持孩子，父母就会相信我们的确了解他们的孩子。作为老师，我们要把 6 岁孩子转变的信息传递给父母，而这种能力是不能被高估的，文章的后面部分会讨论。我们也可以鼓励父母自己去做调研并训练他们的观察技巧。毕竟，他们与他们的孩子有着最亲密的接触，他们做的很多事情可以帮助我们改善他们的孩子正在经历的状况。

有时候，在 5 岁半到 7 岁之间，我们开始看到除了持续不断的模仿以外，孩子们还需要更多的东西。让我们来看看这个阶段自然出现的一些发展，并分辨出作为照顾者，我们能做什么以满足孩子。这些新的发展是我们看到在

1　鲁道夫·斯坦纳，《教育的本质》，第 16 页。

2　琼·艾尔蒙，《一年级准备》，第 119 页。

孩子回应他（她）的世界时发生变化的真正原因。对孩子正在发生的事情的兴趣将帮助我们了解什么是最好的回应方式。随着时间的流逝，这种饱含关爱的关注也会帮助我们发展我们自己的感知力，使我们能积累出丰富的关于变化的本质的洞见。

这有两个有用的图表，我分享给同事和家长。第一个是展示三年周期的自我体现的曲线。

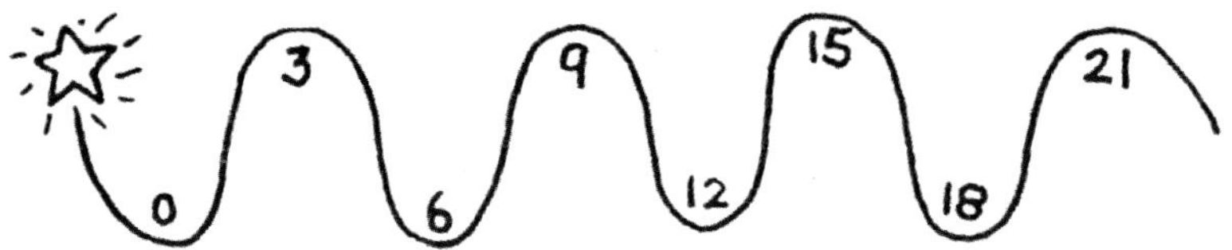

我们知道每一次自我体现周期都伴随着不同程度的孩子的一部分分离。这种新的存在状态甚至类似于离斥感，特别是当孩子长到 9 岁后。对于更年幼的孩子，我们能见证从活动中脱离出来的日益增长的能力。父母、老师或任何人实行众所周知的规则，这种反应就显现出来。这是一个必要的发展，因为它帮助孩子更多地分离并独自与世界相遇。同样，六年周期标志着孩子的以太体开始更多地与父母分离。幼儿园老师必须认识到，这个时期父母和孩子将会感觉到这种“拉扯”，不管它是有意识的还是无意识的。有时，当父母感觉到他们的孩子正在与他们分离的时候，突然想要在家教育。有时，孩子不想上学，或者他们可能某天攀附在父母的大腿上，而第二天就告诉他们的父母要自己进学校：“妈咪，请待在车里，今天我想自己进校门。”

我想起了萨莉被她父亲抱在手臂里来到学校的那个早上。萨莉是一个非常有创造性和想象力的孩子，她也喜欢上幼儿园。有几周的时间，我们开始看到她外在的变化，因为她往常的沉稳和精心设计的装扮游戏被狂躁的运动需求取代了。我们很确定她正经历某些方面的变化，因为她的四肢和躯干也在生长和发育。但是，我们没有想到，有天早上她出现在我们的院子里，把头埋在她父亲的肩膀里，说：“我不想上学，每个人都对我很不好。”

在那一刻，爸爸准备把萨莉带离学校。我对他使了一个眼色，让萨莉和一个朋友去采花，我们谈了很多我们都体验到的有关萨莉的行为。当我们再一次看到她的时候，她正和许多朋友开心地玩着，然后爸爸就高兴地回家了。因为爸爸意识到萨莉正向他展示当她感觉到变化要来时，她正经历的在她身体内唤醒的一些新的感觉。孩子们在进入他们新的独立前要经历退化并非不正常。几天之后，我无意中听到萨莉和一些朋友说：“你知道吗？今天，我刚刚把我爸爸推走！我说，爸爸，你出去。”

我想说，当新学年开始时，我就开始和父母们谈论 6 岁的变化。我告诉他们，孩子身上会发生巨大的变化，并且我会详细地解释出来。在他们的孩子开始表现出行为和身体变化前就已经和父母们发展出这种融洽的关系是非常有帮助的。我告诉他们，虽然可以寻找到很多有关身体和意识方面的改变，但每个孩子倾向于拥有自己独特的表现方式。打开和父母的沟通渠道很重要，这样老师和家长在分享观察的情况时会感到安慰。通过这种方式，我们和父母的伙伴关系也将得到强化。当孩子们度过了这个改变期，特别是如果满足他们对爱的渴望，他们就有可能以更平和的状态重新进入他们的环境。孩子需要他们的老师与父母发展出这种密切关系，如此就能在家和学校提供一致性的支持体系。

像萨莉这样的孩子教会我们的是，变化发生在很多不同的层次。这的确是一个意义深远的物理现象，但是它的影响也波及儿童发展的所有方面。以下的另一个图表可以帮助我们看到这点。

我们知道在每一个 7 年周期里都有一个更着重于意志（Willing，简称

W）、情感（Feeling，简称 F）、思考（Thinking，简称 Th.）的发展时段。在这些周期里，也有为将来的发展阶段培养意志、情感、思考的小种子的时期。我们可以创造出一个直线图来表示：

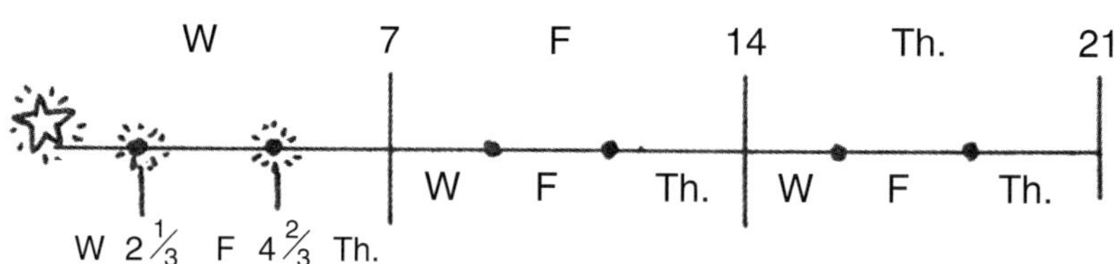

冒着把一个复杂的主题过度简单化的危险，这个图表可以帮助我们理解很多东西。如果你看图中 5 岁半～7 岁阶段的地方，你会看到孩子在这个时期正经历很多。我们看到来自于未来的情感阶段的意志（通常在孩子的绘画中以冒烟的烟囱来描绘）。我们也看到想法、图像和快速发展的想象的唤醒是在第一个 7 年周期的末尾通过思考、情感方面展现的。自从出生后，思考和情感第一次与意志同时强烈地出现在孩子的生命历程中。当然，这些能力的本性在他的生命中还没有像成人和大的兄弟姐妹那样。没有几个人能理解年幼的孩子在这个时期的经历里面对的是什么。看起来是意志、情感和思考同时以双倍量的意愿在运作。

请注意思考、情感和意志的能力在孩子身上的表现并不是我们在成人身上所体验到的那样。看到这些种子的力量在幼儿身上出现并假定是时候开始一些更复杂的回应，作为成人来说是种诱惑。

米凯拉·格洛克勒（Michacla Glöckler）医生告诉我们：“我们能够给孩子一个美丽安全的梦幻意识并轻柔地引导他们通向清醒。我们不需把他们太快地推出来，而是引导他们出来。如果他们没有完全地体验这种童年早期的梦幻意识，那么当成人时，他们会调转回去寻找这个丢失的乐园。比如，他们通过其他物品来寻求这种梦幻体验。我们在童年的时候都有过一些类似于其他物品经历的东西——当色彩、图像等非常生动、鲜活的时候，我们可以完全活在里面。”[1]

与想象工作

正如之前谈到的，许多成人倾向于用智性的说理回应孩子，特别是在 6 岁变化这个时期。但是，孩子真正需要的是我们加入他生动的想象当中。事实上，鲁道夫·斯坦纳在《童年的王国》里甚至说道，如果我们在这个时期以智性的方式而不是以图景化的方式和他说话，我们会“毁掉”一个孩子[2]。在《教育的根基》中，斯坦纳还说道：“如果我们可以教一个孩子一些东西，而他能在几年以后以同样的方式再现的话，我们通常会特别高兴。但这就好像我们要为一个 3 岁的孩子做一双鞋子，而期望他 10 岁的时候穿上一样。在现实中，我们的任务是要给予孩子活跃的、灵活的，能够在他的心里成长的想法……我们自己必须参与到孩子心灵的内在活动当中，并且我们也要对能给予他一些内在灵活持久的东西而感到喜悦。就如他能和身体的四肢一起发育一样，他能和这些想法、情感和冲动一起成长。并且在短时间内，他能够从我们所给予的当中自己制造出其他东西。”[3]

也是在《童年的王国》里，斯坦纳建议我们，换牙期的孩子需要从我们这获得“心之奶”，我们“必须对在换牙期所唤醒的东西有着最热衷的兴

1 米凯拉·格洛克勒，《成长的力量和幻想的力量》，第 82 页。

2 鲁道夫·斯坦纳，《童年的王国》，第 35 页。

3 鲁道夫·斯坦纳，《教育的根基》，第 27 ～ 28 页。

趣……必须了解孩子的内在本质才可以为他做什么。”[1] 对于“心之奶”这个词我已经思考了好几年了，关于教师为幼儿园里较大孩子提供心之奶的角色，我的一些想法会在这本书第二部分的另外一篇文章里分享。

对于斯坦纳提到的“换牙时的唤醒”，一个 6 岁大的孩子用这种方式向她的父母表达：“妈妈，一切都不一样了。你和爸爸不一样，树看起来不一样。甚至小丑（Harlequin）、那只猫，现在也不同了。妈妈，就好像我甚至不知道该怎么玩了。”另一个孩子表示：“一切都很无聊，在家无聊，在学校无聊。我要逃到仙子妈妈的家里去。”这两种表现显示了弗莱娅·亚福克（Freya Jaffke）称为“意志和想象危机”的不同方面。如果我们够幸运地听到孩子们以上述的方式表达他们自己的话，我们就知道，他们需要额外关注和支持的时刻已经来到。弗莱娅·亚福克进一步解释：“可以在很多孩子身上观察到一个明显的危机，特别是在那些活跃的、有创造性的孩子身上。儿童的发展出现了进一步的变化，他们正不断地把自己从新陈代谢和四肢系统中解放出来。要给意志重新定位，以便和这个年龄段的孩子身上被慢慢唤醒的想法结合。这需要一点时间。有一段时间，孩子不会有许多有想象力的想法，他们的意志看起来麻痹了，他们问‘我要做什么呀’或说‘我很无聊’。”[2]

这对孩子来说是一个困惑的、非常严峻的时期，他们当然也不会感到自己能把控。他们的身体在变化，他们的意识在变化，他们与世界的联系也在变化。下面让我们更细致地来看其中的一些变化。

1　鲁道夫·斯坦纳，《童年的王国》，第 30 ～ 31 页。

2　弗莱娅·亚福克（Freya Jaffke），《幼儿的工作与玩耍》，第 65 页。

身体的变化

从身体上来说，我们知道以太体正活跃地起作用，以渗透和形塑孩子的身体。孩子正努力地打造他自己的身体，摆脱遗传的约束。当以太体穿透了身体里最坚硬的物质——骨骼时，它就自由地去开展它新的工作。过去，教育者把乳牙和第二齿系的释放作为此准备的一种标记，而现在却建议我们要把更多的关注放在 6 岁孩子臼齿的出现上，来作为此准备正在形成当中的一种标记。

以太体的活动也表现在孩子的外在运动中。他们倾向于有更多的疯狂的举动，到处奔跑，坚定地寻求运动。我们可以说他们正竭尽全力地协助以太体的工作。作为老师，我们应带着温暖和“这也会过去的”态度迎合这些变化，并提供机会让运动表达得以发生。为此，我们必须凭借我们的耐心储备，增强我们的观察能力。孩子就像沸腾的壶。一个孩子从开始上学时在点心桌上表现出安静和小心地进餐的习惯，突然变得不能安静地坐着吃完一顿饭，我们开始怀疑她是否要从板凳上摔下来。我们也发现孩子的四肢开始伸展，她的腰线、手腕和脖子开始变得明显。婴儿肥开始消失，并且手上和脸上的旋涡也不见了。大孩子喜爱通过跨越障碍训练场、漫长的冒险徒步、跳跃、使用真正的工具、有目的的工作活动和跑步来挑战他们自己。我发现传统的游戏在这个时期是个理想的工具，可以帮助孩子们的社交并支持他们有组织的运动需求。为别人做事——帮农夫清理畜栏、喂鸡、放羊，上午散步的时候，捡起地球母亲身上的垃圾残余，拆开谷物磨粉机做清洁，清洁室外工具并上油，修建小路、炉膛和花园——所有这些事情能引导我们从早年一直很小心地培养孩子的意志。如此，他们现在就能展现新的有意义的道德活动，而不是疯狂的古怪行为。

我发现，每天让一个或两个孩子当“王”并带领我们上午散步很有效。当整个班“一起”散步的时候，我开始了这个练习：如果带领者跑到前面，其他人落在了后面，那我就会用铃铛把他们召唤回队伍里，他们要等另外一天才能带领我们散步。给予孩子学习控制冲动方面的机会，其影响是显著的，这是帮助他们找到如何控制自己表现的一种方式。

我们上午散步会经过小学孩子玩耍的场地，我们在这做了一些有意义的工作，我班上的孩子们在操场上进行了“堆肥堆里蠕虫制造肥料的活动”。在这之后，我们播种，让草生长。“我们做这些，大孩子一定会很高兴的。”孩子们每天不断地说。作为老师和父母，当他们的以太体完成穿透他们的身体的时候，我们有责任帮助孩子为他们的活动找到有价值的途径以及我们能协助的方式。

随着他们的身体伸展发育和胃口增大，他们开始在玩耍中给我们暗示变化将要发生了。他们经常尝试搭建天花板那么高的家具，或者在户外时爬到棚屋顶上。孩子很幸运找到满足这一向上伸展且保持健康界限需求的环境。在我参观过的一个学校环境里，老师给孩子们提供了一根结实的绳子，并把这根绳子抛过一根粗壮的树枝。孩子们在树下把彼此拉起放下，而老师会在旁边留心看护。

我们也可以在其他的方式里看到这种伸展的体验。我们会在孩子的绘画中看到梯子和之字形线条。孩子在向我们展示他们在换牙期和他们的躯干及四肢伸展的体验，与此同时也有伴随着肚子疼和关节疼的抱怨。身体伸展发育的这个时期还伴随有许多的身体感觉，对于孩子来说他们意识不到这是这个时期的正常反应。他们通常也不知道他们的烦躁不安是和这些感觉有关系的，但是我们可以知道这是生长发育的正常阶段，我们要带着更多的同理心回应孩子。

在一个更深的层次，孩子们也在努力确立他们的主导边界，并能轻松地在垂直和平行的中线交叉。像“热十字面包”（“Hot Cross Buns”）“豌豆粥热”（“Pease Porridge Hot”）“一个水手去航海”（“A Sailor Went To Sea Sea Sea”）的拍掌游戏，或在晨圈的时候带入交叉姿势能协助孩子们。跳绳同样也可以协助孩子们有节奏地把平衡和规律带到他们的运动里。在本书第五部分提供了一系列的跳绳韵文。

随着孩子的韵律系统更加稳定，在他们的绘画中开始出现更多的对称和平衡。他们画中人物也经常被架构成站在大地上，并且天与地之间有着很明确的不同。有时我们可以看到对称开始的迹象，而这种对称是他们在一年级画线画的时候才练习的。

一天，我无意中看到一个孩子以非常专注的方式用强烈的红色涂满了整张纸。那天晚上，她妈妈说她烧到了 104 华氏度。只是发烧并没有其他症状，几天后她回到教室时已发生了很大变化。很快，她的四肢开始伸展，她还做了一个生动的有关一年级的梦。

发烧经常在 6 岁转化期发生。在本书第六部分有更多关于应对发烧的信息的介绍。

情感和社交变化

孩子在这个年龄段可能经历的最个性化的差异是在情感和社交方面的变化。有些孩子的回应更勇敢，有些孩子则更默默地做内在酝酿。

我看到的最经常的反应之一是孩子们有被看见和表现的需要。他们不愿被父母、老师和同伴批评。在晨圈活动的时候会显示出来，有些孩子会加快速度在其他人之前说完韵文；或上午散步时，有些孩子会减慢速度以使他自己远在其他人后面到达；有些孩子喜欢与众不同。

他们有做“老板”的需求，他们经常有关于谁是“第一个老板”的谈话。我们听到孩子不断地重复说：“但是我想做老板！”“我知道。你做第一个老板，你做第二个，你做第三个，我做第四个，我告诉你们我们要做什么！”老师、家长和玩伴经常会听到：“你不是我的老板！”这时的回答就需要谨慎。比如：“老师知道这块地的规则。”或者，就如我对我的孩子们说的：“那是我的工作。你的天使请我做你的助手。”一个中立的、告知的语调会使他们安心，使他们既明白自己的界限也得了尊重这是很重要的。

这个转化时期的另一个特征是，孩子们从结伴玩转变为加入自己的想象并自创游戏的行为。弗莱娅·亚福克对此是这样解释的：“关于玩耍的刺激不再更多地来自于外部的物体，而是更多地来自于内在。这说明现在孩子有着内在的图景，这个图景来自于过去事件的想象，他能把这些带入他的玩耍里而独立于地点、时间或人物。”[1] 变化会带来一定的不适应，他们可能会变得有段时期对玩耍感觉百无聊赖或是只是看着别的孩子玩，直到他们可以找到方式与这种新的能力共处。

这并不意味着是一件坏事。如果孩子并没有变得太焦虑的话，这会是非常开心的过渡期。但是，如果老师感到持续时间太久的话，可以让孩子（希望每次一个）去做帮助老师的工作，这也是激励和推动孩子回到玩耍当中的方式。通过帮助老师和观看其他孩子玩耍这种方式，孩子会经常看到一些他

1　弗莱娅·亚福克，《早期童年的发展阶段》，第 11 页。

们希望参与的有趣的东西。通常是小孩子的游戏会激发大孩子重新进入游戏里。有时候大孩子喜欢帮助设立有创造性的活动和为戏剧或偶戏安排道具。他们也可以帮助小孩子做一些有价值的事情——比如系鞋带、散步的时候牵手、穿针、帮助手工项目，等等。当大孩子在一年当中的某个时刻能够完全独立自己做面包、做汤或者清洁幼儿园，这是非常令人激动的。

把手指编绳系到各种各样的绳子、绳套或电话线上通常是他们进入新的“思考”出现的迹象。他们想通过活动和游戏把头脑中想象的东西表现出来。我们需要帮助这些孩子发展有用的社交技巧，这样，这个需求才能被满足。

当我在撰写这段的时候，萨穆埃尔（Samule）进入我的脑海。萨穆埃尔是个能干、勇敢、热情的男孩。他热衷于做游戏，带领者同时也是很好的游戏合作者。大概在 6 岁 9 个月的时候，他开始变得对孩子们很专横。每天他会尝试着把整个班都组织进他的游戏里。大多数的时候，孩子们会忽略他专横的方式，但我并没有制止他。我观察到他有一周拼命地集中、哄骗、操纵整个班到他的游戏里。从周一到周五，萨穆埃尔努力挣扎着要做“头号老板”。然后，周五的时候，带着巨大的满足感，他搭建了一个有栅栏的畜栏，栅栏可以升高放下，之后，他抓住了同伴的兴趣，就把兔子、驴子、猪和牛一个接一个地赶到他的畜栏里了。他脸上流露出明显的征服的表情。

有时，当这种新的图景想象能力喷涌而出的时候，孩子们会卡在他们的游戏里。他们喜爱一次又一次地玩同样的游戏或用大部分的游戏时间来布置场景。这值得我们仔细地观察孩子什么时候使用想象力。弗莱娅 · 亚福克在《幼儿的工作与玩耍》[1] 中描述：通过说马戏团的动物们现在要进食了，帮助一

1 弗莱娅 · 亚福克，《幼儿的工作与玩耍》，第 68 页。

群陷入停滞游戏里的 6 岁孩子回到团体中。只需要观察老师说的一句话，就能把一个卡住的情境转换到一个有无限可能延续的游戏中。

在这个经常被称为“第一个青春期”或“第一个青少年期”的阶段，我们在孩子的玩耍中会遇到他们包扎礼物并送给他人的倾向；玩结婚或喝醉酒；轻声告诉他人做调皮捣蛋的事；创作取笑他人的押韵语；傻笑；做蠢事；扮演主人和仆人；赚钱；玩主题游戏，如在餐厅、商店、医院、机场；告知朋友今天他们讨厌谁以及做许多其他事情。孩子们还有一个倾向是希望能选择一个特别的朋友，而不像过去排挤他人。重要的是，以实事求是的态度满足所有这些行为和主题，是需要大人给孩子支持的。“小学老师说：‘在孩子们上一年级之前，他们需要知道幼儿园的方式。’”即使这些体验和冲动涌向他们，他们仍需要停歇在安全的环境，即在有道德的地方。当我带着坚定的爱去满足他们推动边界的时候，我一次又一次地体验到孩子们的感激之心。他们经常会坐在我的腿上拉着我的手或者抱着我。他们想要贴近这种令人舒服的界限，并感激这个令人舒服的界限带给他们的一致性和有效性。

唤醒的想法

在这个学年里，孩子们早晚会开始有关永恒的对话。如果我们无意中听到这些珍贵的交流该是多么的荣幸！如果我们能保持这些活生生的惊奇力量该多好！最近，我无意中听到两个孩子在我们的点心桌旁讨论永恒话题。一个孩子说：“永恒的意思是 1068！”另一个孩子说：“不是，它只表示不断向前。”

我们可以开始看到孩子们不再那么束缚于当下，他们开始体验到未来向他们走来。一些孩子能关联到他们的梦。一位妈妈说了她女儿的梦："瓦莱丽梦到幼儿园的门开了，班里的每个孩子，甚至老师都有翅膀！然后她看到大家一起飞过门廊，打开小学的门，四处看看教室里有什么。"

在他们的记忆里，过去也变得更能感觉得到。他们开始和父母说他们在幼儿园听到的故事。当他们在故事时间里想象着故事的时候，或者我们问他们的卧室是怎样的而他们在想的时候，我们看到他们会看外面或别的地方。一个孩子和她妈妈说："我不再去奶奶家了。无论什么时候我都能看到奶奶。"有些孩子能以在"脑海里"看到东西表示这种能力的到来。其他孩子发现这种能力来的时候过于强势，压制了其他的能力，他们可能会说自己很无聊。诠释"我很无聊"的另外一种方式是"有些新的东西发生着，我还不知道如何关联上它"。

然而，一旦孩子们开始把握意识里的这个变化，他们就会愉快地在许多方面伸展他们的能力。他们倾向于玩，就如同他们经历的玩耍一样。他们喜爱透过无声的动作玩一些他们最喜欢的游戏和晨圈诗文。这锻炼了他们从内部听到词语并让图景占主导的能力。下面是一个围绕着"小小棕色球茎"的游戏：

一个小小的棕色球茎在地里安睡
穿着小小的棕色睡袍沉稳甜睡
冬天国王在头顶肆虐咆哮
但小小的棕色宝宝仍在床上舒适蜷伏
但当春天姑娘在背风处踮着脚尖走近
指在唇上尽可能地安静

那小小的棕色球茎向头顶窥探

脱下了睡袍跳下了床

两个或三个孩子盖上毯子代表大地妈妈，其他孩子高兴地围着他们。我们张嘴默念着诗文，做到冬天国王咆哮和春天姑娘踮脚尖的动作时，接着我们就看我们的朋友是否能在恰当的时间“向头顶窥探，脱下了睡袍跳下了床”。当然，在我们能最后默默地说出来之前，需要玩这个游戏很多次并且大声地说出诗文。

有天，当我们在玩这个游戏的时候，我忘记了其中一行。一个小男孩闷闷地看着我，说：“那个智慧肯定是从你的腿上上去的，让你的头那么大以致你无法说出那些话。”我想，“这听起来像是我们想从一个 6 岁大的孩子那听到的吗？他描述的是我的还是他自己的情况？”埃德蒙·斯库瑞（Edmond Schoorel）在《第一个七年：童年的生理学》（The First Seven Years：Physiology of Childhood）中很好地描述了成熟的过程，以及它是如何由下往上移动的。他说：“成熟的过程始于非常有活力的易于改变的下方，并结束于头部安静的晶体化的活动。”如果我们使孩子知道我们对于他们要说的话感兴趣，那么我们就能从他们身上学到很多。

在结束的时候，我要再次肯定发生在 5 岁半到 7 岁之间孩子的这个变化的重要性。这是孩子的机体经历身体、情绪、社交和意识转变的一个时期。并且我再次鼓励父母和老师们真正地去聆听孩子，并训练我们的眼睛去看他们发生了什么。你自己去观察，并对在幼儿园或是在家里的较大孩子有着浓厚的兴趣。当孩子们正在经历这个真正的令人惊喜的转化时，作为混龄幼儿园的老师，我们是他们的桥梁。这是一段孩子从模仿的年龄到需要通过挚爱的眼睛去看世界的时期。如果我们能够在“第一个青春期”用疗愈的行为和想象去回应他们的活动的话，那么我们能够完成作为教育者的任务，即斯坦纳称为的有道德想象的工作。我们引导孩子们建立道德的根基。我们陪伴他们，以便他们强大意志能发芽和成长。这是一种荣幸，有时也是一种磨炼。

如果我们能做到这点，那么我们对孩子的兴趣就能和他们的想象力和发展过程连接上。这些深深的、充满爱的、兴趣的行为，就会支持孩子们尝试伸展到这些新视野里。接受并纠正他们的问题、兴趣和认知的需要或许是我们拥有的最有力的工具。当我们鼓起勇气充满慈爱地陪伴幼儿园里这些大孩子度过这个阶段的话，我们就做了一件大好事。

以太体的出生

尤汉娜·施蒂格曼（Johanna Steegmans）医学博士访谈记录

南希·布兰宁（Nancy Blanning）

生命第一个七年的任务是克服遗传的以太体，使它成为个体自己的一部分。

尤汉娜·施蒂格曼博士，人智学医生，是父母亲们、早期童年教育者和年幼孩子的特别朋友。她在 2006 年 2 月与“幼儿园大孩子”工作团队接触，当时工作团队正在准备这本书。虽然问题和回应是面向幼儿园老师的工作，但是在本章中有很多是父母能在孩子的第一个七年里所给到的影响。

工作团队提出两个基本问题。第一个问题是：“以太体的出生如何影响 6 ～ 7 岁孩子的生命经历和行为？”第二个问题是：“教育者如何磨砺他们的观察技巧，从而能够理解以太体出生的表现和识别出孩子已做好进入一年级的准备？”

施蒂格曼医生开始概括性地描述了以太体的本质。她解释道，就在物质身体出生的前几天，更高层次的人类成员仍处在身体外层，还没有和物质身体连接在一起。“以太体住在灵性等级的结构内。”它的任务是孩子出生后作用于以太体，渗透它，并在孩子 6 ～ 7 岁释放。重要的是，要记得以太体不是一个未分化的物质，而是由四个以太体所组成的精细细丝，每一个都有不同的品质。个体以太体归类如下：

最高的以太体是生命以太体，和土元素相关。它的任务是硬化，使物体坚实，主要表现在我们的骨架和头盖骨里。这看起来是矛盾的，此以太体是最高的，也是最顽固的，因为它作用于骨骼系统的密度。然而在骨骼里的骨髓，也能带来生命。非常幼小的孩子的头盖骨中仍有一些骨髓。它最终会消失，因为头部里面不应有这种方式的生命。如果骨髓活跃地保留着，就会产生疾病。

下一个是化学或音以太体。此以太体的方式是结合和分开。当谈到音的时候，它也被称为音乐以太体。化学以太体和水的物质元素相关，它在上极制造脊髓。在下极，它制造肌肉；肌肉从本质上来说是能量性的“液体”。当我们开始运动的时候，肌肉就像是一首旋律。化学给我们提供了一幅肌肉运动的图像——一首运动交响乐，我们的身体在其中经历了吸引，接着是疏远或者推开的过程。

光以太体和风的土性元素密切相关。它带给大脑灰色和白色的物质。它和我们的思考有关。我们需要神经和物质性大脑让我们能思考。化学以太体带来肌肉，而光以太体带来大脑和神经，给予我们在上极能思考的一个物质基础。在下极，神经系统是光以太体的表现。

离我们最近的以太体是温暖以太体。我们同时以以太体和元素的方式体验温暖。在身体下部的新陈代谢的温暖是温暖以太体的表现。在上极，当真正的以太体彼此相遇时，此以太体表现为自我的温暖。

当一个孩子准备入身和出生的时候，他最后会穿过月亮的行星领域。在此，四个不同的以太体品质会被收集起来组成每个孩子将要带入生命的个体化的以太体。就好像是入身的孩子是一块磁铁，从这四个领域中创建他自己独特的以太体。当我们说以太体的出生时，我们必须要记得，个体孩子的以太体编织产生出不同的品质，因为他自己独特的构造是从四种以太体的独有的结合而来的。我们在月球上吸引的以太体将是我们在胚胎中创造的以太体的蓝图。

当一个个体入身的时候，两条流汇集到一起。一条来自过去世代存在的业力流，另一条来自于父母遗传的以太流。

之后，施蒂格曼医生继续解释更多有关出生后人类的旅程。对于四个身的每一个——物质的、以太的、星辰的和自我的——都有着内在和外在的出生。物质身体的内在出生是在受孕时，即便它还不显见。外在出生发生在孩子身体出生的时候。当这个身体出生的时候，以太体的内在出生就发生了。以太体是不可见的，但在随后的七年间显露，它以功能状态存活。这些在第一个七年允许胚胎成熟及准备以太体自身的释放，并以三个步骤完成释放。

我们物质身体的每一个部分都释放部分以太体。以太的力量在 2 岁 4 个月的时候从头部解放出来。然后，当孩子变得社会化并能做游戏的时候，这表示以太从躯干中释放出来。这发生在大约 4 岁半，这时以太体在社交或韵律领域释放。在这个年龄，老师作为一个社交榜样，通过温暖和尊敬为孩子提供滋养。当四肢被活跃的以太体所掌控的时候，那么这个出生就完成了，能够跳绳表示了四肢的这种释放。虽然我们能把这些看成是以太体的出生步骤的一般性标识，但是我们必须要记得这个过程对于每个孩子来说都是个性化的；有迟缓，有加速。当我们观察孩子的时候，我们要看他们是否经历了以太体释放的步骤。

当这个以太体释放的时候，根据孩子的性情，不同个体的以太体是不一样的。从天性来说，童年是多血质的时期，而且，因为所有的以太体是混合在一起的，所以它们一起运作。我们通常不会去看一个年幼孩子的性情，但有时在某些孩子身上是那么的明显，如果忽略我们所见将是一件愚蠢的事。胆汁质性情的将会把温暖以太体用在自我（ego）能存在的地方。多血质性情的会活在光以太体里，因为它和空气元素有关。黏液质性情的有着水的元素，化学以太体是最为活跃的。抑郁质性情的更多地活在生命以太体里，大部分在物质里，属于土元素。

与其看气质，不如看看哪个系统占主导地位——神经或感官，新陈代谢或者韵律——对于早期幼儿教育者来说会更有帮助。神经或感官系统占主导的孩子易于展现抑郁质倾向。当新陈代谢系统占主导时，个体倾向成为黏液质。当韵律系统最强，可能会在以后展现出多血质或者胆汁质气质。当我们去看这些倾向的时候，我们可能会识别到一种趋势，但应该只是观察它，而不是像对待一年级学生一样去回应它。一个个体选择哪个以太体是一个“业”的问题。我们或许看到以太体首先是一个或两个倾向占主导而其余的居其次。这是我们可以和家长分享的好信息，特别是如果孩子对一个或另一个气质有着强烈的趋向的时候。

这些以太体也流向两个方向。光和温暖以太体从上往下流，化学和生命以太体从下往上流（我们可以通过学习鲁道夫·斯坦纳的《教学的平衡》加深我们对此图景的理解）。婴儿出生后，成熟的力量要从下往上流向头部以唤醒意识，这样孩子在 7 岁的时候就能以全新的自我意志克服重力。为了克服重力（就如跳绳所展现的），自我要从头到脚掌控身体，从头开始，往下穿过韵律躯干，最后到肢体。一个孩子早于 7 岁跳绳或许被加速得太快了。中间或躯干部分的韵律区域在接受这个新步骤之前可能没有完全发育。如果下极发育得太快，那么人类身上光和暗相遇的韵律部分就会被削弱。

施蒂格曼医生引述了克里斯托弗·维歇特（Christof Wiechert）的话。当他发现伴随着6岁或7岁时的以太体的出生，光和温暖以太体被释放出来用于学习和思考。通过孩子的外在行为，我们可以看到当孩子们从椅子上摔下来到处疯跑时，孩子们所展现出来的光以太体释放出强大的力量。

当我们继续看其他体的内在和外在出生时，我们看到星芒体的内在出生发生在大约3岁的时候。孩子开始说“我”，并意识到从他周遭中分离出来。他也体验到他对他周围的人有影响。这些星芒体在出生的第一个阶段，是活在融合感和离斥感里的。星芒体的节奏体现在3岁、6岁、9岁的觉醒。自我的内在出生是在10岁的时候，但自我从一开始就藏在后面。当孩子发生了不幸的情况，受到可怕的惊吓或是生活在恐怖的境遇里，自我就过早地被拉扯进机体中，会导致未足月出生。

施蒂格曼医生分享了一个有趣的观察，是来自于儿科医生卡斯帕·阿彭策勒（Kaspar Appenzeller）的工作。在他的工作中，他听到了成千上万个孩子的心音。他发现在心跳中呈现了三种韵体模式。在胚胎中的韵律是扬扬格——两个长节拍。这是意志的韵律。在子宫中发育的孩子是单纯的意志，单纯的灵性。扬扬格持续到生命的头两年。当孩子的韵律部分开始成熟，抑扬格接替——一短一长节拍。这是我们大部分生命的韵律，和情感有关。一旦头部力量唤醒，韵律就变为扬抑格——一长一短节拍。鲁道夫·斯坦纳把这确定为思考的节奏，它同时也是硬化的节奏，然后抑扬格重新回来。硬化的扬抑格在青春期的时候回来然后又消失。当肿瘤发生的时候，抑扬格也很明显。癌症病人去世前的日子，他们的心跳从抑扬格返回到扬抑格。若在6～7岁的时候有硬化，就会有抑扬格的节奏，然后又会再次消失。虽然这些节奏不是老师能轻易见证的东西，但是意识到即使是心脏器官也会被六七岁转变所影响，是很令人震惊的。在孩子身上看到的身体和节奏的改变，确认了转变发生在孩子的物质和以太体生命中，贯穿了不同体的出生阶段。

在这个发展图景的背景下，施蒂格曼医生之后让我们意识到，与幼儿园大孩子在一起的幼儿园老师的重要作用。当然，在孩子的生命中，父母也能从中受益。随着这些重要的变化发生，6～7岁孩子似乎在寻求权威和界限。大的孩子——从模仿的年龄跨越到模仿和权威都很重要的时期。他们开始拒绝在幼儿园里模仿（虽然他们在接下来的一年中被一年级老师所约束，但很高兴地再次模仿）。所有老师都经历了大孩子变得如何不受约束和挑战，这种行为回应了以太体的最后释放。第一次释放来自于头部，伴随着思考的出现；第二次来自于韵律系统，是当孩子开始社交的时候；最后是通过意志克服重力。重力和浮力之间的游戏，就如之前所谈到的，可展现为愚蠢和对抗之间的摆动。

所以当孩子渴望界限的时候，老师如何能够以正确的权威方式和他们的意志相遇？他们寻找的并不是纪律性的权威。然而，孩子们直接回应成人的权威，这些成人能展示出他或她有能力带着意志生活在这个尘世。权威是通过知道如何做某事而展现出来的。这是小小孩在班级里的大孩子身上寻找的。大孩子在成人身上寻找这相同的能力。形象化的解释是，孩子在老师身上寻找“直线”而不是“曲线”。而今，恰当的方式是直接把意志导向世界的能力及实际生活的才能。以这种权威迎接孩子的意志是对以太体出生的最后一个阶段的有意的回应。

与此相关的是另一个问题——鲁道夫·斯坦纳说道，当孩子经历换牙期的时候，他们需要“心之奶”。这到底意味着什么？施蒂格曼医生说，她认为孩子需要生命的真实图景。他们需要的“心之奶”是真实。在幼儿园的最后一个阶段，孩子需要确认无意识地记得的有关尘世以前生命的事情。这种情形发生在他们从周围成人身上遇到的活生生的现实例子的时候。当他们处于要求自由的过程中，会渴望与青春期不同的状态或形式。在幼儿早期他们需要的形式是通过观察成人经由能力、技巧和全身心的专注完成实际生活的任务所带来的。

礼貌规矩，为他人在社会环境中的行为提供形式，是为孩子提供方式和界限的另外的方法。施蒂格曼医生观察到，与此相关的最令人担心的是我们的社会里缺乏礼貌规矩。在孩子们离开幼儿园之前给他们传授规矩，也是教育者的责任。这包括了所有显而易见的社交情景，恰当的举止是需要的。这也会延伸到对性好奇的领域，这是伴随着以太体出生很典型的觉醒。这对孩子来说是正常的发育。以太力造成了孩子对性器官的觉察，这种觉醒会消退并再次沉睡。然而，如果没有提供恰当的界限，允许这种兴趣超过了它正常的时间期限，那么这种唤醒就会在幼儿的意识里被延长并形成习惯。规矩和权威都是交流什么是可接受的、什么是不可接受的媒介，并描绘出我们自己和他人的隐私的界限。在场的一位老师举了一个例子说，在她的幼儿园里有一条实际的规则：“在幼儿园里，裤子要穿上，裙子要放下。”

在混龄班里，大孩子还是会期望得到幼儿园整体团队的惯常回应，但是他们的确需要被给予额外的引导以转化从他们新的以太体重组中生成的破坏性行为。直接回应是成人的自我对孩子的以太体出生的恰当回应。然而，小孩子和大孩子群体，作为一个整体，仍须保持在模仿的状态下。但大孩子仍须被当作一个个体看待，此外也需要富有爱心的、实事求是的权威告诉他，“你不能那样做”或“你可以这样做”。以这样的方式回应孩子，认同了他的个性，树立了一个令人放心的、有洞察力的权威人士，指引孩子从早熟的个性中再次融入幼儿园里的社会结构当中。

幼儿园是滋养和保护孩子以太体的环境，因为以太体的最后方面在6～7岁的时候形成，所以总的来说要呈现健康的力量。以太体的健康和来到孩子身上的感官体验的影响是有关联的。我们看到来到幼儿园的孩子没有能力集中注意力，还被他们的感官体验所淹没。感觉器官是物质身体的一部分，通过感官吸收进来的东西进入物质身体当中。感官印象刻印在以太体上，并被存储起来，这些印记创建了头脑图像的基础。当以太体被本应迟来的活动过早地占据的时候，比如早期智性化，它就会变得衰竭，“衣衫褴褛”。带着破碎的以太体，孩子无法控制以太体内在的平静；感官是混乱的，无法正常地成熟。如果感官体验的品质、强度和速度淹没了孩子，那么以太体就无法保持健康的发展。衰竭的甚至破坏性的力量会通过不适当的感官体验入侵以太体空间。于是心魂感官和身体感官不能分离，以达到一个更需要的独立。比如，感官会聚集，如视觉和运动聚集在一起，带来强迫性行为。针对这类孩子，华德福教育里有效地治疗“感觉统合”问题的活动是优律司美和晨圈工作。成人与孩子一起做运动是有帮助的。为了治疗，成人必须以同伴关系和伙伴关系运用他（她）的意志和孩子一起参与。一位在场的老师说到，她会想象拥有天使的翅膀，她伸出翅膀包围着孩子，然后她会想象当她在做晨圈运动的时候，带着孩子和她一起。

当我们寻找方式支持和促进以太体健康时，我们必须要小心地与孩子保持联系，而不是把我们和孩子分开，自己成为观察者和法官。施蒂格曼医生强调，幼儿需要被时刻包围在我们对人类内在完美的图景式肯定里。每个孩子都致力于此。我们能提供的“治疗”是什么？我们很清晰地知道充足健康的睡眠的重要性和强有力的影响，良好品质的食物，孩子每日经历的一致性的可预见的节奏。在自然节奏中度过对于孩子来说也极为重要和有疗愈性——保证探索时间的质量和数量，孩子便能沉浸在自然环境里保持安静而不是匆忙。

另外，很重要的是，老师通过言语的品质、思考和动作，提供治疗。把个人的自我意识放到个人正在做的事情当中，对孩子来说就是有疗愈性的。以太体是时间体。当一个人就处在以太体中时，他创造了时间，“当下一念”是钥匙。这就是孩子有兴趣去模仿什么以及什么时候有兴趣模仿。如果老师热爱什么，那么孩子也会热爱它。真正地体验对正在做的事情的热爱，完全沉浸在那一刻，描绘在做的活动当中的喜悦，可能是一个人能带给孩子的最重要的疗愈性的品质。花时间投入自己正在做的感兴趣的事情将为以太体创造健康，并启发孩子的兴趣和投入的模仿。

对于幼儿园里的大孩子，教育者要致力于观察以太体出生的标志，以便帮助孩子确认做好了进入一年级的准备。施蒂格曼医生描述，以太体释放不会完全结束的最重要、最关键的身体展现是 6 岁臼齿的萌发，而不一定是换牙。臼齿是新的创造，确认了针对入学准备的以太体出生已经来到。孩子也通过这个出生过程中的行为例子给我们暗示。打个比方，能跳绳标志着克服了重力，和以太体在四肢最后的出生步骤相结合。就如我们之前所提到的，愚蠢和对抗是其他的标志。

当大孩子挑战社会规则和社会期望，他（她）也在寻求方法和界限以便协助把秩序带到新的以太体结构里。如前所述，幼儿园老师必须要采取步骤，工作从主要是引导模仿过渡到引导大孩子服从权威。一个人如何能同时操作两者呢？“当下一念”是钥匙。老师要观察这些孩子当下需要的是什么，吸入每个情景所要求的点与面之间的轮换。老师站在外围，创建一个以太体泡泡包围孩子。但是大孩子需要被单独引导去建立他自己与世界以太体的关系，而不是太依赖于或被紧紧地围在老师所创造的这个范围里。然后，老师和孩子走进中心，运用适当的权威引导孩子正在出现的个性朝向健康的独立，以及与世界恰当的关系。从模仿到权威，是面与点之间的来回。这条从一头到另一头的道路被老师所温暖，因为它经过心的领域——伟大的平衡者、助力器和媒介。

作为一个总结性图景，施蒂格曼医生用一个人生活中穿衣服的过程描述了以太体的出生。我们可以想象这样一个图景：一个孩子把他的毛衣穿过脑袋，然后慢慢地把余下的衣服拉到他的脚上，首先强调头部力量，然后是躯干，最后是四肢。当以太体出生完成的时候，毛衣将会滑下，直到它轻松地覆盖了整个身体。但如果孩子仓促地穿衣服，或孩子穿衣服的动作过于繁琐，那么他们可能会穿着一件太短或随意的衣服。给以太体足够的时间去完成一个健康的完整的出生是我们能给孩子的最好的礼物之一。父母和老师对出生时刻的关注、观察和适当的回应，将确保孩子的衣橱是功能齐全的。

齿系：儿童发展的一面镜子

黑尔佳·鲁夫（Helge Ruof）医学博士

约尔格·鲁夫（Jörg Ruof）医学博士

介绍

牙齿是唯一能从外部看见和进入身体的骨骼系统的一部分。它们守卫着进入消化系统的大门，同时也是一个言语器官。牙齿的一个关键的功能是把营养分开从而开始消化过程。在动物身上，牙齿是强有力的武器——一只咆哮的狗通常会露出牙齿，食肉动物用牙齿杀死它们的猎物[1]。在毒蛇身上，牙齿（尖牙）有个分泌毒液的通道，小孔就紧挨着牙齿尖，这样毒液就能通过。因此，一方面来说，牙齿和死亡密切相关；另一方面来说，牙组织——特别是牙齿的可见部分即牙釉质——是人类身体里最不易损坏、最硬的组织。

在华德福教育中，恒牙的出现通常被认为是准备好上小学的标志。在那个时间段，儿童经历重要的身体变化，包括四肢的伸长，圆肚子的消失，典型的S形脊柱的发育及其他。因而第二次牙系的开始，代表了过渡到儿童发展中直到青春期的第二个七年周期。这篇文章的目的是提供一个有关牙齿的二元剖析，齿系的发育动态和与齿系相关的灵魂活动的概览。我们结束了近期牙列形态方面的讨论并为幼儿园老师提供了一些日常观察的建议。

1　食肉鸟没有牙齿，它们通常用“齿似”爪子杀死猎物。

每个单独的牙齿由三部分组成。可见的部分是牙釉质，人体内最坚硬的组织。它含有 96% 的非有机矿物质，像皇冠一样覆盖着下一层——牙本质。牙本质，就像骨骼一样，由纤维状的结构物质和无结构黏合物质结合而成。牙本质拥有更新到某种程度的能力，对外部刺激如热或冷敏感。在成人身上，当牙周组织和牙龈渐渐退缩，牙本质直接接触到口腔的时候，就常常导致对温度或甜度的短期过度敏感。每个牙齿的中间部分由牙髓组成，它是一种柔软的有机连接组织，含有薄壁的血管、神经及由牙本质包着的神经末梢。牙科里的根管治疗过程通常包括清洁和封闭牙髓腔（即一颗牙齿在根管治疗过程后被认为是失去了活力的）。牙釉质代表每个牙齿的无生机的非有机部分，而完整的牙髓腔则代表着鲜活的敏感的部分。牙本质包含牙釉质和牙髓腔的特性。

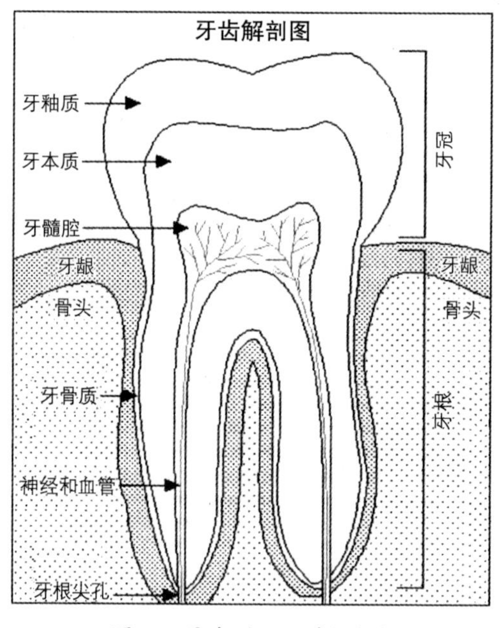

图 1　牙齿的三元解剖图

除了每个单独牙齿的三个组成部分，还有三种不同类型的牙齿，即门牙、犬齿、臼齿。位于上下颌的四颗前面的牙齿被认为是门牙，特征是锐利的表面和单一的牙根。门牙的旁边是犬齿，在上下颌的每一边都有一颗。最后，犬齿旁边的是前臼齿和臼齿。臼齿的特征是多牙根（通常在 2 ～ 3 个之间）和水平的表面。乳牙和恒牙的区别是牙齿的数量不同，乳牙有 20 颗（8 颗门牙、4 颗犬齿、8 颗臼齿），恒牙有 32 颗（8 颗门牙、4 颗犬齿、20 颗前臼齿和臼齿）。

就如郝思曼（Husemann）[1] 所指出的，比较解剖学或许有助于描绘牙齿的三种类型以及它们与整个身体的关系 [2]，特别是确认亲密关系：门牙与中枢神经系统之间的关系，犬齿与韵律系统之间的关系，臼齿与新陈代谢和四肢系统之间的关系。

在啮齿动物身上，门牙是最显著的牙齿类型，以至于在某些啮齿动物，如老鼠和兔子身上，门牙从不会停止生长。啮齿动物的行为模式展现出一种高强度的神经活动。通常啮齿动物在体型方面都比较小，动作迅速，它表现在对环境刺激有着立即的反应。

绿草地上的一头牛非常完美地诠释了有着高度发达的消化系统。一天的多数时间都在反刍。上颚没有门牙和犬齿，取而代之的是臼齿占主导。通常反刍动物体形都比较大。就如克雷格・霍尔德里奇（Craig Holdrege）指出的，长颈鹿的下颚的犬齿有两个裂片使它们看起来更像“臼齿”[3]，而在大象身上，臼齿的形成持续到老年阶段，显示出持续的活力 [4]。

---

1 A.J. Husemann，Der Zahnwechsel des Kindes.

2 牙齿与身体器官之间的多重关系，在整体性医学比如针灸中有描述。有关这些概念的讨论超过了这篇文章的范畴。

3 Craig Holdrege，《长颈鹿的长脖子》。

4 Craig Holdrege，《灵活的巨人》。

肉食动物结合了啮齿动物和反刍动物两者的特性。当猎食时，它们可以像啮齿动物一样警觉和专注，但它们有着比反刍动物还强的消化和四肢系统。而且，与其他两组相比，它们身形属于中等大小。食肉动物的犬齿是最显著发展的。比如狗，最强壮、最发达的牙齿是犬齿，通常可以观察到即便是臼齿也像犬齿，它们不具备臼齿典型的水平面，而是有着锋利的尖端。

在人类身上，口腔里的神经末梢分布在嘴唇和嘴巴的前部最多，口腔的靠后区域最少。这进一步说明了在嘴巴前部神经系统的主导性及与味觉相关的心魂活动。在臼齿所处的口腔的后部，心魂处于类似于发生在整个消化系统中的“睡眠氛围”。

牙列的发展动态

胚胎学中一个众所周知的事实是，在子宫期间的早期阶段（如第 6 周），中枢神经系统的发育远远早于其他器官的发育；随着时间的推移，其他系统的发育追上来。在第 12 周左右，我们清晰地发现胸腔区域在快速地发育。在子宫内的最后几周，腹部器官和四肢发育生长。卡尔·科尼格（Karl König）重复提到这个发育模式：“就如在出生的时候，头是身体最先出现的部分，然后慢慢地跟着的是身体的其他部分……”[1] 在回看脸部发育的时候，可以发现类似的动态。巴斯·巴洛格（Bath–Balogh）等人 [2] 区分出了脸部发育的三个中心：“刚开始脸的上部的发育是最快的，为了跟上与其相关的脑部的发育。然后前额慢慢停止发育，特别是在 12 岁之后。相反，脸部的中间和下面部分在一段

1 卡尔·科尼格（Karl König），《儿童的头三年》。

2 巴斯·巴洛格（Bath–Balogh）和 M. 菲润巴赫（M. Fehrenbach），《牙齿胚胎学、组织学和解剖学》。

长时间内发育更慢一些，最终在青春期的后期停止发育。”

乳牙和恒牙的模式都跟随着同样的规划：和神经系统紧密相关的门牙领先；然后是犬齿和臼齿发育；第三恒臼齿在 17 ～ 21 岁时长出。胚胎和脸部的整体发育最初集中在中枢神经系统，然后慢慢地过渡到相应的身体系统的中间和下半部，而乳牙和恒牙的动态从上下颚的前面部分的门牙开始，然后逐渐向后移。颚部的后部保持更久的活跃的生命和生长力，因而能在儿童发育的稍后阶段长出新牙。

在每个单独牙齿的发育上可以找到相似的模式。图 2 展示了儿童的“混合牙列期”，同时有乳牙和恒牙的时期。用这个图表可以解释几个关键的牙列特征：

- 牙釉质冠是恒牙发育的第一部分。
- 当牙釉质冠已经在口腔中显现的时候，恒牙的牙本质和牙髓仍在发育中，即它们比牙釉质冠保持着更久的塑形力。
- 当恒牙在发育的时候，乳牙根部牙本质的主动再吸收正在进行；牙本质和牙髓可以重新融合到身体的一般生命过程中，而牙釉质就不能。它和牙本质的上半部一起变成晃动的牙齿（如果你有机会观察一颗刚从根部脱落的牙齿，你可以看到根部的下半部已经没有了，即它经历了主动再吸收）。

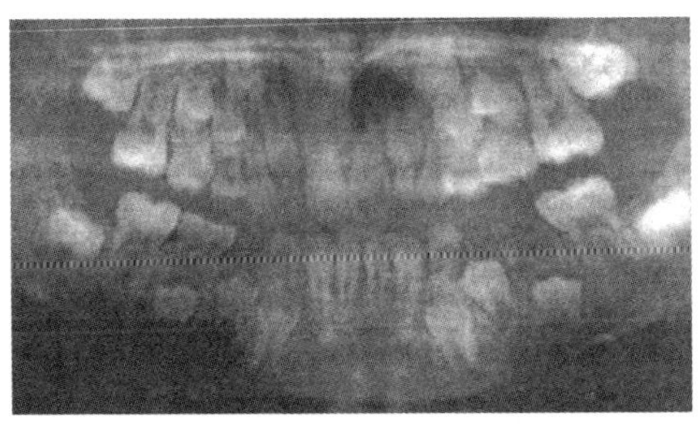

图 2　一个孩子在混合牙列期的 X 光图

和牙列相关的心魂活动

恒牙的开始通常以儿童接近环境的主要变化为特征。在这个年龄之前，儿童还坐在父母的腿上，过着他们的生活，这也是家庭环境的一部分。而今，社交圈扩大，儿童暴露在一些新的挑战下。这个时期的情感剧变是相当大的，并会以不同的途径表达出来[1]。我们自己的孩子正在急切地等待换牙，差不多已经庆祝了第一颗牙齿的脱落。这给我们一个印象，他已经从一种“阻截”的状态中释放出来，带着可见的成长和继续向前走的迹象而产生巨大的满足和兴奋感。

对于儿童和父母来说，长乳牙经常都是一个痛苦的过程。几乎所有父母都能描述在儿童 6 ～ 8 个月，下颚的第一颗门牙长出来的时候所导致的那些无眠的夜晚。恒牙出现的体验是不同的，通常都没有痛苦，儿童也享受失去乳牙。这种不同已经表明了在与身体的关系上，心已经达到了相当高的自由程度。痛苦可被描述为在特定身体区域心（即意识）的更多的呈现。乳牙期时，心深深地参与那个过程（作为痛苦来经历）中，而第二次牙系期，意识并不参与物质身体里。斯坦纳描述了直到换牙前，从第一次学着说话，儿童如何梦幻一般跟随着成为以后的生命的基础的一切，以及只有在第二次牙系之后，儿童如何醒过来[2]。醒来可被描述为“自由意识”的可用性，并不参与和附着于身体过程里的心的活动。然而，要注意的是，恒牙是个持续许多年的过程，因而所说的“醒来”是个逐渐的而不是突然的过程。

---

1 M. Kiel-Hinrichsen and R. Kviske，Wackeln die Zähne—Wackelt die Seele.

2 鲁道夫・斯坦纳，《儿童的变化意识和华德福教育》（The Child’s Changing Consciousness and Waldorf Education）。

斯坦纳进一步指出，记忆功能的可用性是一个关键的激发换牙的灵魂行为。他指出："当吸收进说的话语时，孩子通过模仿的方式吸收一切，并形成一种完善的内在习惯。出于这种早期特别发展出的习惯仍然还是一个更物质性的天性——当孩子开始第二次长牙的时候，一种新的习惯就形成了。正是这种习惯，在心的领域形成，被称为记忆。"观察自己的孩子，你就能更好地理解什么是记忆。毫无疑问，甚至我们3岁大的儿童已经有了一定的记忆。他能认出名字、地点和更多的东西。然而，典型的是这种记忆是附着在环境上的，依靠模仿环境。当我们从学校接更大的孩子并经过他之前的幼儿园时，3岁大的儿童总是会说："这是幼儿园。"因而他的记忆大部分被环境刺激所激发，而不是被心的内在活动激发。在7岁儿童身上发生的记忆是非常不同的。记忆功能从内而发，被唤起的事件不是被即时环境所刺激。

实践观察的趋势和建议

大量的科学证据表明儿童的牙齿发育已经加快了[1]。而且，流行性疾病如儿童肥胖症与牙齿发育的进一步加速有关[2]。再者，恒牙的模式也改变了；犬齿相对于第一个恒牙的形成，呈现了明显地超前[3]。考虑到三元身体结构，这种加速可能是由于童年早期神经系统处于压力之下的普遍的文化趋势造成

---

1 豪格威·克雷奇默（Holtgrave Kretschmer）和穆勒（Muller），《牙齿发育的加速：事实还是科幻》（Acceleration in Dental Development：Fact or Fiction）。

2 Hilgers，Akridge，Scheetz，Kinane，《儿童肥胖症和牙齿发育》（Childhood Obesity and Dental Development）。

3 Liversidge，Speechly，《4到9岁英国儿童的下颌恒牙的发育》（Growth of Permanent Mandibular Teeth of British Children aged 4 to 9 Years）。

的。这和威赫斯特（Verhulst）所描述的发育迟滞的原理形成一个鲜明的对比。他把它称为人类的一个关键的发展动力[1]。他专门谈到人类的牙齿永久地保持着整体的发展模式，即所有的三种牙齿类型（门牙、犬齿、臼齿）是同样地（未充分）发育的。没有一种类型是占主导以及极端地发育。而且人类的牙弓（即下颚的尺寸）相对于头盖骨的长度来说比其他的哺乳动物要短得多。但是，从实践的角度来看，迟滞的最重要的一方面是人类恒牙的晚出。大部分的哺乳动物在它们的生命中很早就掉乳牙。

华德福教育在这个方面的一个关键的任务是关注身体系统所有三个部分的平衡发展，为身体的运动以及韵律性活动提供一个健康的发展平台。现今倾向于“快速发展”的趋势之风险是它可能引起一个剧烈但短暂的发展，但也会减弱一个人终生维持稳定和积极发展的长期能力。快速发育可比喻为一个注射了催熟剂的果实。虽然成熟是一个理想的状态，但是它不应过早地实现。否则，就会失去重要的长期发展的机会。

下面是一些可以为幼儿园老师改善儿童的成长及他们所处的环境的建议：

- 幼儿园老师初步发现儿童和他们的父母日常的口腔卫生和适当的牙齿保健可能是最有益的。缺乏口腔卫生可能有多种原因。但是，“身体是灵魂的庙宇”，适当的身体护理应是儿童护理的一个关键元素。任何不恰当的身体护理的迹象都应寻根问底，也需要认识到什么正在发生。
- 恒牙列的发病、模式和恒牙形状，是另一个值得观察的领域。这对于

1 J. Verhulst，《人类和其他哺乳动物的发展动态》（Developmental Dynamics in Humans and Other Primates）。

一个儿童是倾向于早发展还是晚发展，所有三个体系（中枢神经系统、韵律系统、新陈代谢和四肢系统）是均衡发展还是一个系统占主导，可以提供一些洞见。在那个背景下，对牙齿的观察仅仅是更全面的方法、广泛的途径下的一部分，而且应该将儿童的运动和其他方面的观察作为补充。如果观察到主要的牙齿变形或病理性的牙齿变形，老师应与家长接触，让儿童获得专业的护理。

- 有两种典型的下颌运动：用于咬和分离的切齿垂直上下运动。比如整个苹果咬下一口，以及用于进一步分解食物和提取营养物的水平运动。第一种运动是“啮齿似的”（由嘴巴的前部分和门牙主导），而后者是“反刍似的”（由臼齿主导）。在动物身上，一头反刍的牛就展示了水平颌运动的极限。对于一名幼儿园老师，观察儿童身上哪种颌运动占主导及在儿童吞下食物之前，食物在他嘴巴里停留了多久是有趣的事情。有多种模式存在：有些儿童吃东西的时候反刍，把食物放在嘴巴里面很长一段时间并几乎要睡着。有些吃得很快，咬碎并吞下去，没有和食物有任何真正的充分的互动。基于这些观察，一个老师可以开始研发出行为场景以平衡孩子身上的极端。

- 最后，老师应当小心地观察儿童身上的记忆功能的转变。应当识别出两种不同的记忆类型（由环境刺激所激发的模仿和以内在的记忆工作作为灵魂的）。虽然第一种记忆要求“以身作则”的方式，只要内化的记忆功能变得可见，教学就应该越来越关注于“由图像带领”。

小结

在其他的指示当中，恒牙列的出现是准备好上学的一个重要的迹象。我们回顾了每个牙齿的三元结构和牙齿的三种类型，以及它们与整个身体的关系（门牙—中枢神经系统、犬齿—韵律系统、臼齿—新陈代谢和四肢系统）。人类身上的发展动态通常从神经系统开始，然后逐渐向下通过身体的其他部位。类似的，门牙带领着恒牙列，跟着是犬齿和臼齿。第一齿列和第二齿列中，心的参与是不同的。而且，一个全新的、内在的记忆品质大概在恒牙列开始的时候就出现了。快速的牙齿发育趋势和提供能覆盖三个身体系统平衡的教育需求已经讨论过了。我们提出的四个观察建议——口腔卫生，恒牙列的模式，颌运动和吃东西的习惯，记忆功能的转变。可能为幼儿园老师提供新的认识。

看见孩子的完整性

南希·布兰宁

越来越多的孩子在华德福幼儿园“连指手套”里寻找庇护所。

“咚、咚、咚……我可以进来吗？连指手套里还有我的地方吗？”

在“还有我的地方吗？”故事里，一只连指手套被遗失在森林里，它被一只接着一只的小动物发现了。首先来了一只老鼠，然后是野兔，每一种动物都想从连指手套中寻找庇护所，躲避外面寒风肆虐的冬天。一个接着一个，更多的动物搬了进来一起住下，每只动物都比之前的那只动物更大。连指手套里还有空间留给狐狸，留给熊吗？连指手套可以扩张到多大去收留它们全部呢？狐狸或熊的本性能被理解、信任、接纳，以便它们被允许加入团队并与其他的动物和谐地相处吗？

我们的华德福幼儿园总是尝试着成为非常大的“连指手套”作为孩子的安全港湾。这种教育致力于尊崇和尊敬每个个体的不同之处。我们相信孩子的成长过程，按照各自不同的成熟时间表关注孩子。我们拒绝跟随文化恐慌——在孩子身上推行早期开发的期望以及学术任务。我们知道童年早期有独特的任务要完成，这只有在生命的第一个七年左右才能实现。当孩子被允许发展强壮的物质身体及加强基础感官的时候，才会更容易实现小学阶段的任务。幼儿园通过节奏、季节性庆典、游戏、工作、孩子式的探索，从不适当的过度的感官刺激转变过来去支持这种发展。

但是今天进入这个安全港湾的孩子通常很难理解以及不容易拥抱。更多的“狐狸”“熊”甚至“大声抱怨的乌鸦”要求在连指手套内寻求更多的接纳。许多孩子对于我们来说是个谜。那些紧张的、苍白的、焦虑的孩子要么过度温顺要么过度狂野，不管是什么来到他面前都做出歇斯底里的反应。那些笨拙的孩子不时地撞到其他人，自己绊倒自己，掉东西，吃点心时从椅子上摔下来，把食物弄得到处都是。那些大嗓门的孩子在最安静的时候喊叫，破坏了老师好不容易才营造出来的氛围。那些注意力分散的孩子不模仿或参与到故事里。还有那些无法忍受被触摸的孩子，那些紧紧抓住每个人特别是老师的孩子。

虽然可能我们希望少些挑战，少些麻烦的孩子，但事实是这就是我们这个时代的孩子。不管他们是否被命名为“千禧孩子”“星星孩子”“克里斯托弗孩子”或有学习障碍的、自闭症的、感官统合挑战的或其他，他们就是站在我们面前的孩子。同时，每年各地区的学校，这样孩子的数量都在增加，他们向我们呈现出双重的挑战。我们需要训练我们的观察能力去寻找困难是从何而来的，去识别出知觉障碍或不成熟而引发的行为暗示。当我们发展这种“诊断”眼力的时候，我们也必须看到孩子具备的去庆祝和构建的优势。我们也需要教育我们自己记住每个年龄段孩子的特点是什么；6～7岁的孩子可能会困扰到我们的观察，因为一些发育进展在这个阶段看起来散乱了。我们希望在不忽视和否认挑战的前提下，保持华德福教育秉承的有生机的和健康的理念，看到和尊重在孩子所处的时代背景下孩子的完整性。

这篇文章会提供一些方法帮助我们形成一个看待这个课题的方式。

看十二感官，如鲁道夫·斯坦纳描述的，是理解我们所观察到的孩子的一种途径。在这十二种感官里——触觉、生命觉或健康觉、自我运动觉、平衡觉、嗅觉、味觉、视觉、温暖觉、听觉、词语觉、思想觉及感知他人的自我觉——头四个和幼儿紧密相关。斯坦纳指出触觉、生命觉或健康觉、自我运动觉、平衡觉是幼儿在生命的第一个七年里要加强的基础感觉。这些也被归类为“意志”感觉，人类以此对他（她）自己有着内在体验。下一组包括了更熟悉的嗅觉、味觉、视觉和温暖觉（感知温度是和触觉不一样的能力）。这些通常被指代为“感觉”感官，带领我们体验周围世界。最后一组斯坦纳有时称之为“社会的”或“灵性的”感觉——听觉、词语觉、思想觉和感知他人的自我觉。通过这最后四个感觉，我们有和同伴互动，进入完全超越我们个人经验的思想和想法领域的可能性。前面的四个觉构建了支持更高感觉发展的基础。孩子可能会遇到并享受与他人一起创造性地参与社会生活的机会，这个种子将根植于孩子生命的第一个七年。

当我们去看一个幼儿的时候，我们可以看到孩子是多么专心致志地强化和使用这些感觉。婴儿喜爱被抚摸和抱着。他们逐渐地掌握了睡觉和吃饭这一身体节奏的规律性，并且物质身体在代谢以及有机体中越来越轻松。他们通过运动被安抚，喜欢摇晃、蹦蹦跳跳、抱着。他们不停地努力以掌控四肢并把四肢带入有意图的协调的运动中。他们挣扎着直立，保持站立的平衡。最后，他们把所有这些放到一起，迈出他们进入世界的第一步。当实现了直立和行走，词语觉、思想觉和感知他人的自我觉这些高阶感官就能开始自己孕育。孩子现在能继续强化和发育这些感觉。在这最初的岁月，他们跑、旋转、跳跃、爬行、推、拉、摇摆和跳舞。通过这些动作，他们探索并与周围的环境、词语、思想和他人相互影响。

我们在幼儿身上看到的挑战行为通常来自于这些基础感官的问题。如果我们看我们的生活方式，就能理解为什么这些问题越来越多。西方社会因现代便利发生了巨大的变化，以至于这些感官很少有机会发展。自由探索和不受限制的运动的可能性被局限了。在过去常见的家务和工作已经离我们越来越远。与孩子有关的文化越来越基于娱乐，孩子只需看或仅用眼和手参与。孩子被明智地保护在汽车座椅里，其后果是在一天中的特定时候，被限制无法活动，而且早产和紧张的生产经历也增加了感官发展的负担。所有这些因素都会限制健康的发展，导致我们对周围的世界不正确认知和回应。这就是我们经常看到的在我们孩子身上出现的令人困惑和不解的事情。

20 世纪 60 年代，在主流诊断学和疗法中，感觉统合出现，由一位叫 A. 吉恩・艾尔斯（A. Jean Ayres）的研究者和职业治疗师首创。她认识到对世界的感觉体验出现了功能障碍。她引入了斯坦纳早在 20 世纪早期就已经描述过的对基础感官临床的主流观察。如果对这些观察充满人性化的看待的话，那么观察将成为对我们有用的工具。我们可以运用这些观点去理解发生在我们孩子身上的一些困惑。

首先是触觉（touch）或是触摸觉（tactile sense），就如主流所定义的。我们的皮肤是触觉的器官。斯坦纳描述，正是通过触觉，我们体验界限。触觉告诉我们哪里停下来以及世界从哪开始。触觉困难在很久之前就被观察到了。我们的语言描述某人“小心眼”（“touchy”），是说他太敏感，对大部分人可以容忍并能接受或对正常的一些东西反应过度了。当我们有一个触觉敏感的孩子时，我们可能会看到他拒绝握手；讨厌把手弄脏或弄得黏乎乎的，比如揉面包；对衣着、标签、袜缝很挑剔；对另一个孩子靠得太近或擦肩而过过度反应；对疼痛或受伤极端反应；挑食，对食物材质有着强烈的反应；等等。另一个极端是孩子对触摸反应不足。他看起来不关心他的手脏，甚至可能满手是泥或雪；对应该引起疼痛反应的伤害没有被吓到或者反应迟缓；穿反鞋；衣服袜子拧巴也泰然自若；身体接触或碰撞其他孩子也不承认；吃东西囫囵吞枣；环境里不管是什么都要去感觉去摸，几乎是强迫性的。这些孩子通常也表现出社交困难。他们对界限认知的感觉要么是敏锐的，要么是模糊的。其他人无法近距离接触他们并建立关系，或是这个孩子无法闯入他人领域。没有一个健康的触觉，就难以信任这个世界或被他人所信任。

生命觉或健康觉是这组里的第二个。它指向我们的机体生命以及我们的新陈代谢和规律性的生活功能运转情况。当事情进展顺利时，我们对这个感觉是没有意识的。当我们疲累或饥饿、生病，或者我们规律性的呼吸、睡眠或消化方面出现紊乱时，那么生命觉或健康觉就会上升到意识。我们通过孩子的生命力感受到健康的生命觉。通常孩子脸色苍白、行动迟缓、休息不够，可能在眼睛下方还有黑眼圈，他们可能很挑食，希望大部分的食物都是易消化的（意大利面是比较受欢迎的）。他们也可能有过敏症和食物过敏。当生命觉健康的时候，一个人能体验到内在的身心舒畅。当生命觉紊乱的时候，他就会紧张，无法放松。

自我运动觉在专业术语中称为本体感受。斯坦纳描述，通过这个感觉，我们体验到身体是一个整体。通过自我运动觉，我们知道在相互之间的关系及与身体其他部分的关系中四肢在哪里。基于自我运动觉，我们知道我们何时运动、协调和控制我们的意愿。每个关节都有小传感器，叫作本体感受器，记录四肢的运动、方位和张力，告诉我们每一处身体所处的位置，因为自我运动而使感受身体的形体变得可行。孩子没有良好的自我运动觉或本体感受通常看起来是笨拙的，是其他孩子的“不速之客和猛烈撞击者”；喜欢在一堆孩子的最下面；走路的时候脚很重地踩在地面；推其他孩子或东西；嚼东西、衣服袖子或领子；自己穿衣穿鞋有困难；需要去看他在做什么而不是感觉身体要去哪里；碰翻或弄撒东西；对节奏性运动有困难；使用了太多或太少的压力到肌肉里去引导和控制运动。斯坦纳描述一个人拥有健康的自我运动或本体感受，能体验到心的自由。没有的话，一个人就在身体里蹒跚而行，它去到哪就跟随到哪，而不是指引它。

这组的最后一个是平衡觉或者前庭觉。通过平衡，我们知道我们的身体，特别是我们的直立在哪里与大地及其重力有关系。前庭感觉器官由三个内耳的半根管构成。相互之间形成直角，它们对应空间的三个平面方向——右 / 左、前 / 后和上 / 下。浮在通道内的黏液里的细小碳酸钙晶体移动以刺激在这些平面上的方位感觉。如果我们体验到方位的不平衡，我们可以调整我们的姿势去重新感觉到稳固。一个人的安全感和稳定感，包括身体和情绪上的都依赖于准确运作的平衡。这个系统特别会被童年期耳朵感染所威胁，它会引起平衡机制或听力的损害。耳朵感染也能够影响语言发展、口语的加工和理解（众所周知为听力和语言处理）。前庭不成熟或受损的孩子通常试图不停地运动。他们坐在椅子上扭动、摇晃、弹跳，很难安静地坐着。他们可能喜爱旋转，很少或从来不会感觉头晕。他们快速移动的时候可能像猫一样敏捷，但用一只脚独立保持平衡或慢慢地走平衡木的时候保持平衡会有挑战。这些孩子前庭系统反应迟钝，需要持续的刺激不断流入而获得平衡信息。另一个极端是那些前庭系统太过于敏感从而避免运动的孩子。他们可能会远离跟摇摆或旋转有关的任何事情。他们恐高，不会骑自行车。这样的孩子会在一个安静安全的角落高兴地待一整个早上。前庭系统不仅仅执行它自己的任务，还处理许多其他的感觉体验——视觉、姿态、肌肉紧张度、空间定位，这里只列举几个。这个系统的基础健康是非常重要的，因为有很多东西要依赖它。在心的领域，平衡也允许我们发展出平和及斯坦纳说的内在宁静的感觉。

这四种感觉的健康发展奠定了一个在这个世界上坚定安全的立足基础——身体的，毫不夸张地说，同时也是情感上的和社交上的基础。体验到自己的完整性的机会取决于这些感官的整合和相互支持。重要的是引导孩子的成年监护人能够观察到孩子健康的或是有挑战的感觉发展。了解上面给出的“症状”是一个起点。

然而决定什么时候需要特别地关注某事取决于环境——孩子的年龄和发展史，混龄班的建立就提供了这样的优势。当老师和孩子在一起两年或三年后，老师可以观察到，平衡觉对孩子是否是个持续的挑战，孩子是否总是“扭动”或“过于敏感”，等等。当观察 6 ～ 7 岁孩子的时候，许多事情看起来都零散，有这些背景信息特别重要。这个年龄的孩子经常表现出的行为被认为是感官问题引起的。《你的 6 岁孩子》，由格赛尔（Gesell）人类发展学院的露易丝·贝茨·埃姆斯（Louise Bates Ames）和弗朗西斯·伊尔克（Frances Ilg）所著，给出了关于 6 岁大孩子普遍行为的非常有帮助的总结。在社交领域，6 岁大孩子会在语言和身体上具攻击性，甚至好战、好争论、吵闹、争辩、兴奋、情绪化。他也会经常在玩耍的时候表现粗暴，欺负年幼的孩子。这些迹象是可诊断性的“典型表现”。

在身体 / 运动领域，6 岁大孩子可能会吃得狼吞虎咽，满嘴塞着食物还四处掉渣。他可能打翻牛奶，用手抓食物，这表明他的触觉和本体感觉困难。6 岁大孩子可能会扭动、踢腿、摇晃和倾斜他的椅子、咬或撕指甲、抓、做鬼脸、磨牙、嚼头发或咬铅笔。他可能会坐着的时候动来动去，踢椅子，甚至摔倒在地板上。手总是不停地动，特别在脸周围。做鬼脸是经常的事，看起来几乎像是天然的抽搐一样。令人不舒服的嘶哑声或清喉咙也很平常。孩子可能很笨拙，容易“被一根绳子绊倒”。在触觉领域，孩子可能表现出额外的敏感度，不喜欢梳头。身体上，孩子可能疾病缠身。这些可能是长期的触觉、自我运动觉 / 本体感觉，或平衡觉 / 前庭觉困难的迹象，或是 6 岁大孩子要经历的短期的失调的表现。我们必须要问所看到的是否是这段时间以来这个孩子比较典型的，还是和这个过渡期相符合的近期现象。

这可能会有几个危险。一个是我们禁不住对我们所看到的情形直接下结论，形成一个诊断而不是参与到过程里。即使当我们看了很久，观察得细致，准确地注意了一个感官问题，我们仍会禁不住去定义这个孩子有“前庭系统问题”，或是这个孩子“本体感受困难”，或是“触觉敏感”。我们会在支离破碎的细节里失去孩子完整性的原型图像。我们带着越多浓厚的兴趣去观察孩子，并通过问问题让图像呈现，而不是形成答案，越来越多的老师就能成为疗愈服务者。我们的心里要有对孩子的意图：“你会成为谁的这个图景还在填充着。作为你的老师，我将把你真正是谁这个整体作为我的指引。”

越来越多的孩子在华德福幼儿园“连指手套”里寻找安全港湾。他们的挑战变得越来越复杂，他们带给我们的行为难以应对。更多的“狐狸”和“熊”在敲门。为了给他们腾出空间，我们需要发展出新的观察工具和理解这些孩子的责任和天赋。运用附加的基础感觉发展意识，我们能明白孩子需要什么才能达到健康。即使我们不知道做什么，但我们会在赞赏孩子时理解和接纳困难。培养我们自己认识到不同年龄阶段孩子的发展，特别是 6 岁大的孩子，对于所处环境所观察到的是非常有必要的。孩子的需求在召唤我们发展出这种观察的方式。完整性的原型已经存在，我们的任务是意识到它正从每个孩子的身上渗透和发散出去。看见这个完整性或许是我们能完成的最有疗愈性的行为。

我们的教育体系对孩子的专注力和学习困难有帮助吗?

苏珊·R·约翰逊（Susan R. Johnson）医学博士

关于教育学龄前和幼儿园孩子的读写问题，我有着莫大的关心。

我非常关注训练学龄前和幼儿园的孩子的读写问题。从发育角度和神经学角度来说，这一点都说不通。幼儿在生命的第一个七年要掌握感觉运动技能。不管我们想什么，学习不是“全来自于头”。它是我们的身体在子宫内的运动，贯穿婴儿期和童年甚至成年期，形成了我们头脑中的神经通路，能使我们以后可以阅读、拼写、计算，并以想象力和创造性的方式思考。在我的工作中，我看到无数被确诊为“多动症”或“学习障碍”的孩子，当他们从“传统的”幼儿园里出来，或在一个注重运动和感觉综合发展的幼儿园里多待一年，他们就获得了不可思议的改善。

作为一名发育和行为方面的儿科医生，我 17 年的工作经验告诉我，读写困难的孩子通常平衡觉发育不好，难以有眼神接触，难以捕捉或跟随他们的眼睛，不容易区分身体的左右侧，难以在椅子上安静地坐着和在空间中定位他们的身体。许多有读写困难的孩子肌肉紧张度差，表现为瘫坐的姿势，紧张的或是拳头式的抓握铅笔，以及“平足”（坍塌的足弓）。有时，这些孩子对触碰过于敏感，维持同伴之间的关系也有困难，因为他们用头脑和眼睛帮助身体在空间确定方位，因而失去了来自于他们的玩伴的社交性的非语言提示。这些孩子还有过度活跃的交感神经系统（“打或逃”的反应），所以对糖、巧克力、睡眠不足、日常的改变、电视、视频和电脑游戏的刺激影响非常敏感。

做好读写准备的孩子可以集中注意力并在椅子上安静地坐至少 20 分钟（不需要扭动或坐在他们的脚上或把他们的脚缠在椅子腿上，通过肌肉运动或激活压觉感受器的方式在空间里定位他们的身体）。他们可以单脚保持平衡，不需双膝相触，并且静止不动，当他们倒着走的时候，两手臂伸展到身体两侧，而不会失去平衡。他们能单脚站立，手臂在身前伸展开（手掌向下），双眼闭上 10 秒而不会摔倒。当另外一个人在他们背上画了一些形状、数字或字母的时候，他们能重新把这些抽象的线和曲线（比如，不同的集合形状、数字或字母）在一张纸上用铅笔画出来。最后，在想要教一个孩子读写前，这个孩子要能在一根平衡木上缓慢地走或跳绳。

如果孩子无法轻易地做到这些，那么他们就没有整合好他们的前庭和本体感受（感觉—运动）系统，他们在教室里就难以安静地坐着、听讲、聚焦他们的眼睛、集中注意力、记住数字和字母。孩子通过身体运动整合他们的感觉—运动系统，而不是通过闪卡或玩电子游戏。身体运动如跳跃、蹦跳、滚下小山、玩接球、跳绳、跑、走、拍击游戏和晨圈游戏，以及用他们的手指做很多的精细活动——用剪刀剪、在花园里挖、揉面团、拔杂草、水彩画、串珠子、绘画、缝、手指编——来建立和加强神经通路。反之，看电视或看视频和玩电脑游戏是对他们的感觉—运动发展极度糟糕的刺激来源，通过让孩子保持在压力的状态下，激化他们的“打或逃”的交感神经系统，实际上妨碍了他们神经系统的整合。

最后，孩子把一个特定的声音印记和匹配特定的字母（语音学）是左侧大脑（分析的）占主导的活动能力。从发育方面说，左侧大脑在 7～9 岁的时候（特别是男孩子）才会开始发育。当我们更早地教孩子读写的时候，我们给他们的头脑和身体压力，迫使他们仅仅使用他们大脑的右侧阅读（视觉记忆）。右脑是更直觉性的，看到的是整体图像而不是细节，因此孩子通常看到的仅是第一个和最后一个字母和单词的长度，然后猜测这个词是什么，而没法发出它的音。一些孩子长大后能够很容易从大脑右半球转移到左半球，但许多孩子（特别是那些没法跳跃的孩子）没有发展出（胼胝体）快速地从大脑的右半球移动到左半球的通路，其结果是被卡住，而尝试用右半球进行读和拼。这些孩子经常倒着写字，不能拼写，看起来不能记住什么字母读什么音。写字也需要巨大的努力。

除了我们美式饮食是高糖，部分高氢化（不好的）脂肪和太低的 Omega-3 脂肪酸，我在想我们现今的注意力和学习问题的流行病是否来源于我们的孩子看了太多的电视和电脑，玩了太多的游戏，在电脑屏幕前花了太多的时间及被迫太早去读写。我们需要用我称之为“觉悟”的状态围绕着幼儿。这由称之为副交感神经的神经系统来调节，由适当的睡眠，可预见的节奏和作息，全面的营养、温暖、和谐的非竞争性的有节奏运动，以及很重要的——我们的爱所支持。当孩子处于“觉悟”的状态的时候，他们的大脑就发育和完整了。如果他们处在紧张的状态或求存的氛围里，即“打或逃”的应激反应，他们的大脑就不能完全地整合或发育。

因此，我支持学龄前和幼儿园着重于健康的运动，发展日常生活技巧（即清洁、活动），以及鼓励创造性的“模拟”游戏。如果学龄前教育机构和幼儿园，以及设置教育标准的政府法律能支持这些健康的运动活动，停止尝试教我们如此年幼的孩子读写的话，那我相信我们就能开始看到更健康的 8～9 岁大的孩子，能聆听、专注、安静地坐着、写、读、集中注意力、轻松地学习。

第二部分

遇见挑战——教师的角色

作为成人，我们的本质进入孩子的本质，就如烛光进入眼睛。无论我们在孩子的周围是什么，都会对孩子产生影响，以至于孩子的血液在感觉器官和神经里的循环是不同的；因为这些肌肉和血液的不同作用才滋养到孩子，因为接收到的外部感官的影响，孩子的整个本质发生了转变。一个人在童年拥有的道德和宗教环境的影响会持续到老年，包括了身体构造。孩子未来的健康和疾病状态，取决于我们能够深刻地认识到孩子所处环境里的一切事物都将通过孩子这面镜子呈现出来。能力、身体和道德元素会在以后反映和影响到一个人的健康或疾病。

——鲁道夫·斯坦纳（《华德福教育和人智学2》）

“老人麻烦”

蒂姆·班尼特（Tim Bennett）

有一次，我的一个朋友和我说：“你越大，摔得越重。”我想他说的是有一些道理的，特别是对于幼儿园的较大孩子来说。有时我们都会摔跤或是伤害到其他人，这是人类本性的一部分。6 岁大的孩子是幼儿园里的大孩子，大多数的确摔得重。

著名儿童作家桑顿·伯吉斯（Thornton Burgess），在他的书里有个角色，当事情变得更糟糕的时候总会来到附近。他的名字叫“老人麻烦”（Old Man Trouble），他什么也不喜欢，除了好好打一架或对别人的不幸嘲笑一番。在过去的那些年里，我让“老人麻烦”成为了我幼儿园的一部分。他成为一个忠实的伙伴，特别是当恶作剧、故意破坏和任何形式的麻烦产生的时候。

他是怎么发生作用的呢？想象两个男孩子在外面正玩得开心，用树枝玩击剑。一个孩子有点小激动，另一个孩子受伤了。然后我通常都会听到求助的呼唤。当我去到那时，确保每个人都没事。然后我们坐下来，我首先说的就是：“看起来‘老人麻烦’来过这里。”在学年刚开始的时候，孩子们到处看他在哪里。通常，在我出现之前，“老人麻烦”已经走了。我们谈了一下要小心地使用我们的树枝，然后男孩们走开，通常都是开心的，脸上挂着笑容。

我发现的是“老人麻烦”帮助孩子把呼吸慢下来。他给了当下一个名称——“麻烦”。孩子们看到当我进入情景的时候，“老人麻烦”消失了。几周之后，所有的孩子都知道或听到我说起“老人麻烦”。当一个情况出现，孩子能感觉到事情并不是它们原本的样子的时候，一些孩子经常走过来说：“我觉得‘老人麻烦’就在那里，蒂姆（Tim），你最好来看看。”我发现有些孩子确实“看见”“老人麻烦”，我再次被提醒，我在自己的思想中建立的图景占据了孩子的思想生活和幻想。

我处理语言冲突的时候也用“老人麻烦”。当孩子没有被直接责怪的时候，是“老人麻烦”放过了孩子。如果“老人麻烦”在你耳边说悄悄话，告诉你去做一些不好的行为的话，他是那个要被责怪的人。他以非常简单的方式帮助解决了大多数的冲突。通常幽默参与进来会改善整个情况，所以可以更客观和灵活地去看待冲突。当 6 岁孩子发生冲突的时候，不需被当成个人攻击或者固化。每个人都能感觉到被尊敬和被倾听。你是戏剧的一部分，但其他的力量也在工作，我们成年人都知道得很清楚。

因此，最近有个 91 岁的农夫朋友告诉我：“最好在恶魔披上他的外套之前早点起床。”现在，早起能帮助你走在恶魔的前面，但如果你像我一样，“老人麻烦”还是会找到他的路进到幼儿园里。因此当你下次发现在你的幼儿园里出现麻烦的时候，为什么不把我的朋友——“老人麻烦”这个美妙的图景带给孩子们呢？

现在，是什么使“老人麻烦”消失呢？爱、尊重和理解。当你的班里的社交氛围发生变化的时候，“老人麻烦”就可能出现了。当那些 6 岁孩子摔得重的时候，“老人麻烦”可以帮助他们站起来。

在满足孩子中所起的作用

芭芭拉·克拉克（Barbara Klocek）

幼儿园教学需要很大的灵活性。

我们怎么满足幼儿园里个体差异不同的孩子呢？一些孩子 4 岁，一些孩子 6 岁，这是多大的不同啊！而且，即使在这个年幼的阶段，孩子们的家庭环境、身体特点、个性特征各不相同。我们再加上班里孩子的数量，这对于老师来说的确会是一个挑战性任务。

学年初始，教师的挑战在于了解孩子。当一个小女孩踏着坚定的步伐带着社交性的微笑走进来的时候，我想，这是一个意志坚强的女孩。当过后几天我看到她掐她旁边的孩子的时候，我确信了这点。我坚定地喊了她的名字。她看着我，很惊讶，眼泪夺眶而出。我太坚定地和她说话以至我没有看到她还有非常敏感的另一面。我迅速对这个孩子的表现下定论。每个学年开始，我都会想起这件事情，并提醒自己尽量开放地看待孩子。我还有一个年度记录本，每一页都会记录每个孩子第一天入园时我观察到的情况。我尽量做到至少每隔几周就写一些。回顾第一周和几个月后的观察，结果总是令人惊喜的，随着时间的推移，加深了我对孩子不同的角度的印象。我还发现开家长会的时候融入具体的情境是非常珍贵的，不然它们可能会在我的记忆里消失。我发现幼儿园时间的变化和流动，孩子的梦幻意识创造出一个不利于观察的氛围。随着时间的变迁，我的观察记录唤醒我的认知以及这个孩子的成长变化。

如何满足不同年龄的孩子呢？其本身就是一个完整的舞蹈。当我们满足较小的孩子的时候需要多么和善和温柔啊！我们对于他们就像一阵波浪，有时我们是那么的强大。经常在他们了解我们之前，甚至我们看他们都认为是痛苦的。我接近他们，发现他们甚至对我的心情是那么的敏感，我以为这些都仅是我内在的状态的体验。几个小男孩在班级里越来越喧闹，我感到我的不耐烦在增加。当我开始走向他们的时候，敏感的孩子开始后退。不是所有的孩子都那么敏感，因为在光谱的另一端，一些孩子还被一种梦幻的光环所包围，没有意识到我的动作和情绪。当我感觉到某事进展不顺利的时候，这会促使我的外在更活跃，这样我就不会察觉到我变得不耐烦而影响到每个人的内在状态。这也同样引导我努力在班级内营造平和、安静的氛围，这样敏感的孩子就能感觉到我周围的安全和轻松的能量包围着他们。

第二年与孩子继续相处是多么令人喜悦的一件事啊！信任和了解的基础已经建立。他们带着愉悦的状态重新地回到幼儿园的节奏里，帮助新入园的孩子找到他们的方式度过一天。与这些孩子在一起就有机会建立更深的关系。想到这些的时候，三个男孩子浮现在我脑海里。他们第一年来的时候就已经相互认识了，同时他们关注老师的本事是不是到位。最初他们不让其他新来的孩子和他们一起玩，并粗鲁地把他们赶走。我试着把这个团队的其中一个孩子拉出来帮我做一件事，但几乎无法获得长时间的成功，因为群体的召唤很强烈。我提出了一个非常不错的想法，建议父母和新来的孩子形成一个出游约定，但当这三个孩子在班里的时候，情况并没有得到改善。他们都是夏天出生的，他们入园的第一年已经是 5 岁了。我最后决定他们彼此之间都需要“放假”。他们还留在我的班里，只是礼貌地得知他们需要“放假”，以便可以交到新朋友。开始的时候，他们有些不知所措，但不久之后，他们每一个都开始交新朋友。每个男孩都焕发出新的状态。大约一个月之后，他们问他们是否可以一起玩。我说如果他们也邀请其他孩子的话，他们可以一起玩。这对整个班的活力来说是多么的不同，因为他们变得更喜悦、更包容。当他们入园第二年的时候，他们欢迎新的孩子，无论是大孩子还是年幼的孩子，包容和接纳的氛围贯穿整个学年。当我认为孩子无法自己解决社交关系的问题时，我也同样使用“假期”。我有两个很坚强的胆汁质女孩，她们相互吸引，相处得很好。然而，有时她们会陷入相互争吵的状态。提供一个“放假”时间，她们都能放松和其他孩子玩耍，以不同的方式重新和好。我视“放假”为一个机会，帮助孩子远离一个困难或不健康的关系。允许在关系中形成一个缓冲状态，我发现这是孩子无法自己创造出来的。

当孩子 6 岁的时候，会出现一种新的活力。成人（父母或老师）不再是他的世界的中心，那是一个 5 岁孩子的可爱的品质，这时他自己成为他世界的中心。想象力、记忆和情感的内在意识正在发展。由此而来，游戏变得更有计划性。他们甚至经常不需要玩耍，而是坐下来聊天。这个时期通常被认为是童年的青春期，因为青少年也经常认为他自己是世界的中心，有着强烈的内心生命。由于这个转变，可能会以微妙的方式开始对老师有所挑战。的确，这是意识转变的开始，是孩子从老师的爱的权威中学习而不是通过模仿学习的时候。这通常在家里也是动荡的阶段，“你不是我老板！”这句话在他们周围回响。我们需要以不同的方式满足他们。同样的孩子，前一年还是个热心的帮手，现在完全不想帮忙了。这是充满坚定的爱的时期，我们可以温柔而坚定地说："你可以帮忙。"

孩子到了6岁会更意识到他或她的情感，并以新的方式识别它们。同情和反感变得更加明显。我发现和这些孩子在一起的其中一个任务就是帮助他们开始去做他们不愿意做的事情。我们都有过这样的经历，一部分生命任务会一次又一次地降临到我们头上。最早在孩子身上呈现是在两岁的时候，但在那个时候，更多的是和意志相关。我们可以用我们的温暖和热情帮助他们克服反感。当我们从洗碗或清洁室外玩具的状态进入活动中，并在情绪和动作中充满喜悦，通常这已足够帮助到他们了，因为他们仍然还在模仿的斗篷的覆盖下。

或许他们需要一些一对一的时间帮助他们进入活动里。我们的爱和关注是具有疗愈性的。一对一的时间也会呈现他们参与一个活动所面临的挑战。一个6岁大的女孩没有被我们室外热烈的跳绳活动所吸引。有一段时间，我尽量不干预，然后有一天，我说："现在所有的6岁孩子都要参与。"她很主动去尝试，尽管她个子不高而且要跳离地面也不容易。当我们所有人看她尝试的时候，这是多么美妙的教学时刻，并且我一直告诉她，她做得多么好。其中一个灵巧的孩子说了一些不善的评论，另一个教育的机会出现了：我提醒每个人刚开始学习时是非常难的，而且当我们练习时，我们需要彼此帮助。这个小小的6岁孩子把它记在心里，每天都想练习。我们都很开心地跟随她的进度。

曾经有个新老师问我，我们在幼儿园的状态应该是米迦勒的（直线）还是加百列的（曲线）。多好的一个问题！我发现我需要根据孩子本身和他或她的年龄阶段来决定。经常在一年中会有某个时刻，当一个较大孩子挑战我们的时候，我们会调整成一条清晰的直线。有时年幼的孩子需要我们手臂形成曲线围绕着他们建立一个安全的外壳。

幼儿园教学需要很大的灵活性。和孩子在一起的时候，我们要把关注点放在他们身上，我们需要改变我们内在的声音或状态。有的孩子需要为他的心感受一个安静的山谷；有的孩子需要在附近有一堆温暖的火；有的孩子渴望一个清晰的栅栏能容纳他无限的能量。只有通过加深我们对儿童发展的理解和练习我们的外在观察和内在平静，我们才能感觉到每个孩子需要什么并反映出来。

心的关爱

露丝·科尔

孩子需要从我们这感觉到我们接纳他们身体里涌现出来的这些变化，而不带惊恐。现在老师是谁以及老师做什么都变得重要。

为了准备这本书，五位北美同事已经连续三年每年开展再培训，学习、研究和讨论 6 岁孩子变化的本质。当我在写这些的时候，我们的工作还在持续，同时进一步延伸到包括人智学医生以及也在做类似研究的国际同行之间的对话。我们再培训期间，学习了大量鲁道夫·斯坦纳的演讲。鲁道夫·斯坦纳对他称之为换牙的这个时期有很多的论述，这篇文章不时会出现他的许多智言。

在一次集中学习的时候，斯坦纳的一个提示对我产生了深远的影响，从那时起，我就始终带着这个问题。在《童年的王国》这本书里，斯坦纳解释了老师需要在内在勾勒什么以满足换牙期孩子的转变，并提到孩子提出的很多问题都会预示着他们的发展。斯坦纳继续说："孩子好奇但不是智性的好奇……孩子有幻想，但这种幻想我们必须参与。这实际上是发展类似'心的关爱'概念的问题。正如你看到的，孩子在出生后必须要被给予身体的关爱……当孩子在换牙阶段去上学的时候，你必须给予他们的也是关爱，但现在是为心准备的关爱……孩子接收到的一切必须是完整的；换牙后，孩子必须有‘心的关爱’”[1]。

“心的关爱”？斯坦纳说的“心的关爱”是什么意思？许多年了，直到现在，这个问题一直伴随着我，并且从这个问题的思考中产生了一个后续的问题——“在幼儿园我需要做什么及在我的自我发展中，我如何通过‘心的关爱’满足换牙期的孩子？”不用说，这个思考产生了很多的对话，为了感激那些愿意花时间和我一起关注这点的所有人，我很乐意和你们分享一些想法。

作为幼儿早期教育者，我们非常清楚我们的工作如同神父或女祭司，致力于成为行为的典范，这样孩子就有恰当的行为、言语和态度能去模仿。琼·艾尔蒙在她的文章《玩耍的疗愈力》中，对神父或女祭司的角色进行了评论。她写道：“通常神父站在圣坛，仰视灵性世界，引领教堂的会众朝向神圣。然而，幼儿刚刚离开神圣的世界，寻找着他们通向尘世的道路。我们的任务是帮助他们寻找他们自己的道路的同时认识到神圣世界强烈地影响着尘世。我们不是站在圣坛，而是站在工作桌旁，烤着面包，做针线活，做园艺以及更多的事情。”她继续说：“我们是否只是以外在的物质方式经历尘世，还是我们能认识到尘世中的所有创造都来自那神圣之手，这对于孩子来说是有区别的。”[2]比如，我想到许多次孩子带给我新鲜采摘的花。在那个时刻，我想要得到什么？我能在跟孩子一起的那个时刻也看到隐藏在雪莲花后的心或是报春花里的星星吗？我能在那一刻有足够的意识，以致孩子体验的一些元素也能呈现在我面前？

鲁道夫·斯坦纳说：“我们需要学会聆听那些在某种程度不如我们的人

---

1 鲁道夫·斯坦纳，《童年的王国》。

2 Joan Almon，《玩耍的疗愈力》，第 14 页。

的言辞，压抑每种优越感或知道得更多的感觉。以这种方式倾听孩子特别有用，即使是我们中最智慧的人也能从他们身上学到很多。”[1] 当然，这样的关注是理解孩子的幻想生活以及我们如何能用“心的关爱”满足他们经历的前提条件。

除了在幼儿园班里担任神父或女祭司的角色外，我们还听到班级老师的角色是权威而慈爱的艺术家工作。这位艺术家最终把孩子交给了高中老师，一个真正的科学家，为满足青少年对真理的追求而工作。对每一个这些阶段，斯坦纳说，学生通过需求而进步，首先是身体的关爱，然后是心的关爱，最后是灵性的关爱。[2] 当然，父母每日与孩子亲密接触提供了很多身体上的、心灵上的和灵性上的关爱滋养他们孩子的机会。

作为混龄幼儿园的老师，我们陪伴孩子直到他们迈进小学的门槛。然而，经常是当他们还在幼儿园的时候，孩子们就会经历换牙和以太体出生后的巩固期。当孩子需要以模仿和权威两者去满足他们的时候，我们就处于为他们搭桥的位置上。我们走在双行道上，作为神父或女祭司和艺术家或爱的权威。不仅仅是这些幼儿园里大的孩子要求我们活在这两个世界里，而且对于年龄最小的孩子的模仿需要和那些需要方向与坚定界限的大孩子，我们也可以感受到他们的不同。这个时期，我们的任务是作为神父式的角色榜样，带领大些的孩子开展有目的有意义的工作，也作为慈爱的感兴趣的搭桥者，带着足够的关心，对他们的新变化说“是”，并以可靠的界限回应。孩子需要从我们这感觉到我们接纳从他们身体里涌现出来的这些变化而没有惊恐，而且他们需要感受我们知道如何带着力量满足他们的需要。同样，当老师对那些看

---

1 鲁道夫·斯坦纳，《如何认识更高层世界》，第 47 页。

2 鲁道夫·斯坦纳，《教育的本质》，第五讲。

起来打扰了幼儿园平静以及秩序的大孩子设立了坚定的界线的时候，混龄班里年幼的孩子也明显得到了释放。

当孩子在 6 ～ 7 岁转换期向我们证明他们战胜了意识、物质身体、情绪稳定和社交能力的变化时，我们为他们设立怎样的边界、规则和界限呢？我们成人用之前我们对待生活和真实工作的行为和态度去启发他们，现在能重新鼓励同一个孩子以他们对世界的测试做出正确的反应吗？

有一年夏天，在一个名为“和幼儿园里较大孩子工作的喜悦和挑战”的教师大会上，许多幼儿园老师表达了他们在幼儿园班里与较大孩子相处的困难。当听到把坚定清晰的期待与较大孩子联系起来是没有问题的时候，在场的老师明显松了口气。一些老师表示，他们在早期幼儿培训中获得的信息是要与大孩子进行模仿的工作，如果他们用坚定的界限直接对较大孩子讲话，从教学法的角度来说可能不正确，因而他们会感到内疚。当我们试图通过清晰的描述和图景式的想法，直接而慈爱地把方法告诉孩子的时候，很明显用这样清晰而直接的方式说是一种放松。在 6 岁的过渡期跟他们确定“正确的世界方式”，比允许他们不停地陷入在测试界限要好。我经常提醒父母和同事们，我们现在带给孩子的界限，为他们以后在倾听自我的时候提供了一个内在的声音。当我们期望他们能对更为强烈的诱惑说“不”的时候，我们希望他们在青春期的时候有这样的内在泉源。6 岁的变化经常被称为第一个青春期，可能是将要到来的东西的前兆。让我们现在参与孩子的成长中，以便我们为他们的未来给予力量。

因此，在面对这些变化的孩子的时候，我们如何提供斯坦纳所说的“心的关爱”？

通过深思“心”这个词，我开始思索这个问题，并认识到鲁道夫・斯坦纳在很多场合说到了心的三个不同的方面——思考、情感和意志。然后我就看我能在我的行为和内在工作中做什么去转化心的这三种不同品质。

当我刚开始教学的时候，专注在模仿工作，我意识到我的许多行为都需要转换。我记得一位资深的老师来观察我开展的其中一个晨圈。之后她鼓励我学习和使用典型的手势——播种、用镰刀割、缝纫，等等。有段时间，我对于如何行走和说话变得非常敏感，而且这需要经历艰苦和耐心的实践才能将旧有的习惯放下。无论如何，当我开始体验到孩子们更快速地关注我，我认识到在孩子们的晨圈、手工以及活动中，我的努力获得了更多的回报。孩子们真正的灵感来自于真实的工作。其中一个例子是我们在幼儿园花园里要做的日常工作。有一天，我们中一个最大的男孩子向我走来，晃着他的铁锹，吹着口哨。“你看，”他说，“我们在这个花园里有那么多事情要做。我们最好现在就动手！”当他一边翻土一边说着“帮助虫子”和“小心，不要踏进花园，不然他会压扁小虫子”时，这个平常喧闹的男孩子身上有种安静的平和。当他被允许在花园里的一个地方自己工作的时候，他的健康觉明显加强了。

给这些有能力做更多的较大孩子额外的责任是满足他们延伸边界需要的另一种方式。通过尊重他们作为一个在土地上有能力的助手做适当的其他任务，我们可以一步一步回应他们需要和界限共处的需求。我们可以请年龄大的孩子帮助年幼的孩子打结、穿衣、穿针、手指编和找东西。玛格丽特·梅耶科特（Margret Meyerkort）谈到了一件趣闻，当一个孩子从另一个孩子手里拿了什么的时候，请一个年龄大的孩子去处理班里的一个小争端。那个大孩子走到那个调皮者身边并坚定地说，“还回来！”那个孩子马上把玩具还回去，不受干扰地继续进行玩耍。当然，一个人要能确保派去执行这个任务的孩子是能树立正确榜样的。派大孩子去执行一些离开幼儿园班级的任务，对于他们可以延展界限，也会创造出有价值的行动——可能是送一个便条去办公室，从工具房拿一件工具，把洗好的衣物送到其他班级，等等。这些都是我们可以向孩子展示有合适的方式呈现他们新获得的力量的方法。

让我们假设通过我们当下、恰当的外在和内在对孩子的回应，我们的确在给予“心的关爱”。如果是这样的话，那么，因为心有三个不同的组成部分，从我们自己的意志、情感和思考能力，用“心的关爱”去滋养孩子，这意味着什么呢？让我们更进一步探索这些问题。

意志

当幼儿经历这个变化的时候，会发生很多事。请看第一部分关于这些变化的更多解释。我们见证了儿童发展的一个时期，他们的身体看起来不受控制，他们四肢挥舞，经常不小心撞到其他人或物。有时我们看到他们在游乐场里追逐，跌跌撞撞地，无意中碰到人或物，或如果我们在室内，我们看到他们很容易从板凳上摔下来或失去平衡。他们经常脱口说出真实却伤人的话——“看那胖太太的帽子。”“她甚至都不能系自己的鞋带。”当然，当我们看到孩子处于这些经历的时候，重要的是要设置一个界限（当然是以图景的方式）。比方，“我们要记住限速哦”（当一个孩子失去控制地奔跑），或者“当鸟妈妈的朋友不知道怎样做的时候，她帮他们做。她甚至帮他们搭巢呢”（当孩子在奚落另一个孩子，因为他或她不知道怎么做某事时），或“你能告诉我那大声的警报器的开关在哪吗”？（当声音太过于吵闹的时候）。更有效的方法是与他们的玩耍相结合并提供一个想法，把他们的游戏引领到下一个环节，从而带给孩子界限。较大孩子可能会卡在他们的玩耍中，他们坚持每天玩同样的场景，做“头号老板”的位置，对每个人都会是局限。老师或父母必须采取主动参与玩耍，结合游戏并以公平、公正的方式推进。有时只需要一句话，或有时只需要出现一会儿，这样合作游戏就能再次进行。

除了我们给予孩子更多的斯坦纳所说的“心的关爱”，还有其他能做的事情去引导幼儿园里大孩子的行动吗？在另一次合作研究中，我有了一个提示。

在《教育的本质》第五讲中，斯坦纳再次提到了换牙的转换期。他提到在这个时期孩子和教师之间发展出一种新的关系。现在老师是谁以及老师做什么都变得重要。他说孩子会模拟老师，因为他爱她或他，如果老师爱某样东西，那么孩子也同样爱这样东西。鲁道夫·斯坦纳谈到“孩子的心和老师的心之间隐藏的力量”，老师需要“计划教育以能让（孩子的）乐于向善的本性需求得以发展”。他说：“孩子不会用词语理智性地提（问题），但他们内心深处会问。”[1] 他继续说：“只有把孩子放在本性权威的环境里，我们才能够在这个生命的阶段里靠近他们。孩子会看到老师的行为里蕴含着的是什么，并且他们听到老师的话语里透露的是什么。”[2]

读到此，使我意识到，如果我们作为父母或早期教育老师，能强有力地树立有疗愈行为的榜样的话，我们对孩子的影响该有多大。因而我开始更为坚定地挽救孩子不顾后果的行为带来的结果。接下来的例子是我们在班里坚持开展疗愈的行为的一些方式。当某人受伤了（经常是没意识到的）调皮者跑去拿来治疗箱并搽药膏。当东西坏了，搞坏它们的 6 岁孩子和我坐在一起，

---

1 鲁道夫·斯坦纳,《教育的本质》，第 71 页。

2 同上，第 70 页。

我们带着关爱的姿态去修理。东西打翻的时候，孩子收拾好或是把它们擦干净。当孩子们批评另一个孩子的时候，我问那个被批评的孩子："你想这样玩吗？"有时当坚强的6岁和7岁孩子在一个混龄组里侵犯到较小孩子的时候，我也会问同样的问题。在那些被冒犯的人那里，回答总是"不"。然后我实事求是并果断地说："他们不想那样玩。"马上接着就是"我们来……"，接着就是对游戏的重新引导。其他的一些想法是：当一个孩子在队伍里动来动去的时候，我们把她拉到旁边，让她看其他孩子怎么做；当一些东西裂开了，如果是简单的修补，那孩子自己去缝；如果有某些东西使用不当的话，那么"忘记"的那个孩子要修补、固定、替换或在某种方式上不做那个行为。比如，当沙子被扬出沙池时，要用铲子把沙子铲回去。

这个冬天，我们那地方特别潮湿和泥泞。我征得家长的同意，允许孩子在我们的泥山里"开采"泥，因为我知道它导致的结果是每天都会有一些沾满泥巴的衣服拿回家。他们都同意，而且不用说，很多孩子全身心地投入到这种探险。我们很多天充满喜悦地创造性地"采矿"，有很多泥球装饰了通向幼儿园房间的通道。然而，有一天，一些较大的男孩和女孩决定把泥涂在他们自己身上，而不是在专注的玩耍过程里不留意地搞得满身泥。当我和我的同事说到这个事件的新转变时，我们都同意当孩子有目的地把泥涂在他们自己身上，比他们无意识地只是和这些元素玩的时候，不会脏太多。然而，当他们有目的地涂抹时，他们的姿态和主题的不恰当性是非常不同的。

我们决定不为此而作为惩罚的原因。当我们结束户外玩耍回到班级，我们让那些把泥涂在身上的孩子将他们的户外衣服放在外面。然后，当室内玩耍时间开始时，这些孩子一个接一个地洗他们的户外衣服。当他们在做这个工作的时候，他们是独自一人的，而且需要占用他们挺多的室内玩耍时间。

我认为这个独自的活动，当孩子可能更想参与自由玩耍时，会带给他们一个根本的教训，并且结束玩耍涂泥。然而，我并没有期待任何结果。刚开始的时候，孩子们以纯真的喜悦回应。玩水！哇哦！一些孩子甚至在洗自己衣服的时候唱歌，无比喜悦。在我振作勇气把这项额外的任务带进正常的作息的三天后（除了保持我们常规的程序外，它需要我额外的工作——给桶装满温水，它很容易就变得泥泞，需要倒掉重新装满水，然后拧衣服，等等），我筋疲力尽并准备要放弃提供一个自然后果的想法。然而，在第四天，我听到其中一个较大的女孩说："我今天不会把它涂到我的衣服上了。我想在玩耍时间里搭个房子。"然后，一个接一个，在接下来的几天，类似的响应发生了。后果有效（不是我过强的意志力）！现在我们可以合理地取消洗衣服了。现在，孩子们每天仍然被泥山上的玩耍所吸引，但是他们衣服上的泥巴只是在大量玩耍时不小心弄上去的。

请记住，当大孩子正在经历 6 岁转变的时候，很多孩子都会以他们所熟悉的生活的方式应对纷扰的混乱……他们不知疲倦地游戏。满足每一个"游戏界限"的时刻将成为父母或老师的一部分工作，如同把一块巨石推上山。然而，如果成人能温和地依据实际情况并带着信心去回应每一个情境，那么平和的能量就会被带到环境中。

通常界限设定之后，较大的孩子会给予成年人他们的尊重和喜爱来表达他们的感激。就如我班里的其中一个孩子上周说道："老师和办公室是整个世界的老板。"对于幼儿来说，感觉到有人在掌管是一个怎样的安慰！这个孩子在那天回家时拥抱了我。是什么促使了这个声明和这个拥抱？那天，幼儿园其中一个较大的孩子，是他的朋友，当我们都围坐在餐桌前，告诉他幼儿园老师"就只是在幼儿园，他们有愚蠢的规则，他们不是我的老板。他们对大的学校一无所知”。我和蔼而坚定地回答道：“噢，对，我是这个地方的老板。而且当你在这个地方的时候，天使和你的妈妈爸爸请我帮助你。”

每年，一个或几个较大孩子在我们散步去花园和从花园回来的时候，他们会落在大家的后面。当这些意外发生的时候，我如往常一样照看着团队的其他人，并继续朝着恰当的方向前进。刚开始的时候，落后的孩子通常都被吓到，我们不等他们就走了。然后当他们追上我们，往往这些时候我会得到一个大大的拥抱。对于我来说，这看起来就像是确定和明示，孩子的世界里有着规律性和可靠性，他们会感到宽慰。

参与到正在经历 6 岁变化的孩子的生命历程是种荣幸。这也是老师或父母必须要为孩子行为的不可预见性、挑战权威和对日常感到厌烦的时候做好准备。在这个时候，我们需要意志的力量作为慈爱的权威，平衡和培养我们个人的日常自理，学习、健康的游戏将这种“支持”带着勇气呈现在孩子面前。

情感

通常在这个时期，儿童的绘画作品会出现有烟囱的房子，炊烟缭绕地从烟囱里冒出来。奥德丽·麦卡伦（Audrey McAllen）通过大量的研究和实践指出：“没有烟从烟囱里冒出来，（可能性是）意志并不够活跃：意志力冷漠。”[1] 这些活跃的意志力工作的另一方面是唤醒更强的情感力量。的确，儿童看起来表现出更多的批评和轻视的言论，倾向于对他人的行为和话语更敏感。当幼儿园里小

1 奥德丽·麦卡伦（Audrey E. McAllen），《读懂孩子的绘画》，第 36 页。

一点的孩子试着避免被拒绝的时候，大点的孩子则心存妒忌，反应迟钝。通常大点的孩子喜欢轻声细语交谈的时候也在对其他孩子指指点点，或者，对很多女孩子来说，全部玩“排斥他人”游戏。一些男孩子也玩这种排斥游戏。当这些内在的火焰被唤醒的时候，伴随儿童生命成长的成人通常面对他们的行为变得更加具有挑战。许多成人仍在处理因过去发生的类似事件导致的创伤。幼儿园里的大孩子尝试的这些反社会情感反应留给我们的是无言以对和过去的伤口。当然，如果我们假设儿童以同样的方式吸收这些事件并影响到我们，我们就会陷入麻烦。一般来说，我们的伤口来自于我们自己的个人经历及往后的一段生命时期。幼儿园里的大部分大孩子参与到预备发展阶段。

幼儿园较大孩子正在试探这些新的向内推进的方式，如果适时处理的话，是提醒他们这个世界是有尊重和秩序规则的。当然，这些提醒如果能以图景的方式传达是最好的。“鸟妈妈帮助小鸟宝宝记住不要啄彼此。”如果我们能以实事求是、平静而恰当的方式引导较大孩子，大部分大孩子很容易从误导的关联方式中转变出来。在这个时期，孩子需要使用他们的方式不断地提醒。因为最终，“我们必须在幼儿园里知道我们的方式，这样我们就能进入一年级。”龙汉娜·施蒂格曼（Johanna Steegmans）医生阐述道：“儿童在幼儿园里学的最重要的事情之一就是行为举止。”最近，我参加了杰克·皮特拉特（Jack Petrash）的一场演讲，他谈到要带着明亮和温暖传递这些提醒。老师身上内在的、非评判式的、积极的态度会确保孩子能够全然地接收它们。

我们以同样的方式积极地回应孩子排斥他人的倾向，也必须要回应其他的反社会行为——嘲弄、推、打、追赶着要第一个拿到东西、专横、固执地坚持自己的方式等等。退化是 6 岁的孩子会呈现的其中一个症状。孩子小时候克服的行为会再次出现。以事实为依据的提醒还有很长的一段路让他们认识到。“你现在可以加入我们。”“我们会帮助我们的朋友。”“你不会打扰的，是吧？”是说“现在就把那个给我”还是“当你结束的时候我可以拿吗？”更好些。对于较大的孩子来说，即使孩子自身的机体正经历剧变，有一个值得信任的人在身边关照事情的秩序是个极大的安抚。

作为老师和父母，在这项工作中获得支持，我们必须关注我们自己的内在生活。为了更好地与我们心魂的意愿工作，我们要练习新的举止行为，获取力量，点燃冲动去做疗愈的行为。但现在我们被呼唤着向内看，并弄明白如何回应来自于孩子的这些情感冲动。在芭芭拉·克拉克的文章《你不能和我玩》的第三部分中谈到了处理较大孩子的排斥行为，但我们如何处理孩子表现出来的毁谤和评判行为？

鲁道夫·斯坦纳在《迈向更高层的世界》中谈到成人“把奉献带入我们的思考生活”的重要性。他说道：“生活中的每一刻，我们能觉察到任何贬义的、判断的、评判的观点仍留在我们的意识里，将引领我们更接近更高层的知识。如果在这样的时刻，我们的意识里充满对世界和生命的崇拜、尊敬和崇敬，我们甚至能更快地发展。”[1] 他继续说道：“初次了解很难相信崇敬和尊敬的情感会以各种方式与知识相关。这是因为我们倾向于把认知看作是一种孤立的能力，与我们心里发生的任何事物都没有关联。因此，我们忘记了是心魂在认知，正如食物对身体一样，情感是对心魂的。如果我们以石头取代面包喂养身体，它就会停止运转。心魂也是一样的。我们用崇敬、尊敬和奉献滋养它，就会使得心魂健康、强壮，相反，不尊敬、离斥和贬低令人称颂的事物会麻痹和扼杀我们的认知行为。”[2] 如果成人在生活中能将批评转化

---

1 鲁道夫·斯坦纳，《迈向更高层的世界》，第 20 页。

2 鲁道夫·斯坦纳，《迈向更高层的世界》，第 21 页。

成尊敬和赞赏的方式，那么我们能为孩子做的大量的服务还有什么要多说的呢？我们为他们提供值得学习的榜样，那可能是他们现在和未来心魂的发展源泉。故事里的主人公面对批评或险恶力量并扭转局面的经历也是孩子心魂的食粮。在第五部分，《远在天边的神奇之湖》就是这样的故事。

六七岁的孩子想要的不仅仅是相信他们生活里的成人是真诚的、可靠的，而且想知道他们在说些什么。孩子经常说“那是真的吗？”如果我们向他们展示他们必须做什么而我们自己做不到，对他们来说是巨大的失望。他们开始把自己和我们区分开，并带着穿透性的有时是怀疑的眼光看着我们。他们会尝试新的方式回应我们，以确保他们可以延展教室的界限，或者他们尝试挑战我们的极限以难住我们。如果在听故事的时候，他们能纠正老师的一个词或者说：“那不是真的，昨天你说的……”这对于他们来说是多么的愉快！这是一个我们需要带着勇气、信心、尊敬和爱站在他们面前的时刻。

如果我们继续阅读《迈向更高层的世界》的这个章节，斯坦纳还提到：“学习爱与尊重的情感的心魂会改变它的气氛。某种灵性的黄红色或棕红色消失了，取而代之为蓝红色调。”[1] 这使我想起了拉斐尔的画作《西斯廷圣母》。这幅画描绘了一个穿着红色和蓝色衣服的人物抱着即将出生的孩子。在斯坦纳称之为换牙的发展时期，作为6岁大孩子的老师和父母，我们协助孩子的以太体发展及分享我们自己的以太体力量的这个工作，不正是我们站在另一个入口护送孩子开始的另一次重生吗？作为助产士，对于以太体的降临，我

1 鲁道夫·斯坦纳，《迈向更高层的世界》，第22页。

们尽量穿上蓝色和红色的长袍。积极地处理孩子在 6 ～ 7 岁转变时期表现出来的自然离斥感，是我们所有人巨大的成长机会。

琼·艾尔蒙（Joan Almon）写道："对于幼儿，我们内在的心境和姿态比我们的语言更具有影响力。如果我们的内在充满神圣，而且如果我们自己的内在通常是指向灵性的，那么孩子在尘世中就感觉像在家一样，这是他们被完全的物质主义观点所包围时无法感觉得到的。"[1]

思考

综上所述，意志、情感和思考明显是我们灵魂生命的品质，是相互交织不可分开的。一个健康的心魂和一种灵性的生活是一个健康的社会、幼儿园和孩子的基础。呈现我们内在对话，从事积极而富有启发性的图景工作需要我们努力地工作，而这对于孩子和幼儿园环境有着直接的影响。

一个人在不理解的情况下无法立志于为孩子提供图景。这就要求我们具有内在创造的意志，理解什么是恰当的情感意识以及塑造恰当图景的思考能力。在这本书第一部分的《6 岁孩子变化的观察》一文中，有一个图表展示了第一个七年中意志、情感和思考之间的相互影响。第一个七年周期的结束是随后思考过程中萌芽力量发展的特别时期。希望这些力量能有机会沉睡在孩子的内在直到日后的青春期能完全地觉醒，并充分体现为对真理的追求。

正如文章开头所陈述的，斯坦纳强调，换牙时思考的活跃表现并不是代表对知识的渴望，而更多的是想象的力量。斯坦纳鼓励我们参与到这些想象

1　琼·艾尔蒙，《玩耍的疗愈力》，第 14 页。

的力量中。在另一个讲座，斯坦纳说道："现实生活中，我们的任务是给予儿童能在其心魂深处不断延展的鲜活而灵活的观念。"[1] 他继续说："我们自己必须参与到儿童心魂的内在活动当中，并对我们给予他们的灵活而富有弹性的事物而感到喜悦；并且，随着他肢体上的生长，他能伴随着这些想法、情感和冲动一起成长……并能从我们给予他的东西里创造出其他的东西。"

我发现为儿童提供图景式的想法，如同为孩子的心魂注入的源泉，需要练习。这对我来说，不是水到渠成或轻而易举的事情。即使我知道这对儿童来说并不健康，但我意识到对我来说，仅是智性地声明我必须做什么以及为什么做会更容易些。然而，这些富有想象性的，"灵活而有张力的图景"对幼儿园日常活动的展开是明显而有效的。"小松鼠来收集所有的坚果了"比"现在我们来收拾"更为有效，或"让我们来听听罗宾兄弟的声音，而不是听鹦鹉咯咯的声音"比"请使用更轻柔的声音"更容易令人接受。

为了帮助自己给孩子编辑这些图像集，我花时间收集适合混和年龄幼儿园的歌曲、故事、晨圈和画面式的图像。有时复制这些信息帮助我在一年不同的季节里重新找到它们并把它们归档。然后，当我和孩子"在当下"的时刻，我能深深地倾听他或她提供出来的信息并尽我所能与图景关联。之后，我自己研究，找到过去曾对其他孩子有帮助的真实的图景。或许是和主题相符的故事或晨圈，或是之前使用过的一个画面式图景，在此刻能用于一个不同的孩子身上。由于我每年重复这些步骤，我的图景集逐步完善起来而且我也记住很多，所以我能在当下更流畅、更娴熟地和孩子的问题、想象以及玩

1　鲁道夫·斯坦纳，《教育的根基》，第 27 ～ 28 页。

耍的场景联系起来。因此以图像式想法的方法去实践“心的关爱”的能力随着时间的推移而不断发展和成长。

如上所述，有时儿童仅需听到“你现在没什么事，因此我有一项工作给你”，或一个类似的清晰指示。当我们已经尝试富有想象性地联想孩子的玩耍而大点的孩子并没有回应时，提出清晰的期待也会发挥一定的作用。重要的是，我们始终如一地坚持我们已经设定的界线，即使我们认为“我真希望我没有那样说”，邀请父母参与进来也很重要。我们可以在一天结束的时候当着孩子的面轻松地说：“我们今天过得真愉快，明天我会很高兴再次看到安德鲁。我确定也将会是美好的一天的（而不是‘更好的一天’）。”重要的是让孩子知道他的父母和老师一起工作。

为一群孩子找到合适的故事的技巧怎么强调都不为过。有时在幼儿园里已经待了超过一年的孩子会告知我们接下来要讲什么故事。“我们什么时候可以听到‘带着金梳子的公鸡’的故事？”当讲故事的时候，如果我们自己能看到内在的图像，那么孩子就会被深深地滋养着。如果讲故事的人能参透故事的真正含义，那么孩子也能更深地领悟故事的意义。这就是真正的“心的关爱”！有些老师认为，持续几个月或几年阅读或思索一个独特的故事是他们的静思途径。这可以是条富有成果的道路，这种实践也能促进丰富的内在图像的形成，会对我们在班里的日常工作有所帮助。

在一次有关童话故事的教师培训中，我和一组老师尝试过这个想法。每天我们为《霍勒太太》做表演的木偶，以几种形式展现故事——作为故事、偶戏和游戏。那时，连续两周每晚入睡前，我们给自己念这个故事。我们从来没有在课堂里讨论过图像的含义。然后，在课程的最后一天，我们谈了当我们带着这个故事入睡并在白天的时候思索那些图景的时候，有什么显现出来给我们。

在我们最后要分享结果的那天，我来到班上，准备好从他人那里收集而来的以及我自己的关于《霍勒太太》这个故事的更深层含义的研究。其实是完全没有必要的，学员们通过自己的灵性研究能够带领我们贯穿这个故事，并分享图景的更深层的意义。自从首次尝试以这种方式贯穿故事之后，我就反复地在实习教师身上使用这种技巧，我们获得了许多富有成效的结果。

带有强烈的图景的晨圈主题同样也对儿童述说，因为他们能够把这些图景带入运动里，那这些图像和课程就能更深地渗入。在第五部分《野玫瑰公主晨圈》（五度音程氛围）就是这样的一个晨圈。

提前思考并制定每日、每周和每年计划也能帮助我们提供斯坦纳所指的——“儿童接受的一切必须是整体的。”我们如何精心地安排我们的日子，让它流动起来像一幅编织精美的挂毯，而不是分开的或僵硬的。提前思考整天的流程，事先很好地聆听孩子，创作能融合在一起的一个故事、工作活动和晨圈的主题作为挂毯的一部分是有可能的。举个例子，《蜜蜂皇后》的故事很好地把探险以及与生活在母亲怀抱的动物的晨圈联系了起来。清晨散步时，我们可以把对所有动物表达尊重的主题放进我们的行为里。随后观赏《蜜蜂皇后》的偶戏，接着在玩耍时间里将这些木偶摆放出来。通过这种方式，儿童会在一段时间很好地处于整体状态下，专注地玩耍、活动和冒险。

在混龄幼儿园的两或三年里，儿童会和我们一起成长和改变，我们必须跟上他们的成长脚步。对于神父或女祭司来说，当孩子达到 6 岁转换期的时候要成为一名艺术家或亲切的权威人士并不被视为一种负担，它可以是带着我们感受内在风景的一段冒险。如果我们真的能满足大孩子的需要，一些美妙的事情就会发生。我们和他们的关系改变了，它变成了一种尊重和清晰的理解交织在一起的伙伴关系，一个双方都能接受谁说了算的简单的权威就产生了。我们可以吸收他们新获得的能力和愿望并延伸到幼儿园里。他们确实有能力帮助我们运转幼儿园并为此感到自豪。支持他们的热情能够促进他们进入一年级的下一个步伐。

以下是我想要强调的一些建议：

• 挺拔而坚定地站在大孩子面前。老师的不确定性会轻易失去来自于较大孩子的尊重。

• 要带着你知道会发生什么的内在态度（即便你觉得很为难）。儿童正经历如此之多令人困惑的改变，因而他需要一个可靠的界限任由他去尝试。

• 如果你要求一个孩子做某事，那么你必须确保孩子遵循你的要求。所以，要意识到你要求的必须是孩子能完成的。

• 如果你正尝试转变一个游戏场景，首先试着和孩子游戏里的图景建立联系。

• 如果孩子正充满想象力而富有创造性地玩耍时，请不要打扰她。如果不是，就是工作的时间了！孩子做完一些有目的的工作之后，通常他们就能带着新鲜的力量回到游戏里，富有想象力地和有建设性地玩耍。他们的意志要参与到工作中并在玩耍时流动起来。以下的一些活动可能适合6岁孩子：帮助老师做手工、烹饪、清洁刷洗小隔间、扫搁架的尘（把搁架上的所有东西搬走，除尘然后再次把所有东西放回去）、挖、锯、缝、布置桌子、为绘画或水彩时间布置、梳毛、洗羊毛、打磨木质玩具、给玩具上油、垃圾堆肥、扫地、为老师拿物资、办事、洗餐巾和娃娃衣服、抛光、送消息、擦洗罐子、为汤摘香料、洗座椅板凳、修玩具。如果孩子完成了他的工作后重新进入游戏，还是无法玩耍，那么带他回到工作里。这要以“我现在需要你的帮助”

这种姿态来做，而不是“你没法玩耍”这样的惩罚性姿态。如果孩子说“但我现在想玩”，我们可以回应：“哦，是的，当你准备好好玩的时候就可以。”

吸引较大的孩子做较小的孩子的帮手。“假装你正在收拾，请帮助小萨丽。”“当我们吃东西的时候，请保持安静的方式，让我们小的朋友看到（在我的班里，我们称他们为‘太阳孩子’），我们是怎样让我们的嘴巴和耳朵休息的。”“我们可以帮助‘太阳孩子’知道我们在做什么。”（当一个较大孩子可能注意到一个较小的孩子不知道怎么做某事的时候）

赞美较大的孩子。他们需要在团队里有自己的位置，被认可、被尊重。为他们新获得的技巧和能力感到喜悦。给他们特权和额外的责任。较小的孩子会渴望当他们长大些的时候能获得这些。

最后引用鲁道夫·斯坦纳的话：“我们的任务是围绕孩子工作——在一定程度上控制我们的想法和情感——这样孩子就能成为模仿善、真、美和智慧的人。”承担作为“心的关爱”的提供者，这个责任看起来好像是个繁重的任务，但这个挑战也可以是一段愉悦的旅程。它不仅仅为儿童的未来发展提供祝福的泉源，而且也是我们自己的一段发展之路。

精油浴

露易丝·德·福里斯特

我知道这些精油浴的身体关怀手法也会加强父母和孩子之间联系的纽带。

我十多年前在一个为护工所设的工作坊里第一次听到分散油浴。我觉得很有意思，但因为我家没有人患有任何慢性疾病，我觉得我不会用到它，就把这个信息放到一边。几年之后，当我参加一个为期三年的治疗教师课程时，我又听到了精油浴，这次，它们的治疗潜能真的引起了我的关注。

我需要补充的是我建议使用的不能称之为分散油浴。分散油浴是独特的人智学的治疗手法，它确保个体使用已调好的精油促进自我活动的加强。医生（人智学的、自然疗法的、水疗法的专家）在对病人进行全面的检查后，基于他们对每种精油特性的渊博知识以及展现在他们面前的人类的本性，在处方里规定在沐浴中使用哪种精油。真正的分散油浴是用于治愈疾病并储存在特制的玻璃器皿里（由沃纳·荣格和他的妻子在 1937 年创造出来），把油分解为微小颗粒散落在沐浴水里，但仍然悬浮在水中。它增强了精油的功效并使它能直接作用于个体的温暖组织和循环系统。我推荐的可称之为精油浴，而不是分散油浴，因为它们的功能不是治愈而是促进整个有机体的健康和平衡，这有点不同于保健或教学使用的优律司美。在华德福学校，孩子们每周做一次更深层次的治疗性的优律司美。这是一种针对特定的个体性的困难而设计的特有的运动，并由经过特别培训的治疗性优律司美人员来完成。

过去的那些年我开始意识到，作为一名幼儿园老师，教学工作仅是在我班里与孩子和父母要做的许多事情当中的一件。我们所有作为老师的人都知道，我们还要作为婚姻咨询师、治疗师、运动专家、教母教父、护士、知己和调停者。的确，现今看起来职业人士，特别是在人类关怀和发展方面的职业人士之间的界限是重叠的。我们要自我教育，与他人合作，提升我们的技能层次。在班上一个富有挑战的上午结束的时候，回顾上午的呼吸、我和孩子们之间的互动、提供的玩耍和活动之后，我反复地问自己，我还能给那个孩子什么。我真的能帮助他或她克服看起来妨碍了他或她健康发展的障碍吗？“这个孩子需要什么？”我很疑惑，而且看起来我教的时间越久，我觉得要学的就越多。

开始对精油浴的探索，是在我要理解更多我能做什么去帮助孩子的这个旅程中往前迈了一步。我现在记不得我做的最早的几个精油浴是何时，可能是给我自己的两个男孩或是一个朋友。但我确实记得从那些接受了精油浴的人那里听到，他们之后感觉多么精神焕发，睡得有多好。我也记得我自己从为别人准备精油浴的过程中获益良多。

带着清晰的服务他人的意愿，我会清洁好浴室，并在卧室里准备一个供他们休息的空间。然后我会放洗澡水，点一根蜡烛，在这整个过程中让平静、充满爱的想法和自始至终的信任充满房间。这是我们在班里努力做的事情，我很高兴找到另外一种方式（在课堂之外），在物质层面和灵性层面都给需要的某人提供一剂良药。

大概六七年前，我开始推荐这些精油浴给我班里的一些孩子。这不是当成治疗干预，因为我不是一名医生，而更多的是在灵性方面希望为孩子的感官提供一种安抚。我知道这些精油浴的身体关怀手法也会加强父母和孩子之间的纽带。我想每个人都能从这些偶尔的精油浴中获益，在接下来的描述里，我会分享一些需要推荐精油浴的情况。

卡门，两个孩子当中的大孩子，是个非常阳光，甚至是天生善于交流的5岁孩子，从亲子班开始就在我们的幼儿计划里了。她是一个大头孩子，睡得很沉，很难睡醒。她经常脸色苍白、脾气暴躁地进到教室里，只有在吃完上午茶点的时候才有点血色和对外在显出兴趣。她是个有想象力的活跃的玩耍者，但动作缓慢而笨拙，并且经常踮脚尖走路。我们每天早上、每周和每年的节奏是如此强烈地根植在她身体里，以至于我会毫无疑问地认为，只要有需要，没有我，她都能带领整个班级晨圈、讲故事和做偶戏。她的父母非常友爱、年轻，他们正努力在事业上有所建树，而且还有抵押还贷和支付私立学校的学费。每天早上的家庭生活一团糟，节奏很快，每个人各自忙着上班、日托和上学。即使卡门病了，她的父母也不能不上班待在家里照顾她，所以会给她吃几片泰诺林，送她到学校（她会安静地在一个舒适的地方休息，那个地方被称为“卡门的床”）。她睡醒后就被催促着，被迫吃她没有胃口的早餐，匆忙上车，最后伴随着她妈妈急速的话语、不耐烦以及呼吸急促的叹气声把她放在学校。最终的结果就是，卡门经常在家里暴跳如雷，非常情绪化，对任何的评论她都可能会认为是轻视，极度敏感。

我建议父母让这个孩子接受精油浴，抚慰及保护这个被逼得超出其忍耐度的孩子，而且帮助她建立有规律的、有品质的时间，那时父母能主动滋养他们的孩子。孩子和父母双方都需要有不匆忙的时间，妈妈或爸爸可以安静地观察他们的孩子，而孩子也可以享受爱的关注。她接受了精油浴，第二天看起来很明显的放松。妈妈也说，提供精油浴也帮助她以放松的、不受时间影响的方式从工作过渡到家庭，允许她有机会不受干扰地关注她最大的孩子。

道格是个紧张的、强壮有力的 6 岁孩子，在幼儿园已经第二年了。他是独生的，他的父母对于他的攻击性和不可预测的行为感到受挫和困惑。他是一个迷人的有着超凡魅力的男孩，但他的社交技巧很糟糕，而且随着他飘忽不定的情绪摇摆，使他在班里的生活充满了看起来无休止的冲突。尽管他经常处于好战的态度，其他孩子还是很爱他。孩子们似乎认识到道格是不一样的，生活对他有些挑战。在道格玩要之前，他经常用一块布围着腰装饰自己，然后他会要一块披肩围着他的肩膀。他的玩耍通常是在他周围搭建一个堡垒，就在它的界限范围内玩，偶尔发动突袭冲到班里“抢劫”玩具或推倒别人的房子。他对动物出乎意料地温柔和友爱。每天，我的狗和我们共度幼儿园时光，它是他最好的朋友。道格的行为展示给我的是感官整合问题，特别是他的触觉问题。当我看到他痛打其他孩子的时候，我知道他人对他的亲近行为会让他感觉到脆弱和被攻击。当他不能信任从他的感官流入的信息时，对他来说肯定是非常受挫和吓人的。当我在思索这点的时候，他的爆发带给我更深的含义。

我也建议道格定期接受精油浴，再次希望能同时实现几件事情。我相信，精油会给这个非常敏感的孩子提供一层额外的保护，那样他就更能感受到呵护、安全和接纳。精油浴的准备以及中间和之后的安静时间能为道格和他的父母提供在一起的时间，没有沮丧、紧张和惩罚。我希望这个在一起的宝贵时间能支持这个家庭建立对他的持续困难的理解、融洽和同情。做完第一次精油浴的那个早上，道格走进班里的时候，脸颊红扑扑的，眼睛明亮，他直直地跑过来给了我一个拥抱。虽然我们相互深爱着，但这是他不经常做的事。他的父母向我保证他们没有向他透露任何有关于我推荐精油浴的事情，但我们都知道，当我们内心深处怀揣孩子的健康，不管是我们在做儿童研究，准备家长—教师会还是在我们的静思实践里，在某种层次上孩子总是知道并感谢我们的努力。

最后一个我要分享的例子是小奥斯卡，他是一个聪明的、过早唤醒的6岁孩子，在幼儿园里才第一年。虽然奥斯卡有个小妹妹，但他对所有的童年活动都非常的天真无邪。这是个安住在自己的想法和观点里的孩子，充满了问题和事实，他所有的回答非常具有逻辑性，对与他的同伴之间成功的社交关系所需的所有交谈非常局促不安。我们散步的时候他很容易累，上肢力量很弱，不去模仿，也不知道怎么玩。他不仅不知道如何玩，而且也弄不明白为什么其他人都想玩。反而，他会待在我旁边提出各种问题和发表评论。当他看我缝或织的时候通常很好奇，自始至终回避任何想要和他玩的孩子。

我们给他做了一系列的精油浴，帮助柔化他已成形的硬化的物质身体，同时为他父母提供一个活动以便能够在一个治疗过程中安静地陪伴他。通常父母陪伴他们的孩子的时候总是用连续的独白或大量的问题对着孩子。用这种精油浴，我希望奥斯卡的父母能给他提供一个安静的、专注的陪伴，也希望这个精油浴能有助于他的睡眠，减轻他往常花费的整晚时间去消化一天活动的负担。

很大程度上基于这些父母们的信任，他们仅因我的建议就开始了未知的旅程。他们严格而有规律地为他们的孩子提供精油浴，并和我分享他们的体验。所有的父母都发现这对他们自己来说是放松的。他们感激地谈到，他们的孩子在第一次精油浴后就马上进入了深层放松的睡眠。许多父母体验到和他们的孩子在一个没有压力、不急躁、没有日程安排的环境里的价值，一些父母还是第一次有这样的经历。所有的父母对这样实际有效的（更不用说是容易的）帮助他们孩子的机会表示感激。

当我第一次推荐精油浴的时候，我和父母们说了我在他们的孩子身上看到的以及我认为他或她可能会如何从中获益（保护、放松和软化，等等），同时作为老师和在更个人的层面，我谈到我自己在精油浴方面的经历，然后把我在进阶治疗培训课程里作为一名学生时收到的（修改过的）讲义[1]给他们。我向家长们描述如何准备精油浴，对于整个过程来说一个安静的、疗愈的内在状态是多么重要，以及如何混合精油。我不能开处方，也不能像医生开分散精油浴处方那样确定每个孩子适合哪种确切的精油。反而，我建议他们使用手头有的东西：用橄榄油作为脂肪油，玫瑰或薰衣草精华作为精油。我选择橄榄油是因为大多数人手上都有，也因为橄榄油有着悠久的服务人类的历史。玫瑰或薰衣草精华经常用于保护和温暖，这是现今的孩子需要的。我也告诉家长们，如果他们感到自己做有点犹豫的话，我很乐意为孩子的第一次精油浴准备泡浴水和睡房。我协助几对父母开始这个过程，但我从来没有在泡浴时留下，而且随后的精油浴父母要自己来做。

鲁道夫・斯坦纳在《灵性科学和医药》第 15 章中陈述道：未来，重要的是我们要把植物油的形成过程带入与人类的自我或个我的关系中。现今，当自我的力量无法保持温暖机体的时候，我们看到了斯坦纳所指的“心魂的冷却”[2]。我们做任何类型的精油浴的其中一个主要的原因就是支持温暖机体。过去大部分的疾病从本性上来说是发炎的，疾病和温暖有关，但现今所有疾

1 讲义就复制在本文后，还有另一种治疗浴和营养浴的说明。

2 鲁道夫・斯坦纳，《灵性科学和医药》。

病中 90% 从本质上是硬化的。甚至我们的体温都比过去要稍低。我们也在很多其他的方式上看到这种冷却——托儿所和幼儿园的孩子瘦小、苍白、多话、焦虑。他们的初阶感官没有充分发育，而高阶感官看起来在掌控，导致了冷酷的逻辑和很少的社交理解。物质身体通常无序或者混乱，几乎没有毅力，做的意愿没有发展出来。参与到玩耍和模仿对儿童来说越来越难，他们缺乏热情，难以与周围的世界关联。

在成人之中，我们也见证了因兴趣缺乏而感到的内疚。在我们的谈话和会议里，有多少次我们在忙于构思自己的回答或是争论而不是倾听他人？有多少次我们拒绝看到他人？我每周长时间乘车往返，看到人们走来走去或是坐在车里，听着他们的 iPod 或对着手机说话，活在他们自己小小的世界里，我总是有点震惊。我们都知道现代技术对我们在关系中的热情所产生的影响。

我记得很多年前，在佛蒙特州我和我隔壁邻居之间的一次谈话。他一生都是奶农，我们谈话的时候他已经 89 岁了。我问他至今为止他一生中见到在这个世界上的最主要的变化是什么。他的回答令人遗憾、发人深省。“我看到的最大的不同，”他说，“就是人们比过去越来越少人性。”我的朋友生活的时代人们给予相互之间极大的独立性——这毕竟是新英格兰——同时也很敏锐地觉察每个家庭如何经营。不用说，他们会在割草的季节现身帮忙，即便有次我的朋友已经 60 多岁了。烧毁的谷仓会在一个周末由整个社区修建，生病的邻居由所有人照看。虽然这些善意的行为仍然在我们的社区里可以发现，海罗德（这是他的名字）感觉到人们现今太匆忙以致没有真正地倾听。当他们说话的时候，没有像他做的那样花时间让文字穿过他们的心魂。当人们在看你的时候，如果他们真的花力气这样做，在他们的眼里展示出更少的兴趣，脸庞变得越来越僵硬。他感到现今的人们是如此繁忙地追赶，以致我们已经遗忘如何生活。他看到在我们现代的生活中有着如此少的喜悦和感激，而这对他来说是两个真正的人类的特性。

精油浴直接作用于自我组织，或者更好的表达是，挑战自我工作于整个温暖组织。精油基本上是通过植物的叶子与太阳的温暖和光的互动在植物王国里产生的。全部植物中只有 10% 产生乙醚油。白天的时候，太阳通过热和光轻触物质（植物），然后通过与这两种物质的互动就产生了油。精油是碳（一种大地的物质）和氢（和太阳相关）的混合，并在白天形成。夜晚的时候，这些油传送到植物的其他部分，特别是种子，虽然有些油留在了叶子里。总会在发生排泄过程的时候出现星辰力量，比如种子的形成，把这些油改变成精油。如果有人问“植物身上的心在哪？”任何一位搞生物动力的农夫都会告诉你，它就在植物的上面盘旋，并且活跃在植物的种子形成过程里。的确，诺瓦利斯问道：“我们能说植物的精油不是心吗？”[1]

注意到精油是由碳和氢的互动所形成，而脂肪油与氧有着化学的关系，这使得脂肪油在本质上更朴实些，这是很有趣的。生长在离赤道最近的植物比在更远的北方生长的植物与氧有更多的关系；椰子油比红花油更朴实。橄榄油与氧是最少关系的，这使它的脂肪油最接近精油。另外一个关于橄榄油的有趣的方面是，它的熔点是 98.6 华氏度，因此，一个人可以说这种油也和人类有着非常紧密的关系。

这些精油浴的好处随处可见。任何年龄的人都能从中获益，包括幼儿教师自己。精油浴可以每周进行一次，虽然我经常建议在 6 周或 7 周后停顿一

1　摘自 Gerhard Schmidt，《油的形成过程》，第 16 页。

下，重新考虑和允许身体积极地带动着精油的能力。每次只使用一种精油，但是每次的精油都可以换。节奏作为我们生命力的一种支持是极为重要的。精油浴应该在一周的同一天，一天的同样时间做，这样把意志带入精油浴的治疗能量里会增加额外的影响。之后至少有一个小时的休息时间是很重要的。我推荐父母们在入睡前给孩子进行精油浴，这样他们的孩子就能在浴后享受一个深沉的而具有疗愈作用的睡眠。我也鼓励父母不要在浴后把孩子的身体擦干，不然精油会从皮肤上擦走，而是把孩子裹起来，把他或她掖进温暖的床上。当孩子睡着，水分干了后可以给他们穿上睡衣。

我的经验是，为朋友、家庭和我照顾的孩子准备这些精油浴会带来很大的祝福——特别是真正地处在当下的礼物。放下每日的纷扰和担忧，以便全身心地进入与尘世及宇宙元素或力量的有意义的关系中，会带来许多治疗性的作用。就如医患关系对医生和患者两者都有提升和加深一样，这些精油浴对接收者和给予者都有疗愈作用。正是真正服务于他人的行动让我们的心变得温暖，我们可以说并体验到："不是我，是我身上的神。"

精油浴配方

材料：

1. 精油处方（通常是 10% 或 20% 的精油混和到脂肪油里）：1 份精油（给肌肤一场感官图景）配 9 份脂肪油（提供一层罩）

2. 有盖的瓶子

3. 温暖的毛巾和睡衣

程序：

准备好床，温暖的房间，关上所有窗户以防气流。

应在澡盆里放置悬浮的温度计以测量水的温度。对心血管和神经失调问题，温度应该在 89.6 ～ 93 华氏度（32 ～ 34 摄氏度）。对于消化问题，温度应该高些。人应该是感觉舒服的，既不打颤也不流汗。在泡浴的过程中不要改变水的温度。你可能需要从水温接近身体温度的治疗开始，然后在后续的泡浴中降低到处方温度。

放水。在房间里保持一个安静的治疗的氛围，点一根蜡烛或安静地说一个祈祷。当你在做这些的时候，不要和你的孩子一起。

当你在放水的时候，把处方精油放到一个装了 1/4 或 1/3 的温水的玻璃瓶里。摇晃装了水和精油的玻璃瓶 10 ～ 15 分钟，让精油能悬浮到水里。当你在摇晃的时候，可以换手，但是不要停止摇晃玻璃瓶。通过双钮线搅拌器慢慢地搅动洗澡水并使它变得柔和；这水必须要搅动以便能让精油适当地分散。不要停止摇晃玻璃瓶，把水和精油混合物倒入澡盆里。加了精油后就不要再碰水。让这人躺在水里，如果可能的话水要盖住脖子。她应躺着不动。如果你给一个幼儿做，或许你可以给她讲或读一个故事。一个完全的精油浴，应该是尽可能少的运动，不要擦或洗。浴后，把这人裹在一块温暖的毛巾里，不要擦干，让她安静地休息，安静地休息带来特别强烈的效果，碰或擦身会导致精油的效果降低。如果需要暖和，给这人的脚上放一个热水瓶。她不应是出汗的。

最初的泡浴不应超过 7 分钟，经常短至 3 ～ 5 分钟。后续的泡浴，可以加到 15 ～ 20 分钟。

每周泡两次，持续6～7周，总是在同一天同一时间。节奏是极为重要的。

我发现这种精油浴对感官整合困难的孩子，特别是触觉抵触的孩子、焦虑和紧张的孩子有帮助。这种泡浴对巩固温暖机体特别有用。

营养浴配方

我们这个时代里的许多儿童在他们的生活方式上有额外的压力。长途旅行、不规律的节奏和生活作息、遭受营养不良、睡眠不足，所有这些都使得他们的感官和神经系统不堪重负，容易遭受我们这个加速的时代呈现出来的其他干扰。营养浴会是一个积极的治疗工具，能加强和抵消我们这个挑战的时代的一些影响。

——露丝·科尔

适用症：

1. 康复期，特别是重病后的康复期。
2. 营养失调。
3. 上瘾和戒毒。
4. 遭受经历或疾病后自体不好的孩子。
5. 暴露于化学物质后的中毒，使用抗生素等。
6. 过度活跃、混乱。

如果有发烧或局部炎症（感冒、流感、耳炎、伤口发炎）的迹象，不要做营养浴。

温度：

这是一个有针对性的精油浴。温度应当不高于 98 ～ 100 华氏度（37 ～ 38 摄氏度），但是患者要感觉舒服，还需要暖暖的浴室和睡房。

配料：

1. 自由放养式或是有机鸡蛋（只要蛋黄）：针对新陈代谢系统。
2. 一杯原料（或至少非均质化无添加剂的）奶：针对韵律系统。
3. 一个有机柠檬：针对神经系统。

物料：

1. 小碗
2. 锋利的刀
3. 叉子
4. 装混合物的容器

放水，稍高于想要的温度。打鸡蛋，分离蛋黄，轻柔地搅拌蛋黄。在蛋黄中加入牛奶，轻柔地搅拌。在洗澡水下切柠檬，在柠檬片上划痕，挤出汁。在澡盆水里加入牛奶和鸡蛋。混合材料，并以双钮线搅拌器轻柔地搅动水，使水柔和。想着把两个对立的极划到一起，仿佛韵律系统的一幅图景。如果你的动作是机械性的，如果水拍打澡盆的末端，或者如果你的专注力游离了，这将阻碍营养浴的效果。手不应是切断水的，而是跟随着水一起划……跟着水一起动。

让水安静下来。然后患者躺在水里，覆盖住颈部 5 ～ 15 分钟。浴后，把患者包在毛巾里，不要擦干。理想的休息时间是 1 个小时。幼儿可以穿上他们的湿睡衣（最好是纯棉），并睡整夜。过一会后调整他们的包裹物，这样他们不会流汗。

一周两次，同一天同一时间，做 7 个星期。节奏是很重要的。

《幼儿的工作与玩耍》摘录

弗莱娅·亚福克（Freya Jaffke）

弗莱娅·亚福克在《幼儿的工作与玩耍》（爱丁堡：Floris 书店，1996）一书里，有关过渡期导致以太体最后释放，以及儿童准备好进入小学的经历，对老师和家长有一些有价值的信息。以下的第一个摘录来自书中 65～67 页。

——**露丝·科尔**

5 岁左右的意志和想象力危机

大约 5 岁的时候，可以在许多儿童身上观察到一个明显的危机，特别是在那些活跃的有创造性的儿童身上。儿童发展会发生进一步的变化，因为某种活跃地构建身体的形塑力正加快从新陈代谢和四肢系统中释放它们自己。意志需要重新定位自己，以结合这个年龄的儿童身上慢慢唤醒的想法。这需要一点时间。有一段时间，儿童不会有很多有想象力的主意，他们的意志看起来瘫痪了，他们问“我要做什么？”或说“我很无聊。”在此刻，我们不应去取悦想象力，因为它需要被小心地看待，并留给它平静。我们可以让儿童做小的、容易做的活动，他们会看到这和大人所做的相关。如：

- 剪、缝、画小的图画书；
- 做针盒，把针放进去；
- 打磨一个大人很快雕刻出来的开信器；
- 请求帮忙，不要提要求；
- 编织一条绸带或是一根松紧带；
- 擦碗、扫地；
- 在花园里锯木头。

当儿童想并需要亲近，这类的工作应发生在一个大人附近。即使他们真的开始工作，他们也正经历一个模仿期。他们第一次有职责感，但完全是在模仿性活动的背景下。在一段时期的“工作”之后，他们会再次想玩。通过想象回想起了真实的生活图景，比如发型师、有救护车的医院、一艘钓鱼船、一家商店、一个家庭、一支消防队、一艘宇宙飞船，并把这些转变成玩耍的推动力。

意志联合想法的力量

重要的是要记住，虽然环境和玩具没有改变，但是和它们的关系发生了改变。如果意志想要作用到玩耍的冲动，它必须要和想法结合起来。随着在过去如此充分地练习想象力的帮助下，它找到或转化物体成为想法需要的东西。这是一个关键的过程。

要把玩耍的想法放到实践当中，想象、耐心、坚持和热情都是需要的，同样，准备好克服问题也是。意志强烈地参与到所有这些品质里，但却以活动决定的方式。

比如，一个小于 5 岁的儿童可能看到一根分叉的树枝并捡起来说：“我是扫烟囱的人。” 5 岁以后，儿童首先有想成为扫烟囱的人这个想法，然后说：“要做扫烟囱的人，我需要一把长的卷起来的扫帚。”孩子去找，然后把一个毛掸子绑到一根长的绳子上，最后把绳子固定在一根棍子上做了一个扫帚。

5 岁以前，意志在外部的提示后抓住一件物品，这件物品在想象中呈现出了生命。现在意志要从内作用，以建立想法和想象之间的有目的的联接。有许多机会实践这个内在工作的儿童是幸运的！它要求努力，也会很难。但是，如果目标达成了，就会带来深深的满足甚至吵闹的庆祝。

如果儿童没有被给予任何这种内在工作的机会，那么他们很容易就会变得任性。这会让我们想到，他们应该去工作——比如打磨、锯东西、钉钉子——他们只需要简单地执行一些费力的任务，使他们能真正地使用他们的肌肉。若这是在事件的正常进程中所需的，他们应当被允许去做。一个专注的前瞻性的教育者会在一年的过程中发现足够多的机会。比如：

- 修剪了树枝后，锯放在花园里的树枝上；
- 在夏天，更新花床的边界，拿走大的石头；
- 把圆木附在板上做蒸汽压路机；
- 用铁锹挖湖和河；
- 玩游戏，包括跑、呼叫、抓、滚轮胎、跳。

这些都是重要的活动，孩子和老师以这种方式带着巨大的热情工作或玩耍。然而，我们不应忘记，意志力不应只是在身体活动当中练习，特别是在这个年龄，也应该在内心处理活生生的想法。如果孩子也能在这个领域发展得很强，那么他们更能变成平衡的个体。不管怎样，如果孩子没有机会练习他们的想象，最好能参与到身边的工作当中，而不是到处疯跑。

弗莱娅·亚福克（Freya Jaffke）在书的第70页，给在幼儿园里照顾较大孩子的成人提了这个建议：

在幼儿园的最后一年，儿童玩耍的方式可能会发生另外一个转变。儿童突然不再觉得他们自己是幼儿园的孩子，会说："从现在开始，我们只想工作！"有这样想法的孩子可以参与进成人的工作里，并被允许恰当的帮忙。不久他们就会再次开始玩耍。

第三部分

构建混龄幼儿园的社交风格

在生命旅途中，当一个人遭遇重大事情，会产生什么影响，不会产生什么影响？当面对有用性和实际性的问题时，我们可以看到在早期自由玩耍中展示出来的态度再次出现。

想想这意味着什么。我们想有效地教育并了解：你观察一个孩子玩耍中的性格特征，你现在引导和指导他，这将为从现在开始的未来20年带来结果，那时这个人将要面对世界，一个对他应该是有用并能在其中找到其恰当位置的世界。想想一个幼儿教育工作者会有什么样的情感从心中生发出来，当意识到我在这个孩子身上达成的，是我为一个成年人在他20多岁时达成的。

——鲁道夫·斯坦纳,《面对现代世界状况下的教育》

在同一摘录的前面部分，斯坦纳谈到头七年“儿童玩耍的结果”会在以后显现出他们的“后果”，因为“它指向的是生命的以后部分……在21岁到28岁之间这个生命的阶段，人们找到进入世界的方式，并要抓住真实的生活经历。”

——露丝·科尔

你不能和我玩

芭芭拉·克拉克

"你不能说你不能玩。"

"我们都一起玩。"

"在这里，我们大家都在一起。"

当我刚开始教学的时候，我认为主要的目标是为孩子们创造一个美好的环境。在早上创造一个和谐的呼吸，并给孩子们机会通过他们的头、心和手去体验。我仍然觉得这是我们工作中重要的元素。但是，这么多年过去了，我认识到，我们的工作中还有更多微妙的并且同样重要的方面。

这些方面存在于社交领域，许多问题浮现我的脑海。进入社交领域是老师角色的一部分还是我们"让孩子解决"？孩子在我们的班里感到安全吗？孩子可以自由地想和谁玩就和谁玩，还是他们可以拒绝其他孩子？当玩耍变得排外或太粗野的时候，我们要介入吗？是老师的角色要去创造社交氛围，还是这个氛围由孩子设定？6岁的孩子说"你不是我老板！"时，我们如何去应对？当我们遭遇孩子完全的抵触时，我们怎么办？

每年，这些问题都会从不同的孩子身上暴露出来。今年，我有几个需要关注的情况。当我在想6岁的孩子有倾向排挤其他孩子时，有一种情况浮现脑中。这些年来我有一条规则是所有孩子要一起玩。如果两个孩子渴望单独相处的时候，我建议他们的家长相约时间一起玩。如此，孩子就能以那样的方式享受彼此的陪伴。这一年夏天过生日的 6 岁女孩，回来的时候是我们当中最大的孩子之一。另两个回来的女孩是她最好的朋友，她很爱做领导。今年，不再是去年那样的和谐三人组，他们开始相互竞争友谊，而且完全不包容新孩子。我尝试了温和地分散注意力的做法，比如让一个人去烤面包而另两个去玩，但她们彼此就像磁石一样。因此，10 月中旬的时候，我的配班老师和我决定告诉她们，她们相互之间放假以便她们能交到新朋友。头一两天，她们不知所措，但很快就发现她们和其他孩子也能高兴地玩。新孩子能和她们交朋友是多么高兴啊。一个月后，我们说："我们已经注意到她们已经交了多少的新朋友，如果她们能包容其他孩子的话，她们可以一起玩。"一段时间内还不错，但几周以后，她们又重新回到紧张的三人组。因此根据她们玩耍的氛围，我们给她们一周在一起，或者一周度假，这似乎效果也还可以。现在她们之间有更多的空间，她们的朋友圈也大多了。为了获得支持继续实行这一举措，我和牵涉在内的家长们有过短暂的电话谈话，这样他们就能理解我为何这样做。我不确定这些父母对这些"假期"有何感想，但一个妈妈令我感到放松，她说："她很高兴，这样的做法类似于她让她的两个女儿回各自的房间直到她们能够很好地在一起玩。"

这带来一个问题，孩子是否应该排斥其他孩子。这有时表现在孩子们形成一个三人组，只有男孩或女孩的团队，或各种组合。过去这些年，我受这个问题所困扰，看到薇薇安·佩里（Vivian Paley）的《你不能说你不能玩》让我很高兴。她是一位幼儿园老师和讲故事的人，她也受这个问题的困扰，并和不同年龄的孩子有过很多讨论。她也有一条规则——"你不能说你不能玩"，并且发现这创造了一个更为和谐的班级。我试着用一个正向的口号说："我们都一起玩。"一个同事告诉我，她说的是："在这里，我们大家都在一起。"

通常，幼儿园是离开家进入集体的第一步。孩子们学习的主要技巧之一是如何融入集体，这都是在离开家的首次经历中从集体的规则中学到的。排斥的箭头和拒绝的痛苦在任何年龄都是艰难的。我们作为老师，有独一无二的机会帮助孩子发展新的社交技巧。甚至在 4 岁到 6 岁的时候会更强烈，孩子能体验到对其他孩子的融合感和离斥感。我们如何帮助他们远离这种反应，开始在另外一个层次上一起玩耍和工作？我个人把它当成是我朝着世界和平方向工作的一个重要部分，在这个称为"红玫瑰幼儿园"的小小的王国里。孩子们的和平相处不会神奇地发生，而是随着时间的推移，他们向每个人开放他们的玩耍，并实实在在地欢迎新朋友。最初，如果有孩子说他们不能玩，我会积极地支持孩子们融入，我会帮助他们扩建整个房子，穿衣打扮或带一些木头"曲奇"进入其他孩子的玩耍中。随着时间的推移，孩子们已经学到了这些技巧，我就不那么主动地参与，而是从一个感兴趣的距离去观察和倾听。和平相处的气氛的确开始在幼儿园里流动。

孩子们在班里觉得安全吗？对我来说，这是我是否以正确的方式建立规则的一个重要的标准。如果我们作为老师没有负责管理，那么通常一些胆汁质的大孩子会接手。我们可以看到他们大喊着发出命令，引导玩耍，把他们自己放在第一位，甚至挑战老师的权威。这些孩子通常是班里的带头人，我们的责任是看到他们是友善的、亲切的国王和王后，而不是暴君。因此，我其中一个主要的任务是用敏感的耳朵去听玩耍何时太过粗野或混乱。我在外围倾听，去感觉班里的氛围。如果不和谐而且有点痛苦、生气或害怕的气氛，我会安静地走到那个空间，有时就只是带着我的工作坐下来，而有时进入玩耍中并用恰当的干预重新引导。这提供了一个能直接和6岁孩子工作的机会，因为这是一个他们的情感生活变得更强烈并能发现自己几乎被他们内在的风暴所淹没的时期，需要新的工具满足这些孩子正在经历的现象。在这里，我可以帮助缓解风暴，创造出每个孩子都能说、能被听见的空间。如果需要，我会帮忙找到中间的道路。通过这些协助，我看到了孩子脸上呈现出来的释放的感觉，事情能安置妥当。在这个王国里，每个人都是安全的。

每年，当孩子到6岁的时候，他们之间开始以新的方式竞争。他们每人都想在游戏里“做头儿”，并且开始带着愤怒拉高嗓音。比如，有次所有的男孩都想做船长，我温柔地快速地插话说:“在这艘船上人人都是船长。”

有一年，我等了太久而没有去帮忙调和在户外玩耍时间里建立起来的权力斗争和争论模式。通常，如果给孩子工作做，他们是能愉快地一起合作的。有一个例子，我买了一袋5厘米长的钉子，两个胆汁质的男孩非常高兴地把它们钉入栅栏的第一部分的凹槽里，之后他们就能投入玩耍里了。

这年秋天，我有机会和一个完全挑战性的孩子工作。通常我会在一年开始后的时间段发现这种态度。一般来说在早春，当6岁孩子从模仿里走出来，开始根据“谁说了算”去找他们与世界的关系。鲁道夫·斯坦纳说到7岁的孩子出于对权威的尊重来学习，同时也出于模仿来学习（就像幼儿那样）。因此，我们作为6岁孩子的老师每年都会遇到这个转换期。不管对孩子还是老师来说，这不是容易的转变。我们如何应对，将会影响整个班的气氛。我发现，通过有节奏的呼吸、故事使我们紧密地生活在一起，班级会在12月上旬左右变成一个鲜活的机体。如果在早春时，6岁大的孩子拒绝清洁或晨圈，而班级已经是个有凝聚力的整体，我坚定但温柔的手会让这些孩子产生新的尊重，因为他们感受到老师是一个权威。

然而，上面提到的孩子 9 月来到的时候带着挑衅性的态度。需要非常多的哄劝，他才会参加晨圈。在玩耍中，因为他坚持自己的方式，他对其他孩子很粗鲁。他不遵守安静时间，其他时间更加捣乱。我在班里有张“观察椅”。这是一张随时都很方便的椅子，孩子可以坐在上面，看其他孩子正确地完成一项任务。我发现这在年初的时候很有用。如果孩子排队的时候，一个孩子推搡；或收拾的时候，所有孩子都在帮忙，除了一个拖延时间。这些孩子通常需要从活动中出来进入静止状态（坐着），仅仅关注正在发生什么。我通常会在坐在观察椅的孩子旁边坐下来，并指出其他孩子在做什么，然后我会邀请他或她以相同的方式参与。我不认为这是惩罚性的改变，而是帮助孩子回归集体的一个指导性方法。这样我们也会看到孩子开始合作，举止得体。

前一年，这个孩子已经在我班里。他的生日在 6 月，因此当他第一年和我们在一起时已经 5 岁了。他在感官整合方面有些挑战，并在之前的日托环境下养成了许多不易相处的社交模式。他的父母意识到了问题，并接受我的建议，通过感官整合治疗给了他一些额外的帮助。在年尾的时候，我们看到了改进。然而，当他在接下来的 9 月回来的时候，甚至更抵触了。第一年觉得难，是因为有时他不能做到要求他做的事情。今年我感觉他的抵触是因为他不想。这是一个很难发现但是非常重要的区别，但是随着时间的推移，通过观察，通常它是可以被发现的。

他的抵触开始影响到他的同学以及老师。其他孩子要么不喜欢他，要么开始模仿他，我感到班级的气氛正被他的态度所影响。我们和他的父母开了一次会，我很清楚问题的严重性。我告诉他们，我不能看到他在一年级一个更大的班里继续带着这个抵触的态度。请父母更严厉地回应他的抵触。我觉得对于他行为的后果，需要给他一个警告。我们商定，当他在学校出现抵触行为时，我们会通知他的父母接他回家。回家并不是一个有趣的时间，而是一个暂停的（休息）时间。

当他周末从父母那里回来后，他会有所改善。然而，没过多久，当室外时间结束需要回到室内，他拒绝从学校的一棵树上下来。我告诉他，我会给他爸爸打电话。他吓了一跳，说不要。我说我需要打给他们，因为他没有认真倾听安排。他懊恼地坐在那，直到他爸爸到来。当着他的面，我和他爸爸说，他没有听从安排，我很难过，明天我们会给他另外一个机会。上学是一种荣幸（荣耀）。

这带来的变化是多么大啊！他变得更加积极，开始和老师有新的合作模式；他学会了更好地和孩子玩耍，虽然他还是在应对“谁说了算”这个问题。这是在过去 15 年的教学里我第一次用这种方式把一个孩子遣送回家。

我逐渐发现，父母越来越难以设定界限，并让他们可爱的孩子遵守。在我的家长图书馆里，有两本约翰·罗斯蒙德（John Rosemond）写的《养育健康快乐儿童的六步法》（Six Steps for Raising Healthy，Happy Children）。对父母来说这是一个非常棒的主流资源，支持他们相互之间的关系，使他们在家庭里作为权威的角色，以及不提供任何媒体广播给他们的孩子的重要性。

作为老师，我们在社交领域的参与中，能创造许多学习社交技巧的机会。许多粗糙的棱角被打磨光滑，结出丰盛的友谊硕果。孩子可以放松、玩耍、学习，因为他们感到安全，在班级里体验到如同现实般的和谐感受。我想我对世界和平的贡献就是孩子从我这里顺利进入他们下一个目的地。作为老师和父母，6 岁的转换期给我们所有人一个让未来与众不同的机会。

混龄幼儿园里的 6 岁孩子

劳瑞·克拉克（Laurie Clark）

6 岁孩子开始有能力从现实中区分出幻想。

我有着多年在华德福幼儿园里工作的荣幸，我倾向于混龄班的安排。我不断看到，3 岁半的孩子把幻想倾注在玩耍中，而更大的孩子则通过把他们新获得的想法付诸行动的能力来构建幻想。能够处于这种混合状态的一部分让我感到开心。过去那些年，通常是幼儿园的下半年，我经常亲眼看见，进入幻想世界的大门将要关闭，而进入新的意识的大门还没敞开的时候，孩子所处的困境。我寻找新的方式去帮助孩子在这个关键的时期面临的需求。当然，每年，每一群孩子都会给班级带来不同的需求和礼物，每位老师在回应需要用什么来平衡眼前的情况时都会面临挑战。

开始理解 6 岁孩子最好的方式之一就是聆听他们非要说的并且非常有趣的事情。在他们美妙的问题和谈话里，总有着无穷的创造性的品质。有一天，我们坐下来吃茶点的时候，基兰（Kieran），一个 6 岁的男孩，突然郑重地说："昨天，我正仰望天空看云，其中一朵云正好掉到我的口袋里了，这就是！"在一群混龄班孩子的惊讶中，基兰拉出了一团白色棉花。当年幼的孩子敬畏地看着它的时候，班里一个 6 岁女孩打破沉默，回答说："那不是云，那是维他命瓶子里的棉花！”然而，基兰并没有踌躇，平静地说：“对，一部分是从维他命瓶子里来的，其余部分是从云那里来的。”

在这个场景中我看到的是，基兰通过云朵的图像将他早期的童年世界防护性地拉开了，而通过承认棉花的部分来自于维他命瓶子，向现实世界迈了一步。6 岁孩子开始有更多的能力从现实中区分出幻想，虽然幻想在孩子的本质核心中仍强烈地保有。

我们班里一个 6 岁孩子讲的另外一个故事是这样的：“克拉克夫人，你知道世界是圆的吗？在北极，那里的人要把很多的枫叶糖浆涂在身上，这样他们才能够黏在地球上而不会掉下去。他们必须要有很多的枫叶糖浆，至少每人要 3000 升，因为他们在世界的底部。”这个阶段的孩子的意识正在唤醒，正尝试着理解某些事实，但仍然以持续和创造性的方式把理由放进他们自己的世界观里。

这些言论是 6 岁大的孩子内心情况的极佳例子。他们正处在搭建两个世界桥梁的过程里，把童年放在背后，开始步入小学的世界，准备以全新和清醒的充满图景想象的意识去学习。

因为掉牙而嘴里出现的空隙也是 6 岁大孩子在面部表现出来的一个困境。乳牙已掉而恒牙还没有显现出来；一个神秘的空隙等待着它新的更大的居民到来。同时，孩子必须忍受这个空洞。嘴里的这个空洞成为了孩子存在状态的象征。这个空洞可能是痛苦的，孩子可能会在情绪上极度敏感和脆弱。笑声与泪水会相伴同行。当她尝试着找到两个世界之间的足迹时，躁动会悄然进入孩子的行为举止里，一个主要的发展转变正在发生。

另一方面，6 岁大的孩子是激情的火焰，新探索和新游戏的想法会激发他们的同伴。玩耍期间，他们经常是精心策划创造性场景的人，如此地沉浸在过程里以至他们完全从结果中脱离出来，经常在前一个想法实际发生之前就过渡到另一个想法。其余时间，他们幻想的源泉变得枯竭，老师可以通过把他们暂时带入一些有意义的工作里，帮助他们重新参与到玩耍中。孩子通常都很开心有这个机会，对于他们来说，在这个时刻有老师引导他们找到恰当的活动，是一种抚慰。

在幼儿园里，老师如何满足陷入过激场景里孩子的需求并准备活动？作为老师，我们如何为 6 岁孩子希望将想法付诸行动的冲动创造实现的可能性？多年前，在我们学校，我的同事、朋友和资深华德福幼儿园老师科莱特·格林（Colette Green），展开了每周一次、每次一个半小时的金骑士俱乐部活动。我们其中一部分大孩子在中午的时候回家，有些待到下午。科莱特请她的配班老师安顿小的孩子休息，而她自己把大孩子带到另外一个房间或是去户外做一些特别的活动。从那之后，丹佛的所有三所幼儿园都以不同的方式调整了这个想法。我也和全国开展类似活动的其他老师交谈过。我不太确定这个灵感最先从何而来。以下是关于这个想法的一些建议。

金骑士俱乐部

“俱乐部”这个词表示排他性，当大孩子喜欢玩“排斥他人”的时候，这个时候提出是很重要的。当然，要非常小心地以实事求是的方式处理，孩子很快就能适应这个想法。它只是幼儿园的另外一个活动，最终会适合每一个人。小的孩子也盼望他们能在下一年参与的事情中获益。

在金骑士俱乐部有很多活动的可能性，可以考虑适合 6 岁孩子但不适合混龄群体的童话故事和自然故事。当早上的童话故事是以一个简单的故事开始的时候，这特别有帮助。6 岁大的孩子通常准备好了为更长的故事和更复杂的图景延伸他们的专注力。这在孩子周围创造了一个令他们满足的气氛和氛围。

社区服务

请这些非常能干的 6 岁大孩子通过社区服务为班级或更大的学校提供服务。当孩子做有意义的、真正的工作去帮助他人时，他们会体验到巨大的满足感。如果完成的杂事对接收人来说是个惊喜的话，他会更愉悦！我们完成的其中一个令人满意的服务项目是烘烤曲奇饼干送给学校里一个高年级班，他们曾在一个节庆里为我们演奏音乐。清扫学校前面的人行道、捡垃圾和清洁过道里所有的小房间都是很好的项目。在指定的区域种植球茎和花也是一个非常棒的春季社区服务。总的来说，所有美化学校和整个学校社区地面的项目都会发展成为让所有人满意的社交唤醒。

骑士们也在班里提供协助，经常被请求帮忙做各种各样的工作。修理和黏好破损的玩具，缝补扯烂的娃娃衣服和围裙，是针对这些孩子的极好工作。在绘画结束后，他们把所有的蜡块分成正确的颜色家族。茶点之后，他们总能帮忙洗碟子，并把它们放好。骑士们在收拾时，是很棒的组织者，经常帮助小的孩子找到所有玩具该去的地方。当在烘焙时间围裙需要打结或外出需要系鞋带的时候，骑士们就在那帮忙！他们有时帮助小的孩子完成一个项目，比如：在复活节前，我们在羊毛毡球上面缝扣子；在看了几次老师布置障碍赛后，骑士们享受地为班里布置。他们通过使用新的能力成为班里真正的助手。被需要的感觉逐步倾注了信心、安全和喜悦进入这些 6 岁孩子的身上。

骑士俱乐部艺术活动

俱乐部也经常（不是每次）会举办一个艺术活动。今年骑士俱乐部的最初活动之一是每个孩子做他或她自己的跳绳。孩子们每人以彩虹色调染一条柔软的绳，然后用手指编成精美的跳绳。孩子们很高兴通过做手指编而发展出精细而独立的运动。跳绳制作完成后，学跳绳的挑战针对的是大动作运动所需的协调和节奏。每天在骑士俱乐部，我们都会练习跳绳。也会安排障碍赛去挑战 6 岁孩子需要更多挑战性的大动作运动的需求。其他已做的活动包括了缝补、手工、用剪刀剪出雪花、情人节礼物和剪贴画做活动画。当 6 岁孩子尝试协调和改进他们的手部运动的时候，这些创造锻炼了他们的手指。

针对骑士俱乐部的成员，安排一个绘画时间，画在一本精装本子里。6 岁孩子倾向于自然地创造出更复杂和更细节的绘画，他们也享受着有他们自己特殊本子的优待。

茶点

骑士俱乐部还享受自己特别的茶点。通常，是吃有机曲奇或爆米花以及一杯饮料。每周的分享食物创造了一种节庆的感觉。对即将开始步入一年级的小学生正开启一个迷你庆祝活动的品质和能力。

学年末项目和展示

春天 4 月份前后，骑士们开始做一个项目。几年前，我们和一群孩子做的项目是制作简单的提线木偶。孩子们每人在一块正方形的布上缝边，然后用这块布做成一个提线偶，之后成为《玫瑰公主》童话故事里的一个角色。我选择这个特别的故事，是因为在我班里有一个小女孩，已经和我们在一起两年了，她有发育迟缓障碍。她真的“沉睡”在塔里，到目前为止，已经在她的旅程里以许多不可思议的方式醒过来。她的提线木偶成为玫瑰公主。我们练习了几次提线偶戏，然后就为班里的孩子和家长表演了。不用说，对于知道这个孩子以及她所经历的一切的我们来说，在屋里没有一双不落泪的眼睛！

前年，我有一群 6 岁大的孩子，他们很爱改编剧本，或“演”故事。春天末，我讲了格林童话《蜜蜂皇后》。他们在玩耍的时候用披肩和丝绸装扮成各种各样的角色。我们练习了几次，在学校的最后一天，我们为班里的其他人“演了”这个故事。这是对所有人的一次满足的体验。

结论和开端

请记住，以上所有建议仅针对在幼儿园里最后一年的大孩子。有些老师可能觉得他们现在的孩子群体在简单玩耍的环境中会更好。这同样也是一个有效的丰富的选择。我们为自己特定群体创造的计划取决于孩子本身、我们幼儿园社区的氛围，以及老师觉得对那个特定群体来说最健康的方式。在充满老师温暖、真诚与深深关爱的氛围中满足孩子成长的需要，同时孩子也会在这样的环境中茁壮成长。

木筏

露易丝·德·福里斯特

他们需要能轻叩他们巨大潜能的体验，能点燃他们想象力的体验，能给予他们机会转化物质的体验。

一切都从十年前开始。我在一所已建成的华德福学校做了六七年的主班老师了，那年我接手了一个有趣的班级（我母亲总是用“有趣”这个词去描绘一些她不想说的负面的东西，因此我把这个特定的班称为“有趣”）。这是一个混龄班，但是大多数的孩子是大男孩，我总是很喜欢这样的群体。这是我们时不时都会接手的一种班，还是一个把我从自鸣得意的工作中拉出来的班级。在以后的岁月里，这些亲爱的孩子们很多都被发现患有严重的学习障碍，而在那时我对此一无所知。我所知道的是他们无法安静地坐着听故事，他们是很棒的玩耍者，但他们很快就陷入混乱中，过渡对他们来说是很折磨的，他们对华德福班级提供的所有标准的艺术和手工活动表现出极少的兴趣。他们在这个班里是实干家，但是在那可以做什么呢？我最终建立的农场项目已经过去七年了，尽管我确信项目的种子已在之前为这个班种下。

通常他们很爱做的一件事情就是散步，每次散步都是一个冒险。虽然我工作的学校离纽约市很近，但幸运的是有草地、池塘、森林和小山，不缺少冒险素材。为了满足他们的运动需求，早上我们经常从户外开始，要么在我们的玩耍地，或更为经常的是散步，就是从这样的散步开始了我们长达一年的冒险旅程。

学校附近有一个游泳池，在炎热潮湿的夏季，我们学校里的所有孩子和他们的父母都在那长时间逗留。在这个游泳池后面是我们称为自然池塘的地方。在那里，大的蓝鹭飞往南方停歇休息，加拿大黑雁在春天的时候抚养它们的孩子，鳄龟、河鼠、无数的青蛙和鱼类将这里视为家园。野草莓沿河岸生长，白芷、苦艾和野玫瑰沿着林地小径形成一丛丛花簇。简而言之，它是一个充满一切可能性的地方。

一个初秋的早上，我们来这里散步，我们都跑去自然池塘看那天给我们展示的是什么新的景象。我们看河鼠的洞，默默地守候获得了回报，我们看到了其中一只河鼠从洞里出来，游到池塘的中央。我们所有人都找到长的树枝去钓鱼或搅动淤泥底部，等着看有什么会浮出水面。在池塘中央，有一块板，或说一连串的板，看起来很有趣。因此我们集合大家的力量，用棍子从一头拉，用树枝从另一头推，我们使它尽量靠近河岸以便看一眼。其中有个孩子发现了一条磨损的绳子靠在岸边，很快整个班都拉着这根绳子。不管我们拽的绳子那头有什么，它很沉很大。最终，它浮出水面的部分让我们都满怀兴趣地去猜它是什么。很明显是某人做的某物，有一部分的板用钉子连在一起，绳子缠绕着这些板。有人喊着：“是艘船！”在我们的林子里住着海盗这个想法给整个团队带来了欣喜和忧虑的颤栗。我走近一看，说：“我觉得看起来像木筏。”马上，孩子们请求把它拉起来看能不能使用，终于发现一些能真正引起他们兴趣的东西！

尽管 6 岁的孩子们聚集了所有的坚定力量，我们仍然不能把它从水里的淤泥和树枝中拉出来，失望的情绪可以很明显地感受到。在我意识到我在说什么之前，我提议说或许我们可以建一个新的木筏。反应是令人震耳欲聋的孩子们的欢叫声，他们已经准备要马上开始这个新项目了。我们走回幼儿园，那天剩下的时间都花在了重温我们早上的兴奋中。

那天晚上回到家，我很好奇是什么把自己陷进了那样的情景。我们都知道，一旦我们说了什么，我们都必须要做，可是我发现自己希望在接下来的几天会发生其他的事情来分散他们对项目的注意力。没这么好运！大概在一周后，我发现自己在一个班级会议里和家长们分享了这个故事，对我已经说了要做什么感到不知所措。我热爱工作并且对大多数事情也比较擅长，但建木筏远远超越了我的技能，我真的后悔当时想都没想就说了出来。但我和孩子都很幸运的是，家长们对此新体验变得非常兴奋，马上就有一个妈妈志愿每周用一天的时间帮助我们。一个爸爸捐赠了木头，我其中一位同事在她的房子旁边有个浅的池塘，可以从学校走路过去，在那我们可以建木筏并且尝试划舟。

因此计划开始了。我决定我们每周花一个上午造木筏。每周三，当天气仍然暖和的时候，我们可以在那个地方度过我们早上大部分的时间，在那吃茶点。木头堆放了下来，从这些不同长度的木头上，由我们来决定精心建造怎样的一个适合航行的木筏。在我们第一个工作的早上，许多男孩子带着锯子、螺丝刀和锤子出现了。没过几周，每个孩子甚至最纤弱的女孩，也在腰上绑着工具袋，脚上穿着靴子出现，准备他们一天的工作。我的成人助手夏娃·谢里丹（Eve Sheridan），她是一位充满激情的雕塑艺术家，同我一起决定大家行动的进程。首先，这些木头需要被切割成一定尺寸，然后我们要用绳把它们捆绑在一起。在下面钉木板，保持这些木头彼此在一起，以及和下面的木块连在一起。我们带了手锯用的锯木架，收集粗树枝做铆钉。每个工作日都能发现一些孩子坐在稀疏树荫下的木头上，削树枝做所需的铆钉。其他孩子会带着极大的专注力锯大木头，还有其他孩子把树枝砍成一定尺寸做铆钉。一旦一块木头被切割成一定尺寸，我们就需要钻洞用于塞铆钉。由于我们用手凿来打洞，有足够多的活给每个人做。但是，当他们累了，以及对于那些少数必然不能完全地参与到工作内容的孩子，在大原野上和池塘里还有很多的事情可以去做、去探索。

几乎整个一年的时间里，我们每周都在做这个木筏。我们要走很远，但是我们得到允许，可以抄近路从一个邻居的花园和后院过去，我们总是停下来小憩，并赞美她的花园。我现在意识到，对我们来说这是怎样的一个礼物！一周接一周，一月接一月，我们有机会通过感受她的花园的变化而生活在一年的周期里。当我们开始工作的时候，菊花正盛开。然后一个寒冷的日子，花园被秸秆所覆盖，所有的一切静静地躺着，直到一个早春的上午，我们看到小小的绿色小芽从秸秆里伸出来。寒冷的日子，我们能听到冠蓝鸦和山雀的声音，在一些日子里，我们什么声音都听不到。突然，树上又有我们亲爱的知更鸟和浆液收集桶，空气中看起来又重新充满了生命的忙碌。观看这个花园里微妙的变化成为了和我们的木筏一样令人愉悦的项目，孩子们总是渴望着寻找“花园新闻”。

这个项目整整实施了一年。我开始意识到孩子们在班里更为平和，突然他们可以听故事了。他们享受我们的水彩时间，玩耍时间是我迄今为止看到最为多产的。所有人合作一起做清洁工作，我还注意到他们一起工作时会有“在这，我来帮你”和“我们一起来做吧”这样的意愿开始在整个班里回响。我还注意到孩子们对我们的物品有着更多的尊重：水彩日的时候没有再用画笔用力在纸上擦；再也没有玩具不在意地放到架子上；面包屑再不用请任何人去做就已经从地板上打扫干净。简而言之，我注意到孩子们对他们的"工具"带着真正的尊敬，不管它们是什么。在家里，家长也注意到了不同之处。孩子们自告奋勇地要帮忙——洗碗、擦地、维修房子周围的东西——那就是"我能做"的一切内在的态度，伴随着孩子们带着自信、勇气和毅力成长。

当然，我们还继续我们大部分固定的幼儿园活动。我们做蜂蜡塑形、烤面包、在晨圈里运动唱歌、讲故事、做偶戏和许多的室内室外游戏。从池塘回来的休息时间变成了一个深度寂静和真正休息的时间，这是我们辛苦工作后身心的一个抚慰。我们工作和创造得越多，我们解决制作木筏产生的问题就越多，孩子们就能越深投入活动的核心当中。在他们内心有些东西——他们强烈的意愿要转变，要做出改变，要为世界做贡献——就被满足了。出于这种满足，我们准备好了接受这个世界（我们小小的班里）给予他们的一切。他们的潜力得到了认可，他们强烈地想去贡献的愿望会被看到和应用，他们与自己和周围的世界平和地联系在一起。

然而，我心里乱糟糟的。这个木筏能漂浮吗？它安全吗？我们能完成吗？我被孩子们的热忱和这一年中我从他们身上看到的变化激励着，但我还是不知道我在做什么。这是幼儿园孩子该做的事情吗？我从来没有看到其他幼儿园做任何跟这些沾边的事，我很怀疑我是否偏离了幼儿园的教育。但我的孩子们带领着我，尽管我缺乏造木筏的信心，还有我内在的疑惑，但我仍坚持着这个项目。终于，一切看起来好像准备好了，要起航了。

当我们终于完成时，这个木筏就是一个木头平台，我们计划使用一根竿，汤姆·索亚风格的，在水面上撑着竿让木筏航行。现在已是晚春，我们已经计划围绕我们制作的木筏的下水庆典活动。所有的家长都被邀请在池塘边野餐（孩子们不知道他们会来），救生衣被收集过来给孩子们穿上，空气中洋溢着极大的兴奋。在正式下水前的几周，夏娃和我决定我们应该试航，将剩下的木头推到水里，我们使劲推了它一下……看到它沉下去了！不是完全沉了，但是它在水里浮得非常低。怎么办？许多年后回看，我甚至不知道我们是如何把它再次从水里弄出来并把它翻过来的。我确信不容易，但我们真的把它翻过来了！然后我们快速去了木材场，在那买了一块很长的泡沫板，折叠起来并把它钉在了木筏的底部。我们用嵌板盖住泡沫板，一是为了固定它的位置，二是为了防止它不会被石头刮破，然后再次把木筏推到水里。成功了！它在池塘的水面上浮动，等待着孩子。然后我们再次把它拉出水面，让它准备好我们的下水仪式。

离学期结束只有几周的时间了，我们“节庆”那天，阳光灿烂。我和孩子们一样兴奋地前往池塘！伴随着摩擦声和用劲的喘气声，孩子们把木筏推到水里，当它在岸边浮游的时候，欢呼声起来了。夏娃自告奋勇地要把孩子们撑过池塘，每次运送两个孩子，而我在岸边维持秩序。当最先的两个孩子站在木筏上，从岸边滑走的时候，寂静包围着观看的孩子，他们睁大了眼睛，所有的感官都保持警觉的状态。当他们到达池塘中央的时候，又一阵欢呼声响起。家长们开始抵达，看到孩子们已经在航行了，他们都兴奋地祝贺孩子们。一个孩子的妈妈到来时，告诉她“我们是造船手”，他们的确是。

每个孩子轮流登上木筏，许多孩子还登上了几次。每次，这个木筏都保持非常牢固的状态。有一个紧张的时刻，当一个胖孩子陪着一个瘦小一点的朋友一起踏上了木筏。木筏浅浅地浮在水面，甚至水漫过孩子的脚踝有一寸之高，我们都屏住了呼吸。但是木筏成功地返回到岸边，没有人需要去测试他们的救生衣，所有人都如释重负。在每个人都轮到后，我们铺开毯子，分享每个家庭带来的食物，重新体验了我们造这艘木筏的步骤。每个孩子指着木筏的不同部位，解释它是如何造出来的。每个铆钉，每个结，每个木片都被所有人所崇拜。

木筏就停靠在池塘里，我同事的儿子（他在我的班里）和他的朋友经常使用，我很相信整个夏天在那上面会发生很多有趣的探险。秋天的时候，飓风将它卷起撞到一个管道上变成了碎片，部分碎片顺流而下，或许这要点燃另外一群孩子的想象力和意志了。不管怎样，木筏仍活在孩子们的记忆里、他们的手里和他们的心里。

我明白，并不是每个老师都会带着他们的大孩子外出建一艘木筏。在分享这个故事的时候，我鼓励你聆听你的孩子，去听他们要的是什么，敢于带给他们能够符合他们需求的经历。在工作中孕育着高尚的品质，孩子会认识到并信奉这一点。我们都已经看到，现在来到这个世界的新生代是渴望创造不同的一代人，有着强烈的尘世意愿和深深的愿望去满足这些心愿的一代人。他们远比他们的年龄显得更加智慧，渴望被认同。他们需要能轻叩他们巨大潜能的体验，能点燃他们想象力的体验，能给予他们机会转化物质的体验。就如我们所知，我们现在生活的文化是孩子难以适应的文化。“世界上有我的位置吗？”是所有孩子带着的一个无意识的问题。我相信，如果我们能给他们提供值得尝试的体验，我们欢迎他们进入这个世界，那么孩子就能找到他们的位置，充满了欣喜和喜悦，准备好从事他们的特定的任务。

班里的小家伙

芭芭拉·克拉克

我们每天的晨圈结束后，正是孩子们进入自主玩耍的时间，他们总是会冲向阁楼下面的书架。

这儿是“小家伙们”住的地方。“小家伙们”是小布娃娃（班里每个孩子都有一个），他们分别在两个篮子里休息。很多孩子们到幼儿园的第一件事就是找到他们的“小家伙们”。“小家伙们”有的被塞进衬衫口袋里，有的被塞进毛衣里，就这样被带入了孩子们的游戏。当孩子们变成小侏儒、骑士和公主时，他们的“小家伙们”伴着他们踏上想象的旅程。有的“小家伙们”是游戏的中心，孩子们会为他们搭建精美的船只和房子，会让他们尝试各式各样的探险与旅行。

“小家伙们”这个想法是我的同事辛西娅·隆波特带到我们班的。在她以前的学校，“小家伙们”的存在是幼儿园的传统。在这里她继承了这个传统，忙着做好一个个“小家伙们”。这个好主意来源于邦尼·瑞芙·本图，她最早创造它们用来作为治疗的工具。因为它们的存在，帮助孩子的内在培养了希望、耐心、友善和爱心，对我们班来讲，它们是多么棒的新成员啊！

那它们究竟是怎样在班级中发挥作用的呢？它们到来的时间本身就是一个非常重要的教学手段。我发现在我的教学中，我不断地往返于不同的层面之间，坚定而正直地站在孩子们面前。比方说，在带领晨圈时，亲切而温柔地围在外面就好像在自由玩耍一般。这种教学的状态也会随着季节而变化。在刚开学时，我们开始着手关注存在于我们头脑、心灵和双手中的勇敢的品质。通过迈克的帮助制作木剑所显露出来的征服举动，我们学习勇往直前，像一名正直、高贵的骑士一样去做正确的事情。其实，这可以被看作是帮助孩子们去体验他们自己那坚强、正直的一面。然后，这样的状态被“小家伙们”出现时伴随着的温柔滋养的氛围所平衡。

通常在10月初，我们会在我们班阁楼下的书架顶上发现一张来自精灵妈妈的字条。上面说她注意到孩子们在一起玩得有多好，而精灵王国的一些“小家伙们”也想来和这里的孩子们一起玩。头一年，只要没有生日庆典，每天都有两三个“小家伙们”来。我们会选那些有养护天性的孩子先接收到他们的“小家伙们”，以便鼓励其他的孩子模仿他们。这多么令人兴奋啊！晨圈结束后，当一个老师查看放在书架顶上的篮子时，我们会观察谁会跟着来。每个“小家伙”的袖子上都有一个小标签，上面有她（他）的名字和她（他）跟随的那个孩子的名字。“小家伙们”的名字都取自大自然，比如小河、露珠、雏菊和蒲公英。对一些孩子来讲，这是一个培养耐心的功课，因为他们必须等很长时间才会收到他们的“小家伙们”。老师和家长都跟孩子们保证，每个孩子都会收到一个“小家伙”，果然，在月底之前所有的“小家伙们”都来了。

到幕后看看，这些“小家伙们”到底是从哪来的呢？它们是老师们用30厘米见方的纯棉针织块做成的一个个娃娃。我们选择与相对应的孩子头发同色的毛线织出娃娃的头发。在开学前的家长介绍会上，我们把娃娃们给到每位家长的手上，请他们在9月底之前背着孩子们把娃娃们装扮起来。我的一位热爱缝纫的朋友给了我们很多的布料，以供家长们从中挑选。我们给每位家长一个粗样板，并要求他们把衣服缝到娃娃的身上。有的家长就只是做一件简单的小衬衫和一条裤子，有的家长的制作则更加精致、复杂，但是我们比较会鼓励简约的风格。还有一些家长可能会觉得根本无从下手，这时我们老师或者其他家长就会出手相助。还有一个老师，她的班里也有“小家伙们”。她请一个专业的做娃娃能手来做好娃娃们，然后请家长们用柔软的天鹅绒将它们装扮起来。

有一个孩子问他能把他的“小家伙”带回家吗？于是，我们就写一封信给精灵妈妈，然后把信放进篮子里。她回信说，“小家伙们”还很害怕离开教室，不过它们会在学期末的最后一天跟即将升入一年级的孩子们回家。而年纪小的孩子们的“小家伙们”则会回到精灵王国，整个夏天都去帮忙收割。当孩子们在 9 月重返学校时，他们会要他们的“小家伙们”。当他们听说“小家伙们”不喜欢恶龙因此会晚一点儿来时，他们也会安然地耐心等待。当是时候让“小家伙们”来时，我们先从上届返校的孩子们开始。那是多么欣喜的重逢呀！孩子们继续着上一年那精心设计的游戏。带着慢慢滋生的期待，小一点的孩子们会一边观察并热切地等待着他们自己的“小家伙们”的出现。

他们拿它们做什么呢？正如所有的孩子们的游戏，可能性是无穷的。最初孩子们用木块、木头或者教室里的各种箱子为它们搭建房子。今年他们搭建了很多几层高的游轮，每层都配备了床和厨房，而且在最顶层还有烟囱。我们发现需要添置额外的篮子来做小船、摇篮、车等等，因为我们的那些旧篮子在孩子们的激情玩要之下已经开始散架。有时候“小家伙们”会参与偶戏表演，或者作为观众来看偶戏。男孩子们怎样把玩他们的“小家伙们”总是让我大开眼界，它们被当作小斗士、深海潜水员、杂技演员、电话公司的查线员等等。而女孩儿们也会带着“小家伙们”去探险，不过她们最喜欢的还是创造一个个漂亮的家，还有城堡。

在头一两年，孩子们做了很多飞机让他们的小家伙坐着去飞行，但是教室里很快就变得非常嘈杂混乱，于是我们说“小家伙们”其实喜欢待在地上。这样，孩子们又开始了安静很多的游戏。

“小家伙们”改头换面的可能性总是令人大为吃惊。总有这样的时候，某个孩子会很粗暴地玩他或她的“小家伙”，把它头朝下塞到东西里，或者让它从很高的地方‘跳’下，然后头朝地落下。（每当这个时候）我就会走过去说：“噢，我听到‘小家伙’在哭呢！请亲亲它。”有时候，我们也会建一个医院，如果“小家伙”摔坏了腿，我们就用布来为它包扎。如果那个孩子还是继续粗暴地玩，我就会轻轻地把“小家伙”拿走，并且告诉她“小家伙”被这么粗暴的游戏吓坏了，它想回到我们的迈克布偶身边去获取一些勇气。用这种方式来教给孩子柔和尊敬是多么棒啊！

如果有谁没来上学，我就会请一个小朋友来照顾他的“小家伙”。有一年，家长们织了 24 个小方块给“小家伙们”当小毛毯。我们还染了一些 30 厘米见方的丝绸方块来为“小家伙们”做床单、斗篷等等。

第一年，我们班有一个小男孩正好失去了他的父亲，他根本就不和他的“小家伙”玩。我只是看着他并且思考着。而到了第二年，他的“小家伙”几乎成了他所有游戏的重要部分。我也由此知道他已经接受了自己目前的家庭状况。

在期末最后一星期，孩子们可以和他们的“小家伙们”一起休息（在加餐之前）。在最后一天，年纪小的孩子会跟他们的“小家伙们”吻别，然后把它们放回篮子里。他们知道“小家伙们”要回到精灵王国去帮助播种和收割，在米迦勒节之后，它们又会重返幼儿园。大孩子（即将进入一年级的）则小心地把它们带回家，有的孩子已经在家里为它们准备了一个温馨的小家。我们得到家长们反馈说在以后的很多年里，“小家伙们”无论是在孩子们的心里，还是在他们的房间里都占据着很重要的位置。这几年来，孩子们越来越少地和幼儿园的布娃娃们玩，而“小家伙们”则将对布娃娃缺乏兴趣的状态巧妙地扭转到一个全新的充满想象力的高度。这是多么棒的将布娃娃游戏重新带回幼儿园的一条路径呀！

女孩和男孩——女性与男性

露易丝·德·福里斯特

20 世纪 60 年代末，当我正成年的时候，当时主流的女性运动思想的观点是，男孩和女孩在天性上是基本一致的，是特定的文化环境造就了传统的男性和女性的角色，而这正是这个孩子最终所接受的他或她自己的性别。当时很流行的一种观点是，如果你把一个男孩子当一个养育者来培养，他将会成长为一个养育者；如果一个女孩被培养得更具竞争力、更加暴力，她将会和这个世界形成更加雄性的关系。换句话说，就是经常提到的先天还是后天的问题。当时人们相信，我们作为家长和老师，可以通过我们的期许而决定我们想要在下一代身上所培养的性别特征，而忽视被谈论的孩子们天生的性别。

我曾经很努力地试图去相信这一论调，也密切地检验了我自己的性别信念和行为，但是这种说法还是有某种地方有些失真。回想起来，我想是因为这种观点过于一元论而造成了我当时对于它的不自在。它假设我们生来都是一块块白板，等着被我们周围的环境去塑造，而不是认可和接受我们是带着各自的天赋、经验以及意愿而来到这个世界上的。这种观点也没有意识到世界上所有的事物都是存在于两极之间，雌性和雄性这两极其实是最原始的极端力量，它们存在并作用于世上所有与生命相关的东西里。这些原始型的极端是人类精神发展和体现的核心。我知道作为一个女孩，我和我的哥哥们以不同的方式体验生活，而且生有一个女性的身体对于我来讲意义非凡。我也明白成长于一个男性主导的家庭，而后成为三个儿子的妈妈的经历鼓励着我努力地去追求我的使命，那就是去发现、增强和发展自己更多的女性特质。

泛泛地观察以及表达个人对性别的见解往往很微妙甚至危险。我在我自己的观察和表达里总是很谨慎甚至有些不情愿。每一个个体都是那么独特而神秘，没有一个人是纯粹的男性或者女性，这两者倒往往像一幅织锦一般交织在一起。单纯地说“这是雄性的，那是雌性的”则忽略了我们每个人的个体特征，因此我请求你记住，在本文中每一个概论都有例外的存在。人类更高级的内在本质最终是与一个人是男人或者女人无关的。

男性与女性间的差异自古以来，或者至少从人类开始如此地分别以来，都是人们感兴趣的话题，争论的议题也是一个很深奥的玄机。鲁道夫·斯坦纳告诉我们，人类演化的历程中，男女间的性别差异并非一直如此。在利莫里亚时期（大约一百万年前），当时的地球以及当时能被称之为人类的一种存在，尚处在液态的可塑造的状态，不存在性别差异；每一个雌雄同体兼具雄性和雌性的力量，他们通过一种天赋的自我受孕的方式来繁衍。随着人类的进化，这些同性的存在慢慢地分解成两种性别，由此离开了无意识形成的与灵性世界的整体，而将二元论带入我们的现实当中。这一过程使我们成为了会思考的动物，进而能够与灵性世界形成个性化的、有自我意识的关系。

由此，人类就能够将他们先前投入自我繁衍的那部分能量用于自我完善。人类用于形成一个会思考的大脑的能量正是他在上古时代用于自我繁衍的能量。思考的代价就是出现单性别。通过停止自我受孕，而改为相互受孕，人类将他们的一部分繁殖的能量内化，从而成为了会思考的生物。因此，男性和女性的身体分别代表了一个不完美灵魂的外在化身，但是他们因此而成为内在更加完美的生灵。

斯坦纳告诉我们在遥远的未来，我们将再次回到无性别的状态，但是将通过自我要求的（self-required）语言的神奇力量去繁衍。他说："因此，这将是未来新人类的诞生方式——他是被其他人说出来的。"

因此，作为一个男人或者女人而生存究竟意味着什么，关乎这个个体，同时也与整个人类有关；而且这是人类最基本的谜题之一。斯坦纳确实告诉我们，通过重复地上的生活，我们有机会体验这两种现实，在每一次生命里，通过选择一个男性或者女性的身体而最大限度地努力去克服我们的旧业以及面对新的宿命。从一生到另一生，我们一般都是在两性之间交替，但是偶尔也会因为要发展某种经验或者能力的需要，而以同一性别循环。"一个人作为一个男人或者女人在一次循环的经历将决定这个人在下一生做什么：女性的（生命）体验将会产生建造男性的器官的趋向，而男性的（生命）体验将会产生建造女性的器官的趋向。"他进一步描述了女人把她们所有的经历更深刻地带入她们的精神生活，她们对于灵魂的体验与男人相比更胜一筹；而男人更容易被智力和物质力吸引，而停留在物质的层面。男人相对于女人能更彻底地进入事物，也能更完全地投入其中。女人（则）更多地保持了灵性和非物质的一面，物质层面更多的只是她们的兴趣当中比较机动的一部分。也就是说，男人更倾向于抓住事物的外在，而他们的经历在他们的精神深度层面留下相对浅的印记。"更深入地钻研物质和创造转化物质将形成男性器官。换句话说，当一个灵魂想要更加深入地钻进物质当中时，就会形成男性器官……男人是女人的宿命，而女人也是男人的宿命。”

我总是战战兢兢地进入关于男人和女人泛泛的讨论，知道在这个过程中我是如履薄冰。我再次强调在精神伴侣的层面上男性和女性是平衡的，以下的概括化的表述不含有任何评判。那么，我们是否可以将女性的特征总结为：直觉性的、返照性的、内向的、过程导向的、流动的和灵活的、接纳性的、更加柔软的（同指身体和心理）、主观的、精神导向的、情绪化的、具有想象力的和哺育性的。至于男性的特征，我们是否可以说他们倾向于更加个体化、更密实、更硬（同指身体和心理）以及目标导向的、客观的、智力型的、清晰和超然的、理智的、更加脚踏实地和专注的？男人和女人的身体（特征）已经体现了很多他们的内在精神状态。除却明显的身体的外在区别，男人与女人相比有更加密实的骨骼和更多的肌肉群，（这一特征）使得男人单凭他们的身体特质就更加远离精神（世界）而更加置身于物质领域。如果我们从形态的角度来讲，男性将是一条直线，而女性则是一个圆圈。如果用元素来代表他们，一个将是火而另一个则是水。但是很清楚的是男性和女性是同一个事物的两个面，他们在一起形成一个整体。他们是白天（男性）和黑夜（女性）。女性通过她们的想象，渴望与精神世界直觉的统一。通过女人的精神生活以及通过她对大自然非常有心的理解，女人可以使男性高贵，可以转化男人的野性和蛮力。从另一个角度讲，男人凭借他们对于物质世界的深切关注和他们清晰客观的思考力以及他们判断评估的能力，既可以转变外在的物质，又可以支持全人类自我意识发展的革命性使命。

这些特征也有反面：男性思维的清晰性可能变成冰冷或者理论化以及干涩。雄性的力量可能会变成暴力或者强权，还有（他们的）个体感可能转化为对权力的饥渴和自私。我们也同样熟悉女性的（潜在）危险：与灵性世界的连接可能蜕变为对现实的失落；丰富的感情生活可能转化为混乱的情绪（纠结），而（母性）抚育（的天赋）也可能沦为溺爱。然而，男性与女性统一的可能性和找到两性平衡的可能性将成为我们存在的黄金定律，也可能是我们成为真正的人的唯一路径。鲁道夫·斯坦纳将女人描述为“精神神性”，而称男人为“物质神性”，而这两者似乎确实在相互呼应从而发现各自的精神使命。

回到幼儿园大龄孩子的层面，我们这些与这群孩子工作的人都充分地了解男孩子和女孩子之间的区别，而且常常处于难以用我们的爱与尊重来承载他们冲动的境地。

让我们看看来幼儿园的两个知道怎样玩耍的、普通的 6 岁孩子，我们将叫他们大卫和索菲亚。

确立一个场景，假设现在是早晨 8 点钟，幼儿园刚刚开园。我可以听见有人在撞门，我知道是大卫来了。大卫有抵触感（很多男孩子都受迫于感统失调，特别是触觉）。因此他必须与其他的东西碰撞以便感知到他自己在空间中的位置，他从哪里结束，而（他的外在）世界从哪里开始。他把他的夹克扔向他的小柜子（提醒一下：不是扔进去），随后就带着一种熟悉的神情冲进了教室。教室里平静的秩序感似乎突然间被一阵狂风吹散。他四处看看有谁在；如果他是第一个到的，他可能会跑过来告诉我他的最新的新闻，但是如果有其他的男孩子已经来了，他甚至都不看我一眼，而是开始大声地组织游戏。把椅子反过来变成卡车或者铲雪车；用积木来修太空船，或者搭建餐馆和办公楼。当男孩子们冲来冲去拿其他的东西或者抢另一个房子时，声音变得越来越大。当他们从一个地方猛冲到另一个地方时，马达声和爆炸声充满了整个教室；他们相互发号施令并以一种看上去能让人筋疲力尽的强度和专注力玩着。每当要出去时，大卫（总是）很难控制自己；他推推搡搡想成为我们远足的领队，他可能踢柜子（或者在选定的领队经过他时给他或她一拳），然后他会在我们远足的整个过程说坏话。当我们终于到达我们选定的目的地时，大卫会一马当先冲到前面，和他的朋友们跑得不见了，不一会儿的功夫，所有的男孩子都纠结在一起，推推搡搡，大声喊叫。他们都以全速奔跑然后撞到一起或者当他们经过对方时互相攻击；棍子变成了他们的枪，他们躲到树丛中等着去伏击一个过路的无辜者（或者不无辜者）。他们有时候会挖一个坑，用棍子盖起来，来修一个陷阱，希望能逮住一个小女孩或者小动物。当然，最好是一个或者好几个女孩。他们也会试一试他们的力气和灵敏度，吊在绳子上或者顺绳子爬上树，从猴竿的一头到另一头，或者在沙坑里挖一个要通到外国的洞。

曾经有几年，我在农场有一个幼儿园，孩子们参与照顾动物和打理土地。在工作日那天，大卫干活时的热情和专注力和他玩耍时一样，他为自己的劳动而自豪（也以此与其他的孩子竞争）。确实，我经常注意到在努力劳动之后，大卫能更容易地进入游戏而不是对他自己或者对别人都是一种失控的状况。往往呢，在洗碗时间他总是很不情愿，（可是）在农场他却总是第一个举手参加最后一个坚持干活的人，而且他对动物有着特殊的情感。在做晨圈时，他常常拒绝参与群体的动作，并且扬言说我们所做的事情对他来讲“太幼稚了”。他对我的爱和尊敬以及我为他建立起来的界限承载着他度过那些困难的时期。

索菲亚，从另一个角度讲，进入幼儿园就安静很多，会在教室门口停下来，而且往往很难和父母分别。她也会环顾一下教室，和她的朋友打招呼，但是总是会走过来，靠在我身上或者在去找她的玩伴儿前告诉我一个小秘密。索菲亚玩的游戏会安静一些，多以家庭为中心，而且跟男孩子一样，大量的时间被花在分配角色上："你能当小宝宝，你当爸爸而我将是小保姆。"大一点的孩子一般是说得多而实际上玩得少，索菲亚和她的朋友们花很多时间大声说话、小声嘀咕还有看男孩子们。每当有人打扰她们，或者做了什么不应该做的事，特别当"肇事者"是男孩子时，索菲亚就会跑到我跟前报告最新的"恐怖事件"，而且往往是泪眼朦朦的。索菲亚和她的"家人"在准备一场偶戏，把布很美地搭到游戏架上，收集她们所需的所有东西。女孩子们为谁用哪个布偶而争执起来：谁上次已经用过了，谁这次理所当然轮到用它。在重建和平之前又有人流一些眼泪，也有人说一些刻薄的话，然后所有的椅子环绕着偶戏被摆起来。经过女孩子们大量的劝说（加上操控），所有人都坐过来看偶戏，但是索菲亚花了她绝大多数的时间提醒男孩子们好好坐着或者别说话而不是在移动布偶。男孩子们似乎受够了这些，都陆续地去玩他们自己的游戏了。

索菲亚和她的朋友们现在都在教室的一角商量着放学以后互相见面的事。班里的另一个女孩走过去想和她们一起玩，索菲亚马上说她不能和她们一起玩，当她和她的朋友们嘻嘻哈哈笑的时候，她拿了一个玩具架把她们所在的那个角落封了起来。"我们不想和她一起玩，"索菲亚跟她的朋友们说，她们也都窃笑着表示赞同。被排斥的那个小女孩哭着来找我，我们一起再次找到那个圈子，索菲亚和她的朋友们非常不情愿地给那个女孩在她们的"家"里腾了一个地方。在要出去玩的时候，索菲亚会赶紧跑过去拉住她最好的好朋友（经常在变）的手而把所有其他人都推到一边。当她有同伴时，她就会安静下来并且准备好去散步，（在这过程中）她一直都在看着我，希望我能看到她表现得多好因而选她来当领队。

索菲亚喜欢和她的朋友手拉手在旁边的秋千上荡，今天她坐在一棵松树低垂的树枝下，和另外几个女孩在那儿做仙女圈和精灵屋。她们玩得很专注，创造出了几个微型世界。当然，她们也喜欢跑而且十分敏捷，尤其是如果有一个或者几个男孩子想追她们。她们会大声尖叫着跑到老师那儿抱怨说男孩子们在招惹她们。

在农场，索菲亚最初对农活很犹豫，不想衣服被弄脏了，而且对这类活计表示不感兴趣。不过，在几个月后，她成了一个努力而且能干的伙计，尤其对于自己能把满载的三轮车推到肥堆感到自豪。她喜欢小羊羔和小牛犊但是在大型动物跟前还是有点儿拘束。在教室里，索菲亚知道所有歌的歌词和所有晨圈的动作，循规蹈矩地参与晨圈，偶尔会轻蔑地瞟一眼任何一个应该参与但没有参与晨圈的男孩子。她也会试图捕捉我的目光以确保我能看见那个捣乱的男孩子而且看到她可没捣乱。再见的时候，她总是在蹦蹦跳跳地跟她的父母走之前，给我和她的现任好朋友一个拥抱。

当然这是一个片面而且夸张的画面。很多男孩子喜欢玩布娃娃而许多女孩子非常活跃好动。但是（以上）这些例子的确能突出男孩子们和女孩子们认识世界和相互认识的不同方式。男孩子们通过身体接触来认识彼此，互相撞在一起，扭打成一片；而女孩子则一般在更加情绪、情感的层面相遇，正是社交生活吸引住了她们的注意力。

我也应该赶紧补充一下，在幼儿期的孩子性别取向还没有像我们观察到的成年人那样定性下来。从某种角度讲，幼儿期的孩子尚处在性别之外，还与灵性世界是一个整体，还身处于将他们带到世上的那个冲动当中。

逐渐地，通过几个七年阶段的成长发育，他们定性为男性和女性，直到最后，作为青年人，他们的高层自我才更突出地呈现这些性别特质。但是所有的孩子都与生俱来带着性别认同的种子。对于今天的家长和老师来讲，应该保持一个开放的心态，接纳这样的可能性：孩子们需要自由地去建立他们的关于形成某种特定的男性和女性特征的意图。

那么这些对于在混合年龄的班级里教授男孩子和女孩子的老师们来讲究竟意味着什么呢？几年前，北美华德福幼教联盟给幼儿园的老师们发去一份问卷，问她们在自己的班级里都遇到哪些困难和喜悦。大多数的老师都受困于幼儿园里大孩子的问题（由此诞生了这本书）和怎样处理班里的男孩子能量。我们的幼儿园的教室倾向于更具女性特征，努力去满足孩子们的整体感，用美去迎接他们在地上的这段时间。每天、每周、每年的节奏给他们安全感，帮助他们进入地上的节奏。这些内容也很可能被用非常女性化的方式呈现出来。因此，当男孩子们以他们常有的很莽撞、粗犷的方式进入我们的教室时，真可能感觉到似乎是他们在破坏我们如此辛苦而创造的环境。我们希望东西都保持柔软、整齐、有秩序。我绝不是在建议我们就举手投降说：“让男孩子就当个男孩子吧。”但是我确实认为和男孩子一起工作的关键是去热爱他们的能量，去感恩他们急切地想去改变物质世界的冲动，去欣赏他们怎样有所作为。我们必须钦佩和欣赏他们的体格并且用幽默感和理解来迎接他们的横冲直撞、大喊大叫。我们能很温和地或者严厉地将他们带回到适宜的行为，但是我们必须在心里带着一幅雄性力量正在展示自己的内在图画并且明白这个孩子确实不会有其他的举止，因为那将违背他的天性。

女孩同样地需要我们耐心的理解，但是对于我们大多数人来讲她们更容易对付，因为她们愿意并且能够安静地坐着，做点儿手工或者陪在我们身边，而且她们的情感更加外露。作为女人，与男孩子相比，我们一般更容易与女孩子有共鸣。然而，女孩子们因着她们喜欢操控、斗气和玩感情游戏的天性，固然也有属于她们的挑战。相对而言，男孩子们是多么的直爽啊！而女孩子们“内心深处受到伤害”的倾向性也同样值得我们的引导和鼓励。在这儿，我必须表达我对于男性的幼教老师以及他们在我们幼教教程当中扮演的角色的永恒感激与欣赏。如果有更多的男老师来教我们的小家伙该多好呀！但是我斗胆直言，对于在幼儿园工作的男老师来讲，是女孩子而非男孩子，让他们感到困惑。琢磨起来很有意思，在班里，也许是女老师会发现理解男孩子不容易，而男老师感觉很难找到一条接受女孩所为的路径。

性别角色总是处于变幻的状态，以便适应和反映各个时代。然而今天，我可以看来自世界各地的人都在付出努力把雄性和雌性结合起来，去扩展何为男人、何为女人的意义，去打破种种的陈规旧习。我们已经不再满足或满意于以既定的（性别）角色来生活。今天，很多男人是他们孩子的主要抚养人，而他们的妻子们则挑起了家庭财务的担子。女人们得到支持和鼓励去满足她们的智力方面的好奇心，而她们的工作终于被认可并且得到了与男人们同等的回报。男人通过深刻地提问、自我反省和公开的分享，在探索作为男人到底意味着什么，在拓宽他们的父辈对此狭隘的诠释。但是我们对于男性和女性的探索还有许多未知，我们的路还很长。最近，我还在一个幼儿园听到：“粉色是女孩的颜色。”

因此，我似乎觉得在我们的班级里，在我们和男孩子与女孩子在一起相处的日常生活中，呈现出的一个突出问题是去认识和拥抱我们每个人自己内在的雄性和雌性的特质。我天生更具雄性特质，我发现在地里干活、做家具、看书等这些事情很容易并且充满乐趣。所有这些事情我和我班上的孩子们都一起做过。对我来说，布置一个空间，一个有丝绸垂饰的、非常整洁、挂着精美的无与伦比的羊毛画的教室，抑或一个完整的自然桌，然后退后坐下，允许该发生的一切去发生，不是那么容易。在我刚刚开始教书生涯的时候，安静地坐在一个角落里做针线活，（对我来讲）是一件比登天还难的事。然而，通过和孩子们在一起工作，我能够开始学习和我自己渴望被展现的那些部分建立联系。

男孩和女孩都渴望被我们自疗的榜样所引领。孩子们想看到我们作为老师和家长通过我们对自己多层面性的舒服的接受，可以接受、爱并尊重即将展现在他们面前的未知的许多可能性。这要求我们具有有弹性的心灵和探险精神。我们要怎样去舒展我们的理解力，从而我们才可以真诚地说，不论我自己是男人还是女人，“我热爱男孩和女孩真实地展现他们的内在”。

当我跌跌绊绊地走下这条充满雷区的路时，我希望我没有冒犯到谁。我必须承认我的确还有一个可能让你感兴趣的想法。我写得越多，就越多地在思考男性和女性这两极的关联，那就是光（男性）与爱（女性）。在谈到人类为他人及整个世界提供疗愈的能力时，鲁道夫·斯坦纳说：“从终极来讲，在精神与物质世界里发生的所有事取决于光与爱在我们生命中的相互交织的程度。”

我祝愿你在欣赏孩子们所具有的光和爱时能更好地平衡你们自己雄性和雌性的特质。

啤酒和粑粑糖

梅丽莎·博登

在阿拉斯加一个沿海的渔村里，两个男孩正趾高气扬地肩并肩走在街上。他们穿着超结实的皮靴、T 恤衫和短裤。他们的妈妈已经消失在食品杂货店里，没有大人的看管给了两个男孩子短暂的兴奋。带着明显的故作勇敢，高一点儿那个把一只胳膊搭在他的小伙伴的肩上说："哥们儿！你去弄瓶儿啤酒！我来买粑粑糖！"

我们知道，男孩子是让人既困惑又惊讶的心肝宝贝和冒失鬼的组合。我们 6 岁的小伙计们已经踏上了成长为男人的道路。我们的这些男孩子们总是在大声喧哗、精力饱满、勇于探险、乐于冒险，当然，还在淘气和充满挑衅方面呈现出非凡的天资。他们也会感情温柔、敏感而且一般在表达和综合强烈情绪时有困难。作为家长和老师，我们接纳所有这些令人欣喜的特质并且希望在一个能够培养健康的雄性特质（masculinity）的气氛当中养育和教育我们的男孩子们。

然而，我们可能会质疑在由社会和教育的规范（为主导）所创造的环境中，大量的男孩子们正在面临失败的现实。一篇题为"青春期是一种病吗？"的报纸社论讨论了当下这样的社会现象，在歧视动觉学习者的教室设置中，男生占"差学生"的绝大多数。作为父母和老师，我们对歧视吵闹的、身体活跃的、情感不成熟的孩子们的课堂和社会环境表示担忧，也为一个依赖于使用药物如“利他灵”来管理这些孩子的教育系统感到忧虑。作为幼教老师，我们很多人在我们自己的教室门口就见到，年仅 4 岁的小男孩因为在幼儿园小班，甚至自己家的生活经历已经感觉到自己是失败的。我们担忧的是不保护儿童的（社会）文化，在此种文化当中，社区不再是家庭生活的背景。这是一个可悲的事实，在我们当今的时代，孩子们往往跟他们的父母（尤其是父亲）所从事的职业只有零星的甚至毫无关系。这种文化缺乏供孩子们模仿的健康的榜样，而那些由电影、商业广告所推崇的形象往往是浅薄而不健康的。我们担忧的是男大学生的数目日见减少而男性犯人的数量却日益增加。儿童，特别是男孩很容易受到来自玩具、视频游戏，以及香烟等行业的公开市场操纵。我们担忧的是男孩在学校所有的科目上都落后于女孩这一屡见披露的现象。对于这种存在不平等的学校的存在也抱有合理的质疑。以此话题为主体的文献越来越多，报纸和网络上更是充满了关于抚养和教育男孩子挑战性的令人震惊的故事。作为家长和老师，我们能很好地参与可能有助于支持孩子健康发展的社会转向的讨论。我们需要以饱满的热情来面对男孩子身上存在的矛盾性，并且尊重让我们的男孩子成长为健康男人的规律。

那么，这些跟我们共享一个家，占我们班级一半人数的小伙计们，到底是谁？我们可能想到这首英文诗：

那么小男孩是由什么做的呢？
蜗牛、钉子、小狗的尾巴，
男孩子就是用这些做的。

我们可能会想知道这首小歌谣里所描绘的男孩子的形象是否与现代孩子有关联，而且以下的问题也应运而生：到底是男孩子们变了，还是他们身处的社会规则变了？汤姆·索亚在现代的教室里极有可能被认为是患了多动症或者需要药物治疗的孩子。萨利·金肯森一再强调，儿童反社会行为上升的部分原因归咎于松散的自由玩耍机会的日益减少。很多学校出于要为孩子们提供好的教育的意愿，已经大幅地削减了孩子们在校玩耍的时间。有些学校干脆彻底取消了休息时间。主流的学前班甚至幼儿园越来越多地往增强学术技能的方向靠拢。温迪·摩根写道："在今天的很多学校里，小学的低年级已经变成了掌握高级学业的时间，而学习这些课题所需要的专注力、自我约束能力以及精细动作的技能都是（那个年龄段的）很多男孩子还没有的。"她紧接着说，来自学校和家庭的对于我们的男孩子不恰当的诸多期望是（产生）男孩子对成人的怨愤，对家庭作业丧失信心，感到痛苦以及对正常的男孩子气感到耻辱的原因。"

斯蒂夫·毕多福写道："在六七岁左右，男孩子们普遍在智力方面的发育落后于（同龄的）女孩子 6 到 12 个月。"仔细考虑上一年级恰当的预备就绪的状态，是让我们的男孩子们能够在小学成功的一个重要因素。

众所周知，男孩子和女孩子各自拥有与生俱来的天赋，使他们得以在相互交往的过程中茁壮成长。我们同样也承认，在现代社会的背景下，男孩子们要花几乎整个童年在几个重要的领域去追赶女孩子。研究人员在思考教育上存在的似乎日渐加剧的性别差异，也试图去了解欧洲和美国有关男孩子的数据（会继续有更多有关此方面的数据）。这个差距包括了发育成长中的孩子们的身体、认知以及社交等诸多方面。

男孩子的身体发育

当谈论到他们身边的男孩子的身体发育时，家长和老师们总是会提到某种大家共同认可的“男孩子精力”。这种肌肉运动知觉的精力告诉我们，男孩子们对于身体运动不但有先天的热爱，还有显见的身体需求。往往，与之伴随的是对身体接触的明显冲动。例如，不论多大的男孩子似乎都对相互间挤挤撞撞乐此不疲。他们的胳膊和腿似乎渴求并欢庆能够自由移动的机会。事实上，研究表明男孩子比（同龄的）女孩子要多 30% 的肌肉。他们身体的新陈代谢也高一点，这也许能解释为什么小男孩甚至在他们睡觉的时候都是大汗淋漓。研究同时也发现，对于大多数男孩子来讲，在童年期大动作的发育要早于精细动作。

很明显，当男孩们挣扎着长时间坐着时，学校的要求和期望很可能对他们来讲已经过于挑战。男孩子们也可能会觉得教室里的用具有些奇怪。研究表明，在培养正确的书写技巧方面，小男孩比小女孩面临更多的挑战。最近的研究已经证明，整个童年期，男孩子们要经历好几个猛长的阶段，这对于内耳道的发育有如此巨大的影响以至于男孩子们可能会有中度的失聪。对身体发育而言，我观察到大多数的男孩是运动家，他们热爱身体的接触，更喜欢大动作的活动而不是精细动作的活动，而且很可能有时候不善于处理来自家长和老师的语言指示。

男孩子的认知发育

在儿童的认知以及神经功能发育方面的研究现在已经相当多。同行的观点是男孩子两脑间的脑神经链接天生就少一些。这些通道最终会建立起来，但是刚出生时，女婴具有更强的整合左右脑活动的能力。这在儿童语言和沟通的发育方面更具有重要性。斯蒂夫·毕多福指出大脑的整合涉及以下这些技巧的发育：“阅读，表达感情以及通过安静的内省来解决问题。”男孩子在培养好的沟通能力上需要得到老师和家长额外的支持。亚当·考克斯解释说这对处理听觉信息来说很重要，他指出听觉信息的处理对于很多男孩子来讲很可能是一个比较困难的领域。这种情况可能会持续存在于整个童年期，当然绝大多数情况下，这些困难在童年晚期会自然消失。然而，因为耳道可能处在张开或者收紧的过程中，男孩子所能听的信息也可能并不总是很可靠。当然，这不论是在学校还是社交场合都可能造成问题。当家长和老师用简单直接的语言时，或者当他们使用不太复杂的语言与他们沟通时，男孩子通常会接受得更好。另外，女孩的短期记忆一般也比男孩要强一些。这也是一个在很多学习场合出现的现实情况。在诸多赋予男孩子的认知天赋当中有一种了不起的机械和空间思考能力。这种能力往往是通过对于修房子和搞工程建设的热衷而体现的。强健的肌肉以及敏锐的头脑造就了男孩子是出色的建筑师和沙坑工程师。萨利·金肯森说“（男孩子）每天都需要有机会去修建”，同时也肯定户外玩耍对于所有孩子的重要价值。

男孩子的情绪发展

男孩子社会性的发展很明显是受到身体和认知条件的影响的。整合感统信息，以及学习语言技巧方面的挣扎可能使男孩子们处于社交的劣势。男孩子很可能在识别自己的情感和表达情绪方面感到困难。这往往会导致烦燥和生气的行为，从而掩盖了焦虑和情绪混乱的内在事实。然而，男孩子挑衅甚至攻击性的行为常常是雄性激素的产物，萨利·金肯森指出雄性激素的影响在童年晚期和青春期举足轻重，而对于 11 岁以下的男孩子却是影响甚微。从婴儿期到 11 岁左右，雄性激素在男孩和女孩体内的水平上是大致相同的。从大方面讲，男孩子暴力、攻击性等问题是不是由情绪问题导致的？绝大多数的男孩是不是只是逐渐地建立起整合、理解以及管理自己情绪的能力？我们常常看到他们其实情绪脆弱，而这往往被外显的勇敢和要显得“强硬”的意图所掩盖。男孩子依靠并得益于恰当的榜样来引导他们来经历这一切。迈克尔·古里安在《奇妙的男孩》中描述到父子关系在一个男孩生命中的特别的重要性。

也许有人会问，我们知道的男孩子的特质有多少是与生俱来的，而又有多少是天赋所赐？是否少年时代不朽的特质，从马克·吐温写《汤姆·索亚》的年代到现在都始终如一？与此同时，我们也观察到社会常规和学校环境并没有热情地接受我们的男孩子天赋的特质。威廉姆·帕拉克摈弃了所谓“少年传说”的说法，而去思考是否男孩子内在的特质牵制了他们成功的前景的问题。今天，人们发现男孩子们在挣扎，可悲的现实是，在美国绝大多数被认为“存在危险”的孩子是男孩子。

以下的数据可能会勾画出一幅很残酷的图画。这里所包括的信息并非试图要明确这个问题，而是可能在理解养育和教育男孩子中的挑战时作为一个背景而发挥作用。

- 80% ～ 90% 被诊断为患有多动症和注意力不足的孩子是男孩子；
- 80% ～ 90% 服用利他灵的是男孩子；

- 绝大多数“成功”的自杀案例发生在男孩子身上；
- 男孩子占辍学生的 71%；
- 男孩子得脑神经障碍，包括学习障碍、自闭症以及一系列此类的失调和障碍的机率高出女孩子四五倍；
- 80% 的高中辍学生是男孩子；
- 患有学习障碍的孩子中男孩子超过三分之二，而且 90% 被认定为行为障碍的是男孩子；
- 当代美国（只有）43% 的大学新生是男孩。而这个数据也正在以惊人的速度缩小，而男大学毕业生的数目还是继续在走低；
- 男孩子占勒令休学生的 71%；
- 在高中特殊教育的班级中，男孩子占三分之二的人数；
- 95% 的未成年人杀人案的作案人是男孩；
- 未成年人法庭五起罪案四起都是男孩子犯的；
- 在与酒精和毒品相关的犯罪中，10 个有 9 个是男孩子。
- 当今美国 75 个男人当中就有一人在坐牢。[1]

在过去的 30 年里，社会态度的钟摆已经摆到了另一边。我们在这样的一个时代养育我们的女儿，我们庆祝自由与解放的快乐，而女性也享受到了更多权利。支持女性的姿态还在继续，我们不由得被未来可能的前景所鼓舞。可悲的是，对于男孩子来讲，似乎是另一个现实。威廉姆·帕拉克在他的新研究报告中写道：“跟过去相比，男孩子们在学校显得落后了；而且跟女孩子

---

1 `依据 www.commondreams.org 网站统计。

们相比，很多男孩子的自信心表现惊人的脆弱；另外，在男孩子当中抑郁症和自杀的两项比例也是令人惊悚地上升。”作为家长和老师，我们必须想，我们怎么样才能让钟摆摆到一个对男孩和女孩来讲都平衡的地方。我们如何将我们的想象力和我们的激情投入这一使命当中呢？

从幼儿园做起

我们在华德福幼儿园里工作的人每天都会被提醒：我们被给予了何等的荣幸。从某种意义上讲，我们犹如哨兵一样站在一个被保护的国度的大门边，而来自那个世界的充满阳光的想象、音乐、故事以及玩耍的机会邀请着孩子们进入其中。我们的使命就是守护这童年的王国。我们尊崇那些召唤孩子们去练习他们的社交技能和尝试幻想的游戏的规则，而且我们倾尽全力去创造引发创造力的环境，以此来滋养孩子的这些健康的冲动。我们认可玩耍作为促进儿童的身体、社交以及头脑健康的重要载体，我们了解并迎合在儿童的环境当中，对于那些能够促进他们多变想象力的天性的需求。我们也努力去创建能满足男孩子和女孩子共同以及针对性需求的幼儿园。

鉴于日益增长的对于男孩子福祉的忧虑，让我们来仔细地考虑一下那些在幼儿园里能够满足男孩子需求的方法。

运动

我们已经知道自主的、没有约束的户外玩耍有助于促进儿童的社交、身体以及智力的发育。不可否认男孩子需要大量活动的机会。户外特别适合那些沉醉于大肌肉运动的活动，热爱制造出大量喧嚣，并且寻找一切机会通过身体接触来认识彼此的小男孩。男孩子通常是肌肉运动自觉的学习者。他们是才华横溢的沙坑工程师，而且在不是特别注重较早的口语沟通和精细动作的环境中也具有一定的社交优势。无边的户外世界和神奇的大自然激励着小科学家们去探索，激励着小艺术家们去感受快乐。儿童，尤其明显的是男孩子，需要足够的空间，需要被允许去跑、去翻滚、摔跤和嬉戏。每天步行到附近的公园和绿地能够增强孩子的自由感和探索身体运动的感觉。步行的自然节律似乎对于儿童的身体和社交都有调节的作用。在充满了来自大自然的无穷的生命力之后，我们能看到健康的小男孩以最逍遥自在的状态进入运动当中。到户外活动的机会给儿童带来一种幸福感，而且对男孩子来讲非常自在。有的老师发现以一到两个小时的户外活动作为开始，并且兼有一段步行的一天特别适合低龄的男孩子。

解决冲突

我们明白男孩子需要知道在幼儿园里谁是“老板”。他们很容易就建立起以“船长”为首的强弱排序。这一行为在孩子经历 6 ～ 7 岁变化时尤其明显。大人承担起“船长”这个角色显得非常重要。如果男孩子们清楚地知道大人是老板，那么出现恃强凌弱以及强势群体等问题的几率就会少之又少。男孩子需要清晰、分明的界限。他们在游戏规则简单而且不需要过多解释的情况下会表现更佳。事实上对小男孩来讲，说的话越少越好。一般来讲，管教的方式应该是就事论事并且极力减少复杂的说教。人们也注意到很多男孩子不善于表达事物感性的一面，而且他们可能内心更加柔弱。

露欣达·尼尔在表达她自己对于情感素养、沟通和自我约束能力等方面的见解时肯定了威廉姆·帕拉克的观点：“这些技能正是男孩子需要为青春期以及成年期所做的准备。”她指出，这正是家长和老师能够通过让事情保持简单、清晰并充满敬意而来帮助和支持他们的领域。男孩子需要感到安全，需要确信他们所信任的大人能够肩负起掌管大权的责任从而成功地引领他们走出困境。

幽默

在儿童的天地里，无数的搞笑时刻给了家长和老师一口盛满上乘幽默的深井。童心童趣是有传染性的。虽然也有需要给他们一个严肃回应的时候，但是幽默总是能带给孩子们快乐的一天。幽默也能解决冲突。老师和家长们发现幽默能产生奇迹，刚刚还在格斗的小男孩们现在正手拉手好像是最好的朋友一样。有时候，冲突的冲动仅仅是来自于男孩子需要与同伴有身体接触的迫切要求。其实男孩子非常看重同伴间的互敬，总是非常注意他们自己在其他男孩子当中的地位，让家长和老师认识到这一点非常重要。在幼儿园里，这个倾向在 6 岁的男孩子当中尤为显著。因此，给男孩子“留个面子”是解决冲突的一个重要武器。再次强调，幽默可以转危为安。

语言

研究和经验表明，通常来讲，当成人的语言直接并且简单时，即便是那些有口语早熟天赋的男孩子也会表现得更加出色。当我跟一群男孩子说话时，我用“一的法则”来作为起点：只说一个名词，一个动词！这通常是你所需要的一切。太多的话语对很多儿童，特别是小男孩来讲，可能会让他们不知所措。尽管经验告诉我们有些男孩子并不是出色的倾听者，我们仍然希望能够帮助我们的男孩子体验成功的交流。我们需要用他们易于理解的语言表达我们的观点，然后再小心地引导他们进入他们成长的下一个阶段。在理想状况下，准备好上一年级的男孩和女孩应该能够跟随包含一到两个任务的简单指令。老师和家长可以通过使用考虑周到且清晰的语言和耐心的引导来培育他们的男孩子的这一技巧。

行为的榜样

在家里、幼儿园以及学校里女老师和女保育员占绝大多数。威廉姆·帕拉克讨论了教育环境中全部或者几乎全部都是女老师的现状所存在的问题。从传统意义上讲，女人是小孩子的看护者，然而，男人也曾经在孩子们的日常生活中有更大的份额。今天，儿童和他们的父辈所从事的工作几乎毫无关系。男孩子们迫切地需要健康的学习榜样来帮助、引导他们走在通往成年的道路上。特别是，男人能够帮助男孩子学习体能的极限和怎样掌控强烈的情感。他们还可以示范如何尊重别人，尤其是尊重妇女。如果学校都能够想方设法吸引有才华的男老师到他们的队伍，将会给男孩子带来多么不同的经历呀！男老师能帮助带来学校内部的性别平衡并且帮助女老师们理解男孩子们行事的方式。能够表率和示范健康的、有礼貌的风范的男老师对女孩子和男孩子都有益处。无法得益于男老师或者其他男性工作人员的幼儿园可以寻找机会让爸爸们或者其他男人参与班级活动。男性的声音以及他们的身形在幼儿园和学前班的出现都能够给教室的气氛带来一种令人舒服的平衡感。而幼儿园里年龄大一些的男孩子们可以体会到跟他们自己同性别的长者之间的亲和力，这种经历让他们渴望具有阳刚之气。作为老师，我们可以通过吸纳更多的男性到我们幼教的工作当中来而支持我们的小男子汉们的成长。如果我们用心地利用我们社群中的资源，我们就可以为男孩子提供很多健康的榜样。

情绪健康

老师和家长都能观察到在他们的看护之下的男孩子们情感的脆弱与敏感。露欣达·尼尔提到女孩子口语的发展一般都比男孩子快很多。她更进一步说，这使得女孩子在消化和表达情感方面处于优势地位。男孩子的情感生活需要得到保护和尊重。不论到任何程度，让儿童去分析他们的感情都是很不合适的。这是一项成人可以做示范榜样的技能而且发展这项技能需要时间。但我们在调解男孩子间的冲突和困难时，值得建议的是要区分开行为和情感。一个小男孩的感情是需要被认可和尊重的。

在 6 ～ 7 岁变化的时候，儿童开始理解因果关系从而能够看到自己的行为和结果之间的联系。因为男孩子不太善于确认以及理解他们自己的情感，他们可能展现一个很强悍的外表以此来保护他们柔软的内在世界。在与男孩子的互动当中，认识到这一点对于老师和家长来说很重要。

喜爱

来自家长和老师的内在的温暖是滋养儿童健康的心灵食粮。如果是成长在爱与喜悦的氛围中，不论是男孩还是女孩都可以茁壮成长，即便是在经历灾难或逆境。虽然他们有时如此地大吵大闹，令人难以管教，我们敏感的小男子汉们其实是在请求我们拥抱并接纳他们的全部。经常的爱的表达和身体的接触能够培养健康的儿童。对于我们的男孩子，我们需要主动向他们表达爱，尤其是要告诉他们，我们无条件地爱他们。我们的男孩子要求我们去欣赏他们内在的品质，要求我们在他们成长的过程当中去接纳和支持他们，并且展现我们对于他们日益增长的男子汉气概的热爱。

理解 6 岁男孩

在 6 岁左右的某个时候，我们开始看到一个新孩子崭露头角。他逐渐拉长的四肢，他的新牙齿以及从他圆圆的脸蛋中显现出来的下颌轮廓都让他脱颖而出。有时候，室内的空间似乎对他来讲太小了。在户外，他迫切地给自己的身体新的挑战并热衷于一边喊着“快看我”，一边向他的老师和家长炫耀他的新本领。他会常常公然反抗他的母亲，而且也会尝试用同样的方法来对付老师。他其实是在寻找能够接纳他正在成为的这个男孩子的“新老板”。在他对周围成人的爱的基础之上，他现在又增加了要挑战他们的意愿，这样他们就可以确立一些他可以遵守的规则和界限。那曾经如此源源不断地滋养了他玩耍的想象力之泉似乎暂时枯竭了。他开始对于他四五岁的朋友们的游戏显出不耐烦，而且显露出要“淘气”“捣乱”的新倾向。这是他小小生命里的一个危机。他 6 岁的姐妹们的生命预言了一个稍稍不同的转型——一个显著的、重要的内在成长的转变。这个年龄的儿童现在开始环视四周去寻找新的冲动来滋养他们的想象力和教给他们宝贵的本领。他们现在开始发展能够在脑海中留住概念和图像的新能力。原先一直忙于塑造他们身体的以太体现在在孩子进入童年新的时期时开始解放出来，从而能投入其他的任务当中。

某天，我们看到 6 岁的男孩子们快活地和小一点儿的孩子们在一起玩；紧接着，他们就在找麻烦并且在密谋怎样翻墙到邻居的花园。6 岁大的男孩子往往是焦躁不安的小家伙们，一只脚留在童年，而另一只脚已经自信地踏入未来。而那两个 6 岁的小哥儿们肩并肩地走在街上。他们热切地想象这一个充满了“啤酒和粑粑糖”的世界。他们是那么勇敢，又是那么不可救药的可爱，他们就是这样一群需要我们欣赏和爱的男孩子。

第四部分

满足孩子的需求——班级工作建议

孩子作为一个整体的强烈印象源自于教师的整体人类本性中——什么是孩子内在被唤醒的快乐和生命力。教师中的这种同样快乐与活跃的精神状态也需要成长与发展，直到我们可以直接回答：与孩子在一起我必须做什么？

——鲁道夫·斯坦纳，《教育的本质》

一个运转中的幼儿园

露易丝·德·福里斯特

这篇文章写于2005年，最初是想发表在2006年的Lilipoh上的。露易丝·德·福里斯特在绿茵华德福学校成功的幼儿园教学模式激励了其他人沿着她的足迹继续前行。现在，露易丝每周花一部分时间在曼哈顿市中心工作。在本篇文章最后一段，我们可以想象，当她把这些家庭和有意义的劳动结合在一起时，她给予了亲子班的家长和孩子们多么有价值的服务。

——露丝·科尔

三年前绿茵华德福学校和旁边的鲁道夫·斯坦纳友谊社区开始了一段非常特别的合作，在以养老为主的社区建立了一个华德福幼儿园。

基于鲁道夫·斯坦纳的独到认识，1957年建立了一个隔代的友谊社区，同事和他们的家庭都在社区里生活和居住，老年人参与到社区生活的所有方面。那儿有一个山顶屋，是整个社区的心脏。那是所有人就餐的场所，所有讲座、会议以及表演举行的地方，甚至是洗衣房的所在地，因此即便是坐在轮椅上或者躺在床上行动不便的老人仍然能参与到大家庭的生活中来。那些行动较为独立的老人住在山顶屋周围的房子里。环绕着所有这一切的是一亩亩的菜地和花园，在那里种着生物动力农耕的食物，饲养着各种动物，包括羊、奶牛、马、鸡。这是一个洋溢着生机和充满意义的活动社区，在这里的每一个人，不论年纪有多大，都能通过某种有意义的活动来为整个社区做出贡献。

坐落在同一条路上的绿茵华德福学校，始建于 1950 年，为幼儿园到十二年级的孩子们提供服务，是美国建校最早也是最受认可的华德福学校之一。三年前，因为要让更多的来自青草地幼儿园的孩子进入一年级，小学部要求幼儿园的 3 个班级都增加几个孩子。在过去的十几年里，幼教部的老师们一直感觉到，孩子没有足够的耐力和以太体力量在大的班级环境中健康成长，因此一直把班级人数限定在 14 个孩子。为了配合学校的预算，老师们决定在没有配班老师的情况下开展工作。这种状况持续了很多年，而且非常成功。可是当我们被要求扩大班级人数时，必须寻找到其他替代的方案。于是绿茵儿童之家就诞生了，就坐落在友谊社区的独立生活居所里。

作为新园的主班老师，我设计了儿童之家的课程，试图把华德福的幼教课程融入以工作为基础的社区环境当中，以便让所有人从中受益。我花了很多心思去研究，一方面给这个班的孩子尽可能多的机会去参与社区的各种活动，另一方面坚持艺术活动和每日流程。那年秋季，我们通过收割大地里的甜菜和韭葱开始新的学年。这个活我们整整干了 6 个星期，然后在鸡舍又干了 6 个星期，再到谷仓清理马粪，到山顶屋为 150 人准备餐后甜点，到温室去准备种植盘等等。我们干这些活，每六周一轮换，每周干两次；干活是周一和周五早晨的第一件事。在干完活后，我们回到教室去休息、颂诗、做艺术活动、吃加餐以及自主玩耍。家长们也可以报名来一起参加我们选定的工作，从而在活动当中更加了解我们的班级，也能亲眼看到他们的孩子以及其他所有孩子有多么能干。

这个班级独特的地方就在于整个社区依赖于他们的工作。当轮到孩子们去干这些活时，就没有别人会去清理鸡舍，或者打扫谷仓；这加深了孩子们对他们所做工作的体验，孩子们认识到他们不仅在为动物们，也在为周围的人们提供服务，并被委以重任。这个工作的另一个独特的地方在于，没有一件事是仅仅为了班级的利益而做。从地里收获的蔬菜在友谊社区的商店出售，捡的鸡蛋直接送进了社区成员、员工的厨房，做的美味的酥皮水果馅儿饼在山顶屋被吃掉或者放到商店里被卖掉。我们之所以干我们所干的工作，是因为那些工作需要有人去干。我们工作的回报就是工作本身以及工作结束后的喜悦，比方说看着等着动物们傍晚归来的清洁谷仓所感到的心喜。正如约翰·东尼所说："所有东西都已归位，甜蜜又可爱。"更具挑战的是在相当紧张的时间约束之下，找到合适的方式和老人们接触，并建立关系。当然，我们有一个开放政策，社区的成员以及员工可以随时登门造访。有一位 80 多岁比较独立的老奶奶每周二来帮我们做面包。她待到吃完点心以后才走，经常会在孩子们休息过后给他们读一个故事；她总是忘了所有人的名字，但是孩子们接受她，认为她就是这样的。于是，在看到她走进教室的刹那间，他们会冲过去，提醒她自己的名字。

那些行动不便的老人就不能这样随意到访。于是每周一次，在山顶屋用当天的最后 40 分钟，在宽敞的主聚会厅——歌德厅来玩传统游戏，例如：山谷里的农夫，围着罗西转个圈……员工的小孩子和志愿者会加入游戏当中，轮椅中的老人们会围坐在周围，有的在看着，有的在睡觉，还有的会一直和我们一起唱歌。对我来说最重要的是孩子们能喜欢这一天，而事实印证了我的信念。就是那些刚刚在人间开始生命的灵魂与那些正走向宿命尽头的灵魂之间有一条非常特别的纽带。

每年至少一次，幼教老师们会为友谊社区的居民们带来一出偶戏的献礼。儿童之家每周小场景的偶戏通常在山顶屋周围的独立屋中进行，住在那儿的所有社区成员都会被邀请来和孩子们坐在一起看偶戏。虽然在大厅里清出空间、布置以及演出完后清理偶戏这些事总是让老师们感到头疼，但是在看到观众的刹那，觉得得到了所有的回报。我们看到的小孩子们，刚刚从灵性世界降生，仍然被促使他们来到人间的各种使命包裹着。他们依偎在老人们的怀里，而这些老人们也和灵性世界非常接近，带着他们丰富的人生经历和接近尾声的命运。所有人都被带进梦幻般的、真实的童话世界。

在全世界范围内，老师们都注意到现在出生的孩子们的不同。这些孩子们都惊人的聪明——甚至才华横溢——然而给人的第一印象却是有点儿孤独，甚至笨拙。这些孩子们转化日益艰难，我们看到了学习障碍的增加以及感统协调的困难；然而他们又非常有能力读懂我们，如同看一本翻开的书籍一样。他们具有极好的、略微冷的幽默感和对于事实和真理敏锐的洞察力。他们所具有的共同特点是对于童年的某种不耐烦，似乎他们已经经历过似的，以及一种要马上开始改变世界的强烈的欲望。当然，所有这些对任何一个老师来讲都可能是一份礼物，但要在幼儿园带这些固执的小家伙们也越来越不容易。

我们中许多为这些孩子工作的人已经重新作了安排，以试图面对所带来的挑战。有的老师结合了更多的运动到日常活动当中；有的老师则重新规划了每日的流程以便留出更多的户外时间。有的在引进更加复杂的手工活动或者讲更曲折、激烈的童话故事，而且所有人都更加密切地和医生、理疗师、音韵舞专家以及家长一起工作，来帮助这些学生们克服挡在他们面前的所有障碍。

也许这个幼儿园尚处在初级阶段，还不足以做出任何很明确的判断，但是我确实看到了儿童之家的孩子身上发生的变化。在他们最初的惊讶褪去之后，他们开始爱干活，不管是洗碗、捡鸡蛋，还是用三轮车将动物的粪便运到粪堆。渐渐地，他们把干活视为一种特权，而且，我发现劳动给予了他们如此多的满足感。让他们特别引以为荣的是，知道怎么干身边任何一样需要干的活；很多时候他们央求我千万别帮助他们，这样他们就可以自己来干……他们确实能自己干。他们的身体变得强壮了，他们的意志力得到了锻炼，而且他们的自信心也日益增强。家长们反映，自己的孩子在家里最大的变化是：孩子能参与到所有的家务中。那些最初只愿意坐在角落里聊天的、非常柔弱的女孩子很快就以她们手臂力气为荣，而且经常央求着要去干最难的活儿。而那些往往不服管教的男孩则会整个早晨都沉浸在干活的形式和内容当中。男孩们和女孩们在一个个小组里一起干活，从而克服了性别的障碍，并且为以后能在一起玩而奠定基础。干完活以后，所有的孩子带着一种专注力投身到自主游戏当中，就如同他们肢体的活动已经将他们解放出来，从而能自由地进入充满想象和创造的游戏当中。对于那些大孩子来讲，他们正在经历从模仿到通过权威学习的情绪的大起大落以及艰难的转折，看到我和他们一起干活，指导他们的每一项活动，从而把我视为权威——那个知道怎么办的人。在这个幼小的儿童需要分辨如此多谎言和谬论的年代，劳动为他们提供了与周围的世界相联系的纽带，而这种联系是以真实和提供服务为基础的。通过与周围的世界建立真实而直接的关系，他们入世的冲动从某种程度上得到了满足，他们想要做出贡献，想要在这个世界上有所作为的精神诉求也找到了表达方式。

很多人曾经对我说，他们多么希望有一个农场来养育他们的孩子。能够生在农场固然很棒，但是在这个世界上，劳动的机会却遍地都是。即便是在市中心，我们仍然能找到很多有意义的途径让孩子们来劳动，来与他们周围的大人建立健康的关系。也许路边杂货店存放洋葱的桶子需要定期清洁；或许你可以捡起附近公园里落在地上的树枝或者可以修剪灌木丛。人行道和楼梯总是需要好好清扫一下，垃圾需要被捡起，门需要被粉刷，栏杆需要被打磨、上油漆……对那些能看见活的人来讲，所要干的活数不胜数。甚至也许哪位邻居生病了，希望有人来探望，并带来好吃的幼儿园面包。卡里·纪伯伦这样写道："通过劳动而热爱生命就如亲近生命最深层的秘密……当你带着爱去劳动的时候你将与你自己、周围的人融为一体。"

创造流畅的时间节奏

芭芭拉·克拉克

在混龄孩子的幼儿园，有很多塑造跟孩子们在一起的这一段时光的可能性。我们都知道，在组织跟孩子们共享的这段时间时，华德福教育很注重节奏的重要价值。当我们在一呼一吸之间，转换一天的活动时，一个有益健康的基础就奠定了。我们有幸能成为幼儿园里大龄孩子工作小组的一员，能够体验每个人应对这个挑战的不同方式也很开心。我们觉得与大家分享这些方法会有一些帮助，也能鼓励你们找到最适合自己、孩子们的方法。在过去的若干年里，我试验了不同的节奏，最终发现以下这个日程是目前最适合的：

8：00—8：20	到达，户外玩耍，拜访父母和孩子们
8：20—8：40	换鞋和晨圈锻炼时间
8：40—9：30	室内自主玩耍和准备加餐
9：30—10：00	打扫收纳和休息时间
10：00—10：30	加餐
10：30—11：30	户外活动
11：30—12：00	一周中的三天是故事时间
	剩下的几天是散步或画画

12：00—12：30　　　午饭

12：30　　　　　　上午结束

我们的一天从早晨8点开始，那时孩子们和家长们会陆续来到幼儿园。在接下来的20分钟内，院子就站满了人。孩子们会吵吵闹闹地问候彼此，家长之间也会寒暄几句。出于对很多小弟弟小妹妹们的尊重，我们把这个时段称为“步行时间”。8：20铃声会响起，孩子们就慢慢进入带有小柜子的门厅，换上他们的室内鞋。然后，我们在红地毯上集合，来玩手指游戏和一些安静的游戏，直到所有孩子都换好了他们的室内鞋。我们唱开场歌曲，念诗文（见下文）并围成圈欢快地跳舞。当完成这个一起呼吸的动作时，会有一种很满足的感觉。接着我们会呼出，从而过渡到自由活动。孩子们迫不及待地涌向自由活动，经常会重演晨圈里的画面。老师们会开始干自己的活儿，例如做面包，做汤、缝纫、制毡、手指编织或者木工活。孩子们会经常被邀请来加入这些活动，特别是当他们在做晨圈时表现得很不安分时。在周一，大一点的孩子们会被老师叫去帮忙叠餐巾、小毛巾或是画画用的小抹布。这使小一点的孩子们能有机会找到进入教室并安定下来的方式，并且使他们在大孩子们帮忙的时候开始玩耍。一般来说，年龄稍大的孩子们在游戏中占有优势，所以给年龄稍小的孩子们机会去创造他们自己的游戏。这在一周伊始创造了一个多好的氛围啊！

在自由活动这个美妙的放松阶段，房间会被布置成船、房子、桥等很多东西。房间充满了欢乐的低哼声。有时，如果大家的噪声太大，我会低声哼或轻声唱一些晨圈中的歌。在接近自由活动的尾声时，会叫几个大一些的孩子来帮助布置加餐用的桌子，拿来水壶和杯碗。一切准备就绪之后，老师们坐在红地毯上的两把小椅子上（教室宽敞区域），然后开始唱歌：

用小小的声音和明亮的眼睛，

我们的屋子精灵说：让我们来打扫房间吧。我能帮忙吗？

所有的孩子聚集起来，两个小小屋子精灵——大约 4 英尺高的两个带着小矮人帽子的玩偶——经常会对正在发生的事情进行评价或者和孩子们玩一些运动游戏。孩子们接受今天的任务。同样的任务我们用三周，和讲故事的节奏一样。利用这个时间，来让两到三个会帮助到对方的孩子一起合作，发展友谊或者彼此帮助，学习怎么样完成任务。我们经常会让小孩子跟大孩子在一起合作。这个从自由活动到回归秩序的有意识过渡，使打扫时间进行得更加愉快。它创造了让孩子们能够放下自由活动时想象的机会，并且，伴随着新鲜的呼吸，我们能够紧接着进入新的活动和想象。我发现这样会减少混乱。当任务完成时，我们会要求孩子们来问接下来还要做什么。这样，他们就可以帮助其他人或者去洗手。看到在三周内，这些任务对孩子们来说变得越来越简单，是何等美妙；而孩子们在和小伙伴一起合作完成任务时又是何等的高兴！

接着，我们会有一个短短的呼入活动。在孩子们洗完手后，他们在红地毯上躺下来。当我坐在红毯上的椅子上唱歌的时候，孩子们会安静下来。

我在看，谁静悄悄的没有一丝声音。

当我看到一个孩子特别安静时，我会叫他过来。每天都有几个小朋友可以坐在我的腿上，弹弹小竖琴。往往，大一点的孩子仍然希望能动一动，因此，他们会被派去整理角落、清洗桌子和地板。他们特别喜欢这样的安排，因为这就如同他们在年龄小的孩子们休息以后熬夜一样。当所有的孩子都休息以后，我们会唱一个简短的摇篮曲，接着是几分钟的肃静。活动和清扫后，我们都在这份宁静中慢慢地放松。

接下来是点心时间。吃过点心后，几个孩子清理桌子，其他孩子摆好椅子，两个大孩子和老师一起洗碗。这些任务再次为某些孩子能够一起合作而提供了机会，这也有利于促进更融洽的社会互动。有一年，一个大一点的女孩一直排斥另一个女孩，我们指派给她们一起洗碗的任务。三个星期后，她们毫无意外地变成了好朋友。如果布置一个偶戏或小话剧，许多年龄较大的孩子会主动要求留下来帮助。通常会选两到三个孩子，他们会很积极热情地帮忙。在两三次以后，他们能近乎完整地布置出整台偶戏。渐渐的，有时年龄较小的孩子也会要求帮助并且享受参与“后台”活动的“殊荣”。

在我们准备去户外的时候，年龄稍大的孩子经常会帮助年龄稍小的孩子系鞋带或者穿雨裤。我们的大院子里有一个坑或者一座小山、花园、沙坑、攀登设施以及货车。我们有马缰绳，那可是大家最喜爱的；我们还有用来跳跃、捆绑以及其他各种奇思妙想的绳子。在老师们摇绳子时，所有大孩子都要学着跳绳。有时候一些小孩子的跳绳技巧也会让我们大吃一惊。

再一小时的户外活动故事。每周三，会去散步。周四，画画。故事的节奏是三个星期一更换。第一个星期是讲故事，有时会进行蜂蜡模型制作。第二个星期是偶戏。老师先做，然后几个年龄稍大的孩子们做，然后会把布偶传递给红毯里的孩子们让他们轮流来做。第三个星期故事会以戏剧扮演的形式进行三遍。这些戏剧经常会以一些简单的斗篷、帽子和皇冠来作道具，轮流在孩子们中上演。基本上每个人都会参加，有些孩子们会扮演森林里的树，或者一口井，或一个水桶——只要是故事里的一个画面。我们会提前计划各个角色。我尽量选择表达最好的小朋友来演第一次。通常，在一次表演时，某些孩子会被选来扮演最有益于他们的角色。这些戏剧为年龄较大的孩子提供了一个特别好的机会来学习扮演重要的角色。那些害羞的或者刚开始捣乱的孩子慢慢学会更深入地投入想象当中，而且通过不断的练习，他们渐渐能安静下来。随着老师说着台词从不同的孩子身边走过，指导他们，这些戏剧延续了幼儿园梦一般的意识状态。因此，孩子们通常不是在念台词或者表演，而是随着故事在做梦。

我们有一个简短的告别歌曲（出自 Let Us Form A Ring）：

哦，可爱的太阳，
哦，美丽的地球，
好朋友们都相聚在这里。
让我们一起手拉手，
或许会有一丝温暖，
和金色的光芒飘扬。
再见。

然后我们坐下来，一起吃从家里带来的午餐。过去，我们在 12：00 结束，可是我们发现许多孩子会非常饿、精神不佳或者在回家的车上吃东西。当我们刚开始在学校吃午餐时，孩子们喜欢坐着聊天而不是吃饭。当时间到了，他们又会抱怨他们根本还没有吃饭。现在，我们会在刚开始的 15 分钟点燃一支安静的蜡烛，并唱一首歌：

看小小的蜡烛，闪闪亮亮。

我们安静地吃饭，注视你的光芒。

当大多数孩子吃完他们大部分的午餐时，我们会唱："谢谢你，小小的蜡烛，谢谢你金色的光芒。"当蜡烛熄灭时，代表这时我们可以小声说话了。这使午餐时间总是非常平静。总会有几个小朋友吃得很慢，因此，会让吃完午饭的小朋友们坐在我们的腿上，一起来给他们唱歌。这种用随意的方式让孩子们被音乐包围的方法很不错。

我们的一天在 12：30 结束。孩子们穿上鞋子，到外面与家长会合。在幼儿园的院子里，在每天的放学时间，会有两个班的家长和孩子。几年来我们都为有这么多人在院子里而发愁，因为孩子想和他们的朋友玩耍，家长们想拜访。大大小小的一堆人，总是很混乱。现在，大约 5 ～ 10 分钟后，我们会敲响一个大铃铛，所有人都知道，该是离开的时候了。这样，留下来午休的孩子就会有一个安静的院子来玩耍。这是充满了多少奇妙瞬间的一天啊！

下面是一些围绕着我们晨圈的歌曲和诗句：

晨圈开始：

温柔的仙女们，

智慧的精灵们，

请加入我们吧。

我们会给你我们花园里金色的光。

我们的天使，

他们日日夜夜守护着我们。

从太阳、月亮、闪亮的星星，
光明仙子们来到我们这里，
带来你们那金色的光芒。
当一切都如此安静时，
光明仙女来了，
带着来自星星和太阳的光芒。（点亮蜡烛）
下面是地球，
上面是天空。
那边是我的朋友们，
这里是我。
早安，亲爱的地球，
早安，亲爱的太阳。
早安，亲爱的石头，
和每一朵盛开的花。
早安，亲爱的动物们，
和林中的小鸟。
祝你早安，
祝我早安。

（第一遍的时候站着唱，第二遍的时候拉着手围成圈移动着唱。）

因为天使照顾着我们，
保护着我们不受伤害，

所以我们站立在这里，

充满爱意并且坚强，

诚实并且善良。

晨圈结束：

我和鲜花共舞，

我与太阳同唱。

我的温暖洒向每一个人。

太阳公公耀眼的光芒，

使我们的心温暖而明亮。（熄灭蜡烛）

风雨无阻的航行

蒂姆·班尼特

在自然中散步，帮助孩子进入其他的世界，不仅仅是自然的世界。

作为一个在西雅图迷迭香幼儿园的老师，我既是船长，也是导航员，每一天都行驶在已知或者未知的水域上。船长的内心有两个问题：这些孩子是谁？他们的需求是什么？因为从这些孩子踏入幼儿园大门的那刻起，到他们回到他们父母怀抱的时候，我就要对他们承担责任。所以，在船上的时候，我一直都遵从几条非常重要的原则：让事情变得简单，放慢速度，和每个家庭、子孙在一起，不要忘了开心享受和微笑。

我们要求家长们每天早晨8：30到9：30之间送孩子们来幼儿园。我利用这段时间来清理户外、修理花园、跟父母们聊天等等。这是从家到学校的过渡时间，也是一个在幼儿园操场上玩耍的好机会。我们有秋千、滑梯、跷跷板和高跷（为6岁左右的孩子们准备的），沙坑里有铲子，可以用来挖沙或挖宝藏。我也会让家长们来摇跳绳。当然，我们还养了几只小鸡：霍尼、鲁比和布莱基。我们会去检查一下，看有没有蛋；给我们可爱的小鸡问候早安。有时候，我们的鸡也会经历一些奇异的冒险——比如，一天，一个年龄稍大的孩子把鲁比从鸡窝里拿出来，在跳绳的时候一直抓着它。

喂！伙伴们！在早晨9点，我会把所有家庭聚集起来，然后组成一个圆圈。作为同社区里的人，我们相互问好并感恩这一天。我经常会用一首歌或者一首诗来代表这个季节。如果正在下雨——我们这个美丽的城市会经常下雨，我会唱：

约翰穿着很大一双雨靴。

淅沥沥哗啦啦，淅沥沥哗啦啦，淅沥沥哗啦啦！

约翰穿着一件很大的雨衣，

戴着一顶很大的雨帽！

约翰说："是那个，就是那个。"约翰说："是那个，就是那个！"

接着，我们会变得更虔诚（恭敬）一些，并且开始晨颂：

我们的心门大大敞开，让光亮统统进来。

星星、月亮和太阳闪耀在每个人身上。

我们站在大地上，我们的双手都奉上。

早安，亲爱的朋友。

然后我会唱当天要发生的事情："铃声响了，迷迭香园开始新的一天，欢迎，欢迎，我们的远足日和湿水彩日。"每天的开场白过后，我开始感觉我们是一个集体，通过对彼此的兴趣、一起运动和互相问候而建立起实质的关系。

开船的时间到了！我们向学校大门进发。在那里我们找到散步同伴，跟父母和兄弟姐妹们道别。船长掌舵，全体船员都准备好了，我们出发去大千世界里寻找一段奇妙的探险！孩子们边走边向父母们挥手。

作为船长，我背着一个坚固的双肩包，里面装着一根长绳子、一些零食、水、一个急救箱和一部电话。我忠诚的大副（也就是幼儿园助理）带着一面红色的旗帜，用来帮助我们通过十字路口或是去公园。我穿越马路的规则是：红旗必须在任何一个孩子迈出第一步之前放置在马路中间。我勇敢的助理走向马路，确保沿线都没有车经过，接着我们就能安全地通过了。到了马路另一边，孩子们知道现在可以尽情地奔跑、跳跃和欢腾了。我们终于可以开始漫步大自然。

我们已经起航，在一望无际的大海上，观测着遥远而又广阔的美景！在大自然探险从各个方面都能丰富并且滋养孩子们。最明显的疗愈方法就是简单地到大自然中去，到户外去，感受一年四季不同的季节。在太平洋西北地区，冬天和夏天温和的天气使得这一切变得可能。孩子们真的理解每天所做意味着什么，别被大自然以及变幻莫测的天气包围。我们总是根据天气来穿衣服。在秋天的大多时候，我们穿雨衣，戴一顶温暖的帽子。在大自然中，我们会与这美丽的世界和大地的材料——木棍、石头、叶子、苔藓等产生一种联系。当我们在大自然中的时候，感官会更活跃，孩子们也会更容易以健康活泼的方式投入玩耍中。尘土、泥土、小溪、小河、秋叶、虫子、松鼠、迎春花、刮过的风都让孩子们建立起对美、善良、真实的感觉。这些经历给孩子们的意愿和感觉生活提供了一个基础，并会支持将来能对他们产生深远影响的科学课程。在孩子幼年，感受大自然恩赐的礼物会为他们播种下一颗关心地球的种子。

我提出每天在大自然中散步，是因为越来越多的孩子们的物质体和以太体比较虚弱。当然也有一些孩子们拥有过于强壮的四肢，他们一般很难安静下来。这两种孩子都在漫步大自然的活动中都得到了治愈。虚弱的孩子找到了力量，最终变得很喜欢运动；过度强壮的孩子们能自由地运动，逐渐在有规律的散步中找到了韵律。在树林中、蓝天下，为孩子创造了美丽的图景，同时孩子们也感受到了他们是自然王国的一部分。与地球元素和自然王国共享空间的时候，孩子们找了自己在这个世界上的位置。当然，对于他们来说，这一切都是在不知不觉中而且是非常有力地发生着。

作为这段旅途的导航员，我选择每周去不同的公园。在我们散步的途中有三个公园。我们每周有两次去大的森林公园。这个公园长满了枫树、杉树和雪松。有很多小山和山谷供我们探索。在这里，孩子们能真正地尝到冒险的滋味。他们从泥泞的小山上滑下，爬上一棵倒下的树，越过小石堆和山崖。为了冬天寒冷的日子，在树林中建造精灵屋或者庇护所。有时候，我会在树干上系一根绳子，作为秋千供孩子们玩。年龄稍大的孩子们非常爱这个。我们通常散一会儿步，然后停下来，在我们发现的秘密花园里玩耍。这时候他们最具深度的戏剧开始上演了。他们用木棍和树枝做房子，在森林里扮演骑士，建造精灵屋，收集宝藏：一个瓶盖、一把特殊的钥匙、一根有魔力的木棍或者一颗有魔力的石头。孩子们经常在我们漫步途中给那些他们非常喜爱的地方命名。我们在“滚山”玩耍，那里有轻型摩托车山道正好可以跑上跑下。还有“小兔山”，那里有一大堆石头为正在繁殖的野兔和以前的宠物兔提供了一个家。给一个地点命名会使这个地点变成我们自己的，并放置在了孩子们拓展世界的成长地图上。

此时此刻，船员们经常会感到有点累和饿，所以我们会休息一下并提供一些食物：咸鱼、饼干和朗姆酒。好吧，其实我们并没有咸鱼、饼干和朗姆酒，我们只好享用水果蔬菜拼盘、米饼和水。茶点过后我们开始返回学校。在回去的路上，我通常会玩一个小游戏帮助孩子恢复活力，同时将孩子召集起来，使他们像个集体一起回家。我喜欢玩“小绵羊与大灰狼”的游戏。一半的孩子扮演羊群或者牧羊人（害羞的小朋友只想观看），另一半小朋友扮演大灰狼。我说：“跑，小羊跑！”小羊们就会从他们的房子里（一个他们之前聚集在一起的树）逃跑。然后我说：“跑，大灰狼跑！”之后狼群跑开并且试图在小羊们跑回“家”之前抓住他们。如果一只小羊被抓了，如果这个孩子愿意的话，他可以变成一只狼。我让他们多多地跑动来使这个游戏保持有趣，并且我经常和他们一起玩。我通常是一只羊，孩子们喜欢来抓我。我们也会玩其他的一些经典的户外游戏：“狐狸先生几点了？”或者“红灯绿灯”的一个简单版本。我选择一切可以跑、追、停的游戏。

我也会带一根跳绳。把绳子的一头绑在树上来玩各种跳绳游戏。这个游戏可以帮助孩子们建立不同的有节奏的运动，并且在他们不断成长的物质身体内建立自信心。游戏过后，我们继续往学校的方向返回，在不同的地方停下来等一等走得慢的孩子，并让走得快的孩子们慢下来。

散步途中，我会全天观察孩子们建立的社交联结的形式。大自然漫步以某种方式帮助孩子们踏进了“另一个”世界，并不仅仅是自然世界。我经常觉得来自这个城市不同地方的孩子们需要摆脱他们早晨乘车带来的不适感。我们的探险会帮助孩子们进入社会的和谐。散步使他们摆脱过去，活在当下，真正地踏入未来。这是自然漫步的魔力。孩子们被周围的世界所深深吸引，也被那些与他们共享这个世界的朋友们深深吸引。我一次次地见证了森林成为帮助这些友谊之花绽放的协调者。例如，孩了喜欢去“捕猎”想象中的浣熊和野狼，并分享他们在一起的亲密友情。喜欢寻宝的孩子们聚集在一起去寻找特别的叶子、木棍或者石头。

我们的船在 10：30 到 11：00 之间驶向幼儿园大门的港口。我们上岸后做晨圈或者进行故事时间。周一、周二我们做圆圈。周三、周四我们有故事时间。周五我们做晨圈游戏。我也喜欢加入一些民谣、简单的民间舞蹈和一些基本的晨圈技巧。孩子们都喜欢站在我的肩膀上变成一个巨人！在故事时间，我经常会讲故事。当大家都知道故事后，可以把它表演出来。6 岁的孩子经常领衔出演，为年龄稍小的孩子表演他们知道的故事。我也会以一个类似的形式来做布偶秀，先是我自己做，然后 6 岁的孩子们会拿着布偶在戏里扮演一个小角色。这是一个 6 岁孩子向整个班级展示他才华的好机会。

接下来是点心时间。我们坐在三张小桌子上。我努力让大家在一起的时间变成一个从食物中获得营养的机会。我用点心时间作为连贯一天的休息时间。所以我们静静地吃点心，不能说话。我发现如果我说“不许说话”，6 岁的孩子可以清楚地明白我在说什么，年龄小的孩子就会照着他们做。孩子们用这个时间来休息并享受宁静与和谐。在点心时间，我经常选两个 6 岁的孩子作为“侍者”，让他们给其他孩子倒茶和水。年龄稍小的孩子喜欢被他们的大朋友照顾。

接下来是自由活动时间。在秋天和冬天，我们在室内玩。但是在春天，天气允许的话，我们在户外玩。除了自由活动以外，在冬天，6 岁的孩子有机会参与一些项目。他们制作毡帽和手套来使他们的头和手感到舒适。我也发现 6 岁的孩子喜欢建造大建筑物。所以我确保我们有大量的绳子、滑轮、大块的散木、锯好的木头、金属夹子和木头夹子。这些材料让大龄的小孩子用他们逐渐成长的身体力量和新获得的能力来完成设计。在自由活动时间，我们也会进行艺术活动：画画、彩绘、蜜蜡模型制作、烘焙和清洁。

下午 12：20 是我们的清洁时间。首先每个人离开房间去洗手并且从小柜子里拿出他们的午饭。当他们回到房间时，把午餐放在餐桌自己的位置上，然后开始整理。在整理时间总会有一些魔法，我们把房间布置得整整齐齐并期望享用美味的食物。

下午 12：40 我们开始享用午餐。我们再一次用安静的声音开始午餐，并且一旦所有人都坐下来开始吃的时候，我为大家讲我的生活故事或者一些有趣的人告诉我的有趣的故事。孩子们爱这些故事，有时候在家晚餐时分享给他们的家人！然后他们准备离开学校。我经常在两把椅子上放置一个平衡木，让孩子们在收拾好他们的午餐盒之后“越过这座桥”，跟我说再见。孩子们在平静或者湍急的水面航行后，会发现在门廊外等候他们的父母。老船长和他的大副擦拭甲板，检查绳索，确保船只一切就绪，只为我们明天的航行。

幼儿园大龄孩子们的日常福佑

露丝·科尔

说到我的日常工作，就不能不说幼儿园中混龄设置的重要性。我认为，包含年幼的孩子和大孩子的混龄分组所带来的价值，远远大于其产生的质疑。年幼的孩子对大孩子的益处常常不可估量，他们能让大孩子们对鲜活的玩耍情景兴趣盎然，令他们保持对新发现的惊喜之情，还能帮助大龄孩子舒缓精力过于旺盛的生活状态。当然，这些都是在孩子们热切地开始每一天的新发现时，毫无意识地、自然而然地进行的。和孩子们相处下来，我们不断意识到，让大孩子遵循既定的界限和预期，对低龄孩子的成长是多么重要。正是这些界限和预期营造了幼儿园安全、有理的氛围。当界限能被保持，破坏性行为得到就事论事地公平处理时，无论是从大孩子还是小孩子的身上，都会看到放松和明显的变化。相应地，因为相信道义终会占上风，孩子们和我们相处的时候，就会感到幸福和安全。

一天从早上 8：30 的户外活动开始，到中午 12：00 的室内游戏结束。我发现，传统游戏能够奇妙地协调班上的社交关系，因此，我找到了一种方法，把这些游戏纳入日程当中。下半年，除了以游戏时间结束一天的幼儿园生活外，我们还在早晨的散步中做一些这类的游戏。因为我们学校有两个混龄学前班，到学年后期，有时甚至会邀请另一个班的孩子加入我们的游戏中。借此，那些即将上小学一年级的孩子开始相互见面，并且在一起开始积累社交能力。随着时间的推移，我通常会等大孩子自己提出想在户外时间也玩这类游戏的想法。他们常常能记起去年当他们还是班里年级小的孩子时做过的这些游戏。他们能记起自己最喜欢的游戏的这种不断觉醒的能力，也在不断提醒我：6～7岁孩子的新意识时代到来了。

以下是我每日日程的时刻表以及说明：

8：30—9：30	在操场干活或者户外玩耍
9：00—9：30	在大花园里散步、玩耍，做季节性的园艺劳动
9：30—9：50	用薰衣草水洗手
	晨圈
9：50—10：00	休息
	去洗手间
10：00—10：20	点心
	清洁厨房
10：20—11：20	自由玩耍
	日常生活 / 艺术或手工活动
	图画和手工的篮子随时开放使用
11：20—11：30	整理时间
11：30—11：40	讲故事
11：40—12：00	做游戏
	回家或放学托管

日子	每日活动	每周活动
周一	湿水彩画	擦桌子、叠餐巾和熨衣物
周二	蜡笔图画	缝、补和做手工
周三	做面包	有时候是做手工
周四	做蔬菜汤	浇灌植物
周五	洗衣日	洗餐巾、娃娃的衣物
	完成手工	

户外玩耍

每天早晨，在操场上，孩子和家长到来时，要花一些时间对他们进行简短的问候。有些孩子和家长来得早，所以当老师到操场的时候，孩子们已经在家长的看护下玩在一起了。每一年，我都看到在送孩子的时段，家长的需求可以得到一定程度的满足。一个温暖的微笑、一声问候，都会起到有益的作用。我鼓励家长们在送完孩子后，可以在操场之外的地方相互交流交流。对于低龄孩子，特别是刚入园的孩子，走进大门，走向操场时，碰到一群正在交谈的大人们是会吓着他们的。正是在这种接送时段，我会悄悄告诉家长，我看到他们的孩子已经显现出了一些 6 ～ 7 岁变化的迹象。他们明白我的意思，因为在新学年说明会上，我们已经介绍过 6 ～ 7 岁变化的话题。然后我们商定，另找时间私下交流这一话题。

到了操场，老师要尽快开始有意义的工作。孩子们常常会过来帮忙，也有很多孩子沉浸在他们的玩耍中，偶尔抬头看看老师正在耙土、修小路、除草、给鸟食槽中放食物、挖沟、种植、修剪、整边、铲土、堆肥、砍木头、给烤炉生火等。秋千、沙箱、烤炉、游戏屋、小土坡、花园、花床、独轮手推车、小手推车、水泵、草地、树木、泥巴和石头等，也为孩子们提供了充足的机会来体验土、空气、火和水。

随着时间的推进，我们开始看到 6 ～ 7 岁转换期的变化在户外时间显现出来：以前能够守规守矩、全神贯注地开心玩耍的孩子，开始疯玩疯跑起来；只要能够到的地方，他们就爬上爬下；反复喊唱着“啦啦啦啦啦……”；嘀嘀咕咕地说话，然后又扯着嗓子咯咯咯大笑……面对这些行为，有效的做法是：借助富有想象力的图景，坚定、充满爱意地对孩子说：“隔壁的马儿听到这么大的吵闹声会吓坏的。”“今天，我们需要听听知更鸟兄弟的歌声，而不是鹦鹉的聒噪声。那只鹦鹉会吓跑其他鸟儿的。”招募孩子们帮忙做一些需要专注力的活动，也是有益的办法。

老师铭记这一点很重要：当以太体在大龄孩子的身体中积极运作、完成任务，为将来更加自由地完成任务做准备时，以太体是在通过寻找可以释放自身的运动来协助自己冲破孩子的生物体。正是在这个时候，我们在孩子们身上看到某些混乱发狂的行为，而且，常常处在失调和迷惑的极端中。

为协助以太体的运作方式，我们有时候会在晨间户外散步时安排一些运动旅程或者设计一些路障。在去“大花园”的路上，我们会做“模仿带头人”的游戏：我们在前面走平衡木、钻轮胎圈、滚下山坡，踩着石头跳房子或者跨“河”，孩子们在后面跟着做。帮助大孩子们找到合适的通道来释放他们正在爆发的精力，直到他们能够自律，也是我们工作的一部分。有时候，看到孩子们能够自己找到不同的活动方式来释放自己，也让我们感到欣慰。今年，有好几次，孩子们在晨间散步时跪在地上，爬过了一英亩宽的草坪。

如同身体运动上的鲁莽一样，孩子们在社交中也会因冲动鲁莽而失礼。

有时候，老师可以这样做：重复他们对别人所说的话，然后用另一种表达方式。例如，老师可以对孩子说“快给我！”和“你用完后我能用一下吗？”你觉得哪种表达好一些？孩子们通常都会听取适当的说话方式，特别是当老师能够准确重复孩子说话的语调。

操场上的铃声响起（我花了很长时间，才找到一个接近 A 调的柔和铃铛），户外游戏时间结束了。一入学时，学习铃声一响，就要收好户外的物品，马上走到老师身旁。为顺利完成平稳过渡，年初时候，我花时间做“铃响了！”的游戏。我藏起来，然后摇响铃，孩子们就来找我。然后，在某个时段，我会告诉同事：“从今天起，我们一直做‘铃响’的游戏，等孩子们天天都能记得一响铃就收拾东西回到老师身边时，我们就能进行冒险活动了。”

和同事交谈时，有意让孩子听到我说的话，也是一个有效的办法。相比直接告诉孩子，他们更容易接受我和别人谈话时对她的评价。学会听铃声后，我们就可以进行晨间散步了，甚至可以去农场，或者到年末时候来一次野外旅行。

我们的晨间散步是这样进行的：铃声表示现在该离开我们所在的地方，要去散步了。在门口等每一个孩子收拾好玩具、走到我身边时，我会选两个当“国王”，带领我们去“大花园”。孩子们都渴望被选作“国王”，带领队伍前行，所以他们都会快速整理好自己的玩具。这种做法，对大孩子而言，极大地满足了他们想做领导或老板的愿望。如果“国王”忘了等到每一个孩子，而是兀自跑到前头去，我就摇铃叫他们回来，让他们等待改天再做“国王”。“一个负责的国王，会等所有的人都到齐了再出发的。”通常，要等这一年进展平顺了，低龄孩子才愿意轮到自己当国王。这时候，大孩子的作用就更大了：他们可以在小孩子第一次做“国王”时，牵着他们的手，协助他们当好“国王”。

晨间散步让我们看到了一年四季中不同的景致：花园里花开花落，菜园中蔬菜生长又凋零；夏末，向日葵是如何抬头看太阳公公的，秋天到来时，他们又怎样耷拉下了脑袋；金秋夫人和小火种为树叶画出了绚烂的色彩；冬天国王和他的冰雪仙子们爬上山顶，又走到山脚；杰克·福罗斯特的冰雕和水晶霜条美丽异常；蘑菇仙女摇响了铃铛；我们菜园里毛毛虫开始了旅程；然后，毛毛虫不见了，许许多多的蝴蝶开始在我们身边翩翩起舞……更为重要的是，“大花园”有许多工作要干。这些工作成了大孩子们的“调味剂”，特别是当他们能够“负责”一些什么的时候。孩子们花时间捉虫子，为这些蠕动的小生物建房子，看谁收集到最大的虫子“家族”。另一项有价值的任务是给花园浇水，大把的时光就在晴朗的天气下浇水、玩水中“消磨了”。我们并不期望立竿见影的效果。

大孩子还喜欢就他们认为有必要的事提建议（例如，修一架能把豆角从豆角架上摘下来的梯子），然后，他们会一遍遍提醒老师它的重要性。“老师，还记得梯子的事吗？我们什么时候可以有梯子啊？”如果老师能够对他们的建议给予理解和沟通，孩子们就会带着极大的满足感和权威感来执行任务。孩子和老师之间的亲密联系就慢慢建立起来了，类似于这样一种感觉：“我们是一伙儿的。”因为向 6 ～ 7 岁转变的时期常被称作是“第一青春期”，所以，以下做法是有益的：培养孩子们的凝聚感、向他们自然地传达“老师理解他们需要更多的权威”。当这些权威有益于幼儿园大家庭时，他们的需求会得到满足。这是我们在作为被模仿的榜样和下一个发展阶段，即受爱戴的权威之间建立桥梁的一种方式，而 6 ～ 7 岁孩子正在发展进入的下一个阶段。

在“大花园”中，有一片小森林。孩子们相信，仙女妈妈就住在这里。加深大孩子们的想象力是多么重要！想象树洞中的房子是什么样的？她的前门和后门在哪里？她的帮手们是谁呢？诸如此类的好奇探究，不一而足。他们为她修小路，用石头砌台阶，还在她门口留下小礼品。有时候，她也会给他们留下一些东西。凡此种种，都在提醒我：大孩子正在经历的这些变化并不意味着孩子们需要智力上的理解。相反，6～7岁转换期时，要求老师协助孩子找机会培养丰富的内心世界，让各种新发现和丰富的想象力喷涌而出。

“大花园”里的玩耍或工作时间结束时，铃声会再次响起，我们的玩具和工具收拾起来了，当选的“国王们”会带领我们回到学校。开学伊始，我们就知道上小学的哥哥姐姐们在教室里写字时不希望被干扰。所以，我们要安静地经过他们的窗口。这样的准备工作使得我们能够安静有序地回到学校，进入室内。当然了，“灰尘小精灵”在屋里等着我们呢，我们的到达很可能会把他和红雀吵醒。孩子们常常会带回来树枝、地衣、浆果、石头等，送给“灰尘小精灵”。有时候，我们得帮助“灰尘小精灵”打扫房间，因为他的礼品实在是太多了。早晨户外活动的时候，我也努力留心听孩子们在交谈什么，什么对他们很重要。然后，我就会带回一些他们认为重要的东西，放在“自然桌”上。对于我们的神秘经历，大孩子们时常有一些聪明的想法，想象力也幽默生动。在如何布置“自然桌”的问题上，我时常从他们那里得到线索。每次，我们回到教室时，总有孩子让我们注意到“自然桌”上又多了什么新东西。借此，在户外给我们带来乐趣的东西，到室内也同样会起作用。

室内时间过渡期

回到教室后，有些孩子要换下湿了的袜子和裤子。我们脱下室外玩耍时穿过的衣服，将它们挂好，把脏衣服放到门口的篮子里，然后到圆形地毯上穿室内鞋。我发现，如果老师从开门到进入衣帽间换衣服的时候，都表现得从容淡定，会给孩子们做出极大的表率作用。我甚至会放慢语速和姿态，仿佛我们拥有全世界的时间来完成接下来的任务一般。

孩子们在地毯上的位置是以室内鞋和一张图画卡片来标识的。图画卡片也同样标示出每个孩子的小柜子。他们穿上鞋子，留下卡片，然后去排队，用薰衣草水洗手，在老师充满爱意地用毛巾给擦完手后，回到用卡片标识的自己的位置上。他们坐下来，静静地等着，知道老师会邀请一位小朋友去收起所有的卡片。

晨圈时间

晨圈时间开始了。我们每天的晨圈都以相同的颂诗开始，再以一首能把我们带入休息时间的摇篮曲结束。开始的颂诗，以及用薰衣草精油洗手，这样的环节设计都有助于让孩子们回归自己的身体，从户外的玩耍中收心回来。

我很重视一个课程要在户外户内活动达到平衡。在一个孩子们总看到大人们忙碌于各种户外活动的世界里，我认为让儿童体验到如何在室内环境中约束自己很重要。孩子们不能够一直规范自我，所以，有大、小动作协调平衡，计划完善的晨圈活动可以如按摩一般将孩子们“揉”进接纳和平静的状态中。

6～7岁转换期的孩子身体上的变化常常伴随着孩子身体内的焦躁不安，所以，帮助孩子找到控制他们任性举止的办法是很重要的。否则，这种变化会越来越令他们和周围的人感到苦恼。可以让孩子通过学习强烈的节奏和对他们所爱戴的人的姿势的模仿来控制任性的举止。晨圈时间中有许多扩展和收回的姿势，这些微妙的安抚活动，对大孩子们起到神奇的效果。

我会做各种不同的晨圈：第五音阶的晨圈（能有效地把大孩子们拉回到较为梦幻的状态中），进展性旅行晨圈（有大量不同的活动来协助以太体浸入全身，并且能帮助那些有条件反射残留的孩子），童话晨圈（帮助形象想象的萌发），还有季节性或者节日性晨圈。

有时候，大孩子会对如何改善这些晨圈有自己的想法。他们正在步入需要你把他当作独立个体看待的阶段。倾听大孩子的建议并对其做出回应，会让他或她感到被重视，对整个班级的氛围都是有益的。这时候，低龄孩子还处在集体运行阶段，而大孩子们已开始显现他们的个体性。我记得，有一次我们的圣诞节晨圈是和家长一起做的。晨圈之前，有一个6岁的男孩说："我认为那个部分应该由一个人来独唱。"这个孩子的妈妈受过沃贝克表演训练，我知道他目睹过妈妈的许多场表演。所以，我将他的反应理解为：他想独唱节庆表演的那一部分。当我问他是否可以为我们独唱这部分时，他欣喜若狂。

我不允许孩子们随便打断晨圈或者晨颂活动，但是有时候，他们一时的想法也可以被吸纳到我们的晨圈活动中，这会让大家都很开心。一次，一个大孩子在自由玩耍时间走过来对我说："为什么小兔子不钻进洞里呢？"我知道，他是在说我们早晨做过的兔子晨圈。所以，第二天早晨做晨圈时，小兔子们在教室发现了它们的洞，都一个个爬了进去。孩子们玩得开心极了。那以后的好几周中，我们在做爬行训练。兔子游戏也在我们的自由玩耍时间盛行了好一段时间。

有时候，在我们的晨圈过程中，孩子们也会就我们的姿势提出建议：“我们现在蹦蹦跳吧。”这个提议有些棘手，但是，老师需要培养既能够回应大孩子的建议，把它纳入活动中，又能保证晨圈时间不被打断的能力。需要警惕的是：决不能让这一过程演化为在一个游戏中来看看孩子们究竟可以打断晨圈多少次。有时，当我怀疑某个孩子的建议是想吸引我的注意力，却对他无益时，我会一边在晨颂或歌唱过程中平淡地加一句“现在，听老师的”，一边继续我的动作和晨圈内容。老师可以判别出哪些建议是发自孩子内心需要的，哪些建议仅是想打断活动。任何时候，都必须保持晨颂、歌唱和动作的流畅进行。

当然，大孩子在晨圈中显现出来的反应，表明他们在长大。通常，当大孩子开始体验因果关系，开始对时间产生意识时，他们会在晨圈中加快语速或放慢语速。或者，他们要做跟老师不一样的动作，或拒绝做这些“无聊的事情”或不断打断晨圈，提出“更好的点子”。成为关注的中心和成为有话语权的“老大”开始变得对他们十分重要。在晨圈中给大孩子机会，每次让一人进入圆圈中心，可以改变他们的关注点。由此，孩子就会等待轮到自己的时候。圆圈游戏和童话晨圈等可以提供这样的机会。

当然，要怀着充满爱的坚定来面对每次的处境。也可以更直接地对大孩子说：“你不是想打扰我们，对吗？”或“你可能是忘了该怎么做了。你可以坐在观看椅上，看我们是怎么做的。”有时候，只是一个轻柔的触碰，或是老师站在那个孩子旁边，就能提醒大孩子加入进来。当班里有孩子正在经历爱说悄悄话、爱咯咯咯笑的阶段时，就容易出现捣蛋的行为。这时候，孩子们的位置安排会让晨圈有很大的不同。这就是为什么我给孩子们的小区域、小点心和晨圈的位置都放置同样的图片卡的原因。这样，每一天，我都知道该怎样选择哪张卡放在什么位置、哪个孩子该坐在或站在哪里合适。

在晨圈时间中，我发现，仅仅是我自认为每个孩子都会参与进来，就已经是一项极为宝贵的工具了。不知怎的，孩子们会感知到这一点。然后，在不中断晨颂和动作的情况下，只是温柔地提醒一声："乔瑟夫，你会帮助我们的。"就可以把孩子们带动起来。我还常常想象我有一双天使的翅膀，我用这对双翼包裹着每个孩子，带他们随我一同前行。

音语舞专家埃斯特拉·布莱尔说："当孩子准备上小学时，老师可以变得更权威，可以期望孩子的动作做得更正确、更有质量。此时，认可性的点头可以产生美妙的效果。"[1] 有时候，我得努力去和一个正在经历 6 ～ 7 岁转换期的孩子建立个体联系。如果孩子喜欢我，我们之间已建立起心灵的沟通，那么，在晨圈中，当我皱一下眉头看着他，都会很管用。

为了培养这种相互的兴趣纽带，家访是非常值得的。因为我们在孩子家中和孩子亲密相处而建立起了联系，晨圈活动中，只需往孩子所在方向的瞟一眼，问题就解决了。

家访时，我告诉家长，我来家访是和他们大孩子增进联系的，不是来检查他们的家庭环境的。这个说明常常会让家长舒一口气。有时候，我和家长一起喝杯茶，更多时候，我和孩子在一起。我给他读他最喜欢的故事，看他骑车，观赏属于他自己的花园空间，和他的洋娃娃交朋友。通过这些方式，孩子们感受到了我对他的兴趣。一夜之间，奇迹产生了。第二天，在教室里，能够明显感知到我和这个孩子间的温暖心意和合作。

1　埃斯特拉·布莱尔，《适合孩子们的音语舞》。

然后，一年之中孩子们能够操练轮流做事的晨圈活动的时间到来了。这通常发生在部分孩子已经完全度过了 6 ～ 7 岁的转换期。这时候，就可以进行团队活动了：一部分人一边等待、一边观看另一些人轮流做活动。例如，坐成一圈，看小朋友骑滑板车，一次 3 人。或者，我们都轮流用毯子把自己包成蚕宝宝，然后再展开。

另一个用来应对大孩子意识转变的晨圈活动是：在对一个颂词重复许多遍后，开始让孩子们轻轻念颂词或者默念颂词。这时，孩子们都非常专注。我们看到，大孩子在想出颂词、不需要说出却能清晰看到心目中的图景时，都会看向别处。小孩子则往往受身边这些大孩子全然专注的力量的影响而完全跟随。

正如孩子在生活的各个领域都是通过玩耍来学习，幼儿园的大孩子因新发现的才能而自得其乐。他们在有意识地把玩自己的变化、咯咯咯的笑声、加速或减速、悄悄话、自言自语，获得更大的精神提升。如果我们和他们一起探索这些成长经历，老师们能获得和孩子一样多的乐趣。

休息时间

我前面提过，晨圈以摇篮曲作为结束。孩子们一个接一个地拿起枕头和小毯子，找个位置躺在地毯上。这在我的日程里相对比较新——在我早期的早教生涯中，我从来没有尝试或感觉到这是有必要的。触动我转变的契机是在尚普兰（Champlain）湖畔学校观摩詹姆斯・西里耳（James Hillier）的课堂时。当我在他的班里观摩的那天，孩子们热切地休息下来时的那种宁静感是显而易见的。那天，当我也利用那一时刻来让自己恢复精神时，我认识到，如果孩子们有定期的机会养成“从容休息”的习惯，这将对孩子们意味着什么。这会不会成为孩子以后安静生活的源泉？我决定将休息时间纳入我的日程中来。还有什么时间比在经过了长时的户外玩耍和相当强度的晨圈之后更好呢？

学年伊始，对于一些新孩子而言，休息时间并不是他们所能理解的或在他们的日常生活中体验过的。所幸的是，大孩子从他们前一年的幼儿园生活中已经养成了这一习惯。这一活动也伴随着想象：孩子们是鸟巢里的小宝宝，鸟妈妈（老师）只有在看到鸟宝宝休息好后才会拍拍他们的背。通常要花费两周的时间，孩子们才明显能从这些时刻中获得益处。那些不能安歇下来的孩子，往往通过温暖的小窝而安静下来，或是通过靠近老师身边而获得休息。有的时候，这也是足部或背部按摩的好机会——又一个老师可通过充满爱的方式来与单个的孩子建立亲近关系的机会。同时，也是孩子能得到爱的抚触的机会。乘此机会，老师还可以好好观察，哪些孩子喜欢力气大一些的抚触，哪些喜欢轻柔一些的。在我看来，现在的孩子们生活忙碌，抚触的体验也常常是他们众多未能感受到的体验之一。

当鸟妈妈弹一弹鸟宝宝的脊背，他们就收起枕头、折好毯子、上洗手间、洗手，然后走到点心桌旁边。

点心时间

我们的点心随当天的谷物而不同。要知道，孩子们的早餐常常吃得匆忙，而且，经过充满活力的晨间活动，到这个时候，他们的热量已经被大量燃烧，所以我们要提供健康、丰富的餐点。我们同时也在谷物中增加种子类或坚果类的食物，使孩子们能获得全面的蛋白质。孩子在来校之前如果没有摄入蛋白质，会有易燥、头晕、倦怠等迹象。我们都知道，这些症状会令孩子在幼儿园的生活变得不开心。所以，我们在谷物中加入新鲜的杏仁粉、亚麻籽粉、瓜子粉或者芝麻，旁边再配上一份水果或蔬菜。饮料则用苹果汁和草本茶的混合汁或者就只是大地妈妈的乳汁——水。

在点心时间，我们练习将食物传递给我们的邻居。即使是热汤碗，我们也要熟练地沿着又长又大的餐桌传递下去。我们在要东西时说“请”和“谢谢”，将餐巾纸放在膝盖上，努力保持屁股坐在凳子上。通过这些，我们练习社交礼仪。当然，随着 6 岁孩子开始经历变化期，他们变得像沸腾的小锅，让他们安静地坐下越来越困难了。

餐桌上摆放着餐垫、餐巾布、杯子和餐具，座位也用图画卡片标识。点亮蜡烛、唱起祝福，然后送餐和交谈就开始了。有几年，我们在用餐时间内不允许说话，因为孩子们一开始互相串门就忍不住大声喧哗。这也是控制冲动的好机会，当然，这种安静要伴随想象的形式，否则，看起来就像是残酷的强制了。然而，更多的时候，在可以接受的分贝范围内，我们是可以串门、说笑和讲故事的。如果我们的声音太吵了，红雀会毫无疑问地告诉我们。红雀就悬挂在我们餐桌附近的枝条上。十分神奇的是，当我们的声音过大时，孩子们就会报道：“小红雀转过身去了，太吵啦！”

红雀是一只红色的羊毛玩具，系着绳子挂在一根木棍上。从新学年开始，前一年的孩子们（这些孩子现在已经是幼儿园的大孩子了）都知道，红雀的任务是做我们的助手，帮忙用餐，一直要忙乎到点心时间结束以后。在点心时间结束时，小红雀会轻柔地“亲吻”那个轮上熄灭蜡烛的孩子。每当红雀停下来看轮到哪个孩子熄灭蜡烛时，孩子们都屏声静气地观察着。每一年，孩子们总在想象，他们不在校的时候红雀在做什么？神奇的是，我们班上发生的事情，常常与红雀有关。孩子们常常把节日庆典时的点心屑，或者每周烘烤的美味面包屑留给红雀。每一年，关于红雀的想象，我会留给返校的大孩子们，让他们把关于红雀的想象传给新来的小孩子们。

点心时间是一个共同用餐的好机会。在这里，我知道了许多事情：什么是无限，谁是真正的上帝，幼儿园的天花板上有天使，哪个孩子看了什么影碟，谁的父母为了什么吵架了，谁又掉牙了，谁不相信圣诞老人，孩子有哪些错觉，谁开始说和做一些事情预示着他们的 6 ～ 7 岁开始转化了。我一边无意听到孩子们之间的交谈，一边理解孩子们的思维意识。

点心时间结束的时候，红雀亲吻一个孩子，由他熄灭蜡烛，然后，我们为今天的食物做感谢。我们也会提及当天的活动，例如请保佑水彩日或绘画日或烘培日或煮汤日。然后选定两名孩子收拾餐桌、清洗餐具、打扫餐桌下的地面。他们穿上围裙，继续他们的活儿，其他孩子则被召集过来，将他们的杯子放到水槽边的托盘里，然后一个接一个进入自由玩耍时间。

自由玩耍时间

让孩子尽情地欢乐吧！日复一日，孩子们对玩耍时间从不厌倦，一直都那么热切、那么主动，这是一件多么神奇的事啊！孩子们认真地选择道具，和他们的朋友沟通想象玩耍的方式，然后，魔力就开始了。我有一些日常玩具是大孩子偏好的。重木箱变成了船、雪橇和藏身处；围栅栏时剩下的圆木头被用作滑雪、拐杖、滑板和搭房顶的材料；一块又厚又重的复合木板变成了电脑、电视屏幕或者舞台。所有这些重家伙都被举起来搭成可以攀爬的两个台子。这两个台子错搭在一起，孩子们经常用手编毛条将它们系在一起，还给它们装了滑轮，把东西装在篮子里，在教室里通过滑轮运送东西，或者运送玩具娃娃。穿衣打扮也能激发大孩子的想象。白色的裙子和上衣能激发一场婚礼，各样的帽子能激发孩子对于世界上不同工作类型的想象图景。当然，这一切都会引发谁来主导这场游戏的问题。6 岁大的孩子会没完没了地讨论谁来当老大。

这让我想起了有一天，在自由玩耍时间段，三个“国王”在争论谁第一个当“老大”。终于，解决方案出来了：“你第三个当老大，他第二个，我第一个。现在，由我来决定我们该做什么。”三个国王都纷纷点头同意，然后就开始争论该谁坐到国王宝座上去。讨论过程中，第三个老大突然想出了一个点子：他们可以把点心桌挪到城堡中，做出三个宝座来。征得老师的同意后，他们又叫来了另八位小朋友帮他们挪桌子。那个时候，全班的小朋友该是怎样的一种自豪和成就感啊！剩下的时间里，三位小国王肩并肩，开心地装饰起他们放在点心桌上准备当宝座的三把椅子来。

对于大孩子而言，一年中会进入这样一个时段：那些曾经心爱的道具不再能满足他们的成长意识。于是，在自由玩耍的时间中，可以看到他们常坐在一起谈论他们计划要做什么，而有的时候，他们根本就什么都没做。他们花了这么长的时间来讨论和计划，结果收拾玩具的时间到了，他们就开始大声抱怨他们“还没玩儿呢”。有时候，他们围坐在手编篮周围相互交谈，或者像哲学家一般探讨，俨然像一群老人一般。

当这种可以看到想法和提前计划的能力出现到大孩子身上时，他们会经历一段受挫期。他们还没有发展出可以实施他们想法的能力，当他们在成功地将他们的想象编入具体的玩耍场景时，他们也可能同时被限制在了其中。

除了一遍又一遍的重复相同的玩耍外，他们看起来很难再取得任何进展。而且，他们不愿任何其他同伴将他自己的想法再做推进。在整个玩耍过程中，如果老师随时都能帮助他们克服这种困境并提供些许有益的支持或建议，他们的玩耍就可以推进到新的境界。小孩子在这个时候也能带来帮助。小孩子的玩耍具有随意性，对涉及的道具反应轻微，又能自由地进入新的玩耍场景，这些特性对大孩子新发现的意识而言，可以起到放松和有益的治疗作用。大孩子与小孩子之间的互动玩耍，让大孩子们舒适安然地进入他们的新现状。

将大孩子带入老师的工作活动中也是大有助益的。从老师工作的角度观察班级，他可以看到其他孩子的玩耍，受此激发，又可以更加自由地返回玩耍。

在自由玩耍阶段，设一些通用的“班级规定”也是有用的。我们的一个必要规则是：“在这个班级中，我们都是一起的。”孩子们（特别是小女孩们）在经历 6 ～ 7 岁转换期时，容易排挤他人，这项规定能大大缓和这类排挤。当然，幼儿园中仍然有许多机会让他们和自己特别的朋友在一起玩耍。有许多方式可以让我们既能在一起，又不至于催逼他人。如果我看到有某个孩子在干扰玩耍，我会倍加努力寻找合适的方式帮他度过情绪的对抗期。我可能会让他专注于服务工作，来发展他的新能力，或者将他的注意力转移到其他活动中。

治疗篮也是一个很重要的工具。如果一个孩子出手打人时，可让这个孩子用药膏为受冒犯的一方作治疗。孩子身体的焦躁不安常常会转变成任性行为，就可能会打到别人。许多处在这种状态中的孩子并没意识到：实际上他们已经撞到别人了。这种现象很值得研究。在帮助孩子恢复自我时，也可以用篮子里的丝布来缠绕孩子的手脚等，帮助孩子安静地等待。我们把这个治疗篮放在教室的某一特别位置，每年还挖一些紫草根，做成治愈膏放在篮子里。我们还用绵羊油、蜂蜡、杏仁油等辅助紫草来起到治疗作用。当老师看到孩子举止粗鲁，感觉孩子开始管不住自己的行为、有孩子开始受到伤害时，就可以让那个冒犯的孩子坐下来，裹上用来治疗的丝布。这大可不必视为惩罚。温和地、就事论事地去实施这种做法，能给孩子恰当的时间来回到自我。

最重要的是，在孩子成长的这个时期，我发现大孩子需要有成年人在他们身旁。成年人不会因为他们的行为而惊慌，相反，他们会带着这样的态度："我知道，这些变化对你来说充满了困难，我了解你并且愿意帮助你。"大孩子更喜欢坚定而又充满爱的规定。尽管刚开始时，孩子会抵触某项规定或老师，但当这种规定能始终被坚定而充满爱意地执行时，孩子最终的回应往往是深情的拥抱或渴望更亲近。他们的世界正发生如此多的变化，幼儿园还是一如既往地接纳、保护他们。

我看到大孩子常玩的一些游戏有：主仆类的（妈妈照顾宝宝、主人遛狗等）；用手编绳子，打一个大结；搭一个没窗户的房子，钻进去聊天；包装礼物，分发礼物；赚钱；搭建木偶戏台，用自己创建的布景讲述木偶戏小故事；寻找各种能够在游戏中提升自己的玩耍方式（后面会进一步解释）。每一年，这些游戏主题都在一遍又一遍地重复着。

我发现的另一种很有用的道具就是各种各样的软靠垫。孩子们将靠垫围在他们的周围，用在他们的家里，他们爬到垫子下面，被压在垫子下，将垫子垒高跳进去……从中获得感官玩耍的愉悦。尽管这种玩耍显得闹哄哄的，但其实往往是一种更有序的游戏，这种游戏让大孩子能够指导如何轮候，确保没有他人挡道。这个活动可以花很长的时间来组织和准备。有时候，孩子们会问老师可不可以用垫子做三明治。得到同意后，孩子们就会轮流把自己夹在两个又大又软的垫子中间，还要加上芥末、蛋黄酱和生菜。对那些感官敏感的孩子来讲，这是一种重要的体验，他们需要被告知他们皮肤可以承受的界限。

在自由玩耍时间，老师有工作要做，比如叠衣物、修玩具和道具、雕刻、熨烫、烘焙，切碎做汤的蔬菜，制作新玩具等等。在一年的相应时节，还有诸如打麦磨面、加工羊毛等顺应大自然的农活。随着时间的推移，大孩子对这些需要专注的活动会越来越感兴趣。

有时候，大孩子会提议由他们来独自完成主要的工作。有一年，几个大孩子告诉我，他们做汤时，不再需要我的帮助了。我在一旁惊异地看他们有条不紊地准备，然后遵照惯用的程序做汤。第二天，我们喝汤时，他们因成就而表露出的喜悦之色给全班同学带来了力量。有一年，一个孩子说："你什么时候才让我独自打扫整个幼儿园呢？"（他对这项请求重复了很多次）征得老师的同意后，他有滋有味地大干起来。其他孩子在一旁看了看，然后请求加入。他回答说："好的。"孩子们就一个接一个加入"他们独自打扫整个幼儿园"的行列中。看到他们在自己的工作中找到快乐，听到他们说"老师，让我们自己做"的时候，我们的心里暖暖的。

在我们的幼儿园，除了两张工作台外，其余的设备都设计得可以用于玩耍。我们的橱柜就被卸开翻立起来，用作四人座的船；给桌子披上幕布，变成他们的地盘；过家家的炉子一边打开，变成了鱼舱；凳子被翻过来当做公共汽车满地骑；这一年，我看到孩子们清空了我的梳毛机筐子里的布、丝绸、枕头和毯子；他们还出租他们的"公寓和床位"来赚"钱"，这些"钱"是另一些孩子在屋子的另一边加工的。当这些实体设备都统统被改造的时候，他们的想象力是无穷的。

孩子们个头窜高了，胸腔扩展了，四肢也拉长了，这个时候，常常看到大孩子们非常卖力地搬动家具，一件一件垒起来，都快垒到天花板顶了。我会走近看看，以确保这些立体艺术品是安全的。接下来不可避免的步骤就是：建造者爬上顶端，满意地坐在那儿环顾他人玩耍。越靠近天花板，越过瘾！到这个时候，孩子们的绘画里也经常出现梯子、台阶，而且他们也热衷于比较来自于他们腿、肚子甚至胳膊的生长痛。

湿水彩、画画、烘焙和手工时间也都安排在自由玩耍时间。湿水彩和画画，每个人都要参与，但烘焙和手工就不是义务性的了。

在手工时间，大孩子对小孩子是非常有帮助的。喜欢负责的孩子会愉快地完成诸如穿针、打结等任务。然而，以我的经验来看，孩子们无论大小，都更愿意玩耍。已经开始的手工活很快会因为教室里某个角落正在发生的有趣玩耍而被弃之不顾。为此，我为每个孩子都准备了单独的手工篮。没有完成的手工就放回篮子里。

我会认真监督手工课程。我不期望小孩子能完成手工桌上的工作，但我会认真观察大孩子的手工动作。当大孩子对手工活动的兴趣时间加长，愿意完成自己的手工作品时，就表明孩子可以上小学了。我碰到过许许多多的孩子，他们已经认定自己做不了什么手工。这种情况下，我会和一名大孩子坐下来，陪他一起，直到他产生了自己有能力做完手工的经验为止。当孩子认识到自己可以用双手完成某件事时，对孩子是有治愈效果的。

小孩子可能会开始一项他们要花很久才能完成或根本无法完工的手工。如果我感觉完成一项创作对一个孩子是具有治疗意义的，那么晚一点我会把他带回这项工作里，但我更尊重的是他对玩耍的需求。这让我想到了麦克。麦克是一个 26 周就出生的早产儿，在幼儿园里和我们相处了三年。每一年，他都热情满满地来到手工台前请求一个位置，为情人节的到来制作一枚心形针垫。今年（他的第三年），是他第一次不受玩耍的干扰而持续进行这项手工的。三年了，他一直在做同一个针垫。今年，他请求是否可以给自己的针线篮再做一个针垫（即将进入一年级的幼儿园孩子要一本缝纫书、准备一个针线篮作为他们的项目）。麦克终于进入了准备好完成专注项目的状态，他还具备了许多准备好上学的孩子的特点。

水彩和绘画时间是由歌声来引领的。通常会有部分大孩子主动上前帮我准备，画完后又帮我收拾。当所有的孩子都坐到桌边时，我会把窗户打开一道缝隙，邀请色彩仙子们进来，在纸上舞蹈。当然，只有安静的时候，色彩仙子们才会进来。对于好动的大孩子来说，这是一个不小的挑战。安静地画画是他们控制冲动和练习自律的机会。我坚信，画水彩画的时间一定要保持安静。

当有些孩子画完画，并放好了自己的画板或画册时，清理工作也就开始了。志愿者或被要求的孩子们会清洁颜料罐或放好绘画垫和蜡笔。那些结束了绘画又没参与收拾画桌的孩子们，就转入玩耍组去帮助收拾道具。我的同事忙碌着示范收拾小小家园的快乐，但有些小孩需要得到引导去完成清理任务。

整理时间

在过去五年中，我和孩子们清理幼儿园的方式已经发生了变化。30多年前我刚开始执教时，我只要唱起收拾歌，孩子们就会很乐意地加入，模仿我的行为。逐渐地，我发现孩子们对这个节奏转换的反应发生了许多变化。我的理想是：孩子们应该平静地模仿我收拾幼儿园的动作，但事与愿违，放弃我这一理想化的想法颇费了些气力。越来越多的孩子无法轻松面对收拾环节的转换。孩子们在教室内假装跛足、到处乱跑、藏猫猫、坐着不动、拿着同一个道具在整个收拾时间都在四处游荡、呆在卫生间里直到收拾时间结束——所有这些都是孩子们平常的反应。现在，我发现如下的做法很有效。

在我们有水彩和绘画的日子里，每次有几个孩子画完画和离开艺术活动区时，他们第一眼看到的总是有一位老师已经在那忙碌地收拾玩具了。如果他们不是主动地加入收拾，这位老师就会引导他们帮忙收拾。有时候，如果充满热情地从事收拾的榜样还不能影响身旁的孩子，就不得不提醒一下孩子们的任务了。我发现，对于那些神经比较紧张的孩子，给他们相对安静的空间，让他们能专注做事，这样是有所助益的。可以让他们卷绳子、叠布块或者给蜡笔分类，离那些大大咧咧的孩子活动的主要打扫区远一些。对那些特别敏感的孩子，我会给他们机会去做那些幕布遮裹的活动摊位，让他们感觉能够远离教室里爆发的混乱不堪。

在其他的日子里，在收拾时间前的玩耍时段，老师唱着“让我们围一个圈”，将孩子们召集在一起，两臂交叉地坐在地板上，点亮蜡烛，唱一首歌，然后分派任务。歌词是这样的：

点起小蜡烛，
帮他亮闪闪，
助我勤收拾，
打扫有力量。

有一些年，孩子们能够参与收拾中，看看需要做什么，和老师一起完成任务。我还发现，把孩子们分成不同的小组，给他们具体的任务，让他们开始，这样也很有作用。分配完任务，老师闭上眼睛（“我要拉上窗帘喽！”），然后数到十，“窗帘拉开啦”，然后就看到孩子们开始干自己的工作了。孩子们特别喜欢匆匆散开，忙起自己的活儿，等老师说“窗帘拉开啦”时，她就会看到他们已经在工作了。闭上眼，再睁开眼，为我们的收拾工作增添了游戏的色彩。

我还发现，如果在收拾环节之前孩子们能有机会先收一收他们自己，这个转换环节就要变得容易得多。双臂交叉，唱一首收拾歌就能达到这个目的了。分配任务能给他们前进的动力，使他们能再次模仿，而不是陷入紧张不安的转换环节中。如前所提到的，有的孩子很敏感，他们的小伙伴在教室里乱窜时，需要让他们避开活动的转换。擦洗罐子，打扫主活动区以外的地板，擦桌子的角角落落，坐在椅子上盘绳子等，都是些独立的工作，能让敏感的孩子安静下来。

当所有的玩具收拾妥当，故事蜡烛已经点亮，我们的凳子也围着摇椅摆成一圈，故事时间就可以开始了。

故事时间

每一年，我讲的故事都取决于幼儿园里的孩子们。当记忆能力开始发生发展时，大孩子会请求讲述他们记得的去年讲述的故事。我会努力尊重这些请求，尤其是这些故事对小孩子也是有益的话。这些故事就像是孩子们的老朋友。

一个故事至少要讲五遍，甚至更多。然后，我们常常一起表演，或者还会做成木偶剧表演。我通常一个故事照这样方式做至少两周，这样，故事就会一点儿一点儿渗入孩子们的意识中。

每一年，我们都有一个延续性的大自然故事的主题（比如一只小老鼠的四季历险故事）。在持续两周的主题故事中，我们插入大自然故事。常常，大自然故事可以发展成对孩子有治愈效果的故事。小老鼠因为偷奶酪而受到影响！（在 6 ～ 7 岁转换期，偷窃很可能会是经历觉醒的大孩子试验的一个习惯之一）

随着时间的推移，故事已经讲了许多遍，大孩子们对表演故事的机会跃跃欲试。通过表演，故事可以理解得更深入，也为孩子们上小学后要经历的戏剧表演搭建桥梁。当我们把凳子排成一排的时候，就意味着我们要进行表演了。孩子们会马上说："我可以演公主吗？"，或者"我想当侏儒怪。"我就会说："老师来看看轮到谁了。"然后，我会把不同的大布块放在地板上，代表故事中不同的地方。"这是国王的森林"，或者"这是侏儒怪跳过舞的火堆。"然后，我会领一个孩子站在这个位置上，说："这是侏儒怪。"

当我们扮演或表演故事时，孩子们披上布或穿上戏服，而老师用一种梦幻的方式引领他们经历故事。有时候，有些大孩子能自然而然地说出他们扮演的故事中的人物或物品要说的台词，有时候，就是老师讲故事，孩子们扮演。孩子们扮演时，还常常拉着老师的手。

有时候，在我们的晨圈时间或者玩耍时间，也会出现我们的故事主题。在玩耍时间中，孩子们发现了相同的道具来装扮自己，然后由一个大孩子来导演或讲述故事。

上文提到，我们也会讲自然故事，而治愈故事对那些正在经历变化的孩子是很有帮助的。这类故事可是其他故事比得上的：假如小公主不让她的妹妹和自己的朋友玩，她会发生什么事？又或磨牙小老鼠如果躲在树后面不肯帮忙清理洞穴的话会发生什么之类的。

随着时光流逝，我注意到不同组的孩子涌现的兴趣是不同的。有时候，我感觉自己能洞悉到一点他们命定的缘分。有一年，孩子们坚持恳求每天都要有故事表演："今天我们表演故事，好不好？"后来，他们八年级莎士比亚剧的表演，看起来简直令人惊叹。另一年，孩子们又不断上演木偶戏。有时候，在一年当中，我们会邀请家长来看表演。小孩子和爸爸妈妈坐在一起，大孩子则来演绎故事。事前排练对于正在努力培养团队品质的大孩子来说，无疑就是一场绝妙的练习。有时候，他们商定由两个孩子来移动同一个木偶，或者同一个角色可以由两三个人来承担。在他们有需要时我努力随时提供帮助，但尽可能地让他们自己做出安排。当然，适时简洁的建议是很有帮助的。有时候，如果有人被遗漏了，我会建议他去配乐（用儿童竖琴或音节棒）。他们的协作令人吃惊，并且总有让我意想不到的解决方案产生。所有这一切，如同他们在玩耍时间所进行的那样，同样具有梦幻表演的品质。

故事时间结束，我唱着歌熄灭蜡烛。然后，我们起立，一起念赞美诗，接着再做游戏。游戏时间与孩子们更衣回家或继续下午托管的时间相交接。因此，当我的同事过来每次接一个孩子去换衣服准备回家时，我们剩下的人就集中在一起玩游戏。家长们则在门外等候。

这样的方式可以让交接更平静。因为孩子们不同时挤在衣帽间，家长们等在外面，所以我们能从容地控制这段交接时间。用这样的方式可以令这个过渡时间变得更为平静。趁此机会，我们还可以给孩子带来一些传统的游戏。这些游戏，过去常常将邻里的孩子们聚在一起，带给他们合作和快乐的精神。

游戏时间

这些游戏是我们的社会正在一天天丧失的一笔丰富遗产，孩子们却十分热爱。观察哪些孩子最喜欢哪些游戏，给我们带来许多领悟。各类游戏的请求不绝于耳，但我更仰赖我的直觉来选择对一天所发生的事件具有协调作用的特定游戏。

在这个时间段，我们也会玩一些其他类型的游戏。根据孩子们的体能水平和小组氛围，我们会玩地板游戏、手指游戏、传统游戏、跨越障碍训练，或使用滑板或其他玩具。

这些游戏都有赖于孩子们的这些能力：能够依序、等待、领导或者服从，以及为整个团队而合作的能力。对有些孩子而言，学习让别人先玩、先做是很有好处的。最困难的可能是要学习如果今天没有轮到自己，就要等到第二天了。虽然小孩子更容易接收，但对于大孩子，尤其是身为独生子女的大孩子就会比较困难了。我们和家长做了许多卓有成效的谈话，结果传统游戏作为教学工具向我们显示了交际活动对于这些孩子是多么的重要。这种有体系的玩要拓展了孩子许多可贵的技能。

午底的时候，我们用孩子们手工编织的绳子玩跳绳。当家长来接孩子，看到我们在户外玩跳绳时，我们都知道，一年的时光接近尾声了。

我们幼儿园一天的生活也要结束了。在最后的整理时间段，我和同事们会分享一天中观察到的种种喜悦和困难。记录这些观察富有成效，特别是当老师再回头去看时，发现某个孩子在不断重复某一行为时，可能就是 6 ～ 7 岁变化的预兆了。

我再次感到我们每一天、每一周的节奏是多么重要。如果我们的日常流程发生了任何变化，你总能在大孩子和小孩子那里看到产生的连锁反应。大孩子身上已经发生了许多身体、意识、情感和社交领域上的不可控的变化，他们更需要仰赖日常的秩序带给他们安全感。我们可以缩短或延长节奏，但不能改变顺序，否则会对幼儿园大家庭的健康产生不良影响。

说到一周的节奏，我们惊奇地发现，孩子们已经根据不同的天次而适应了每一周。当我们说“今天星期几”时，我们知道，孩子们的意思是“今天是喝粥日”，还是“今天是水彩画日”。

每天和大孩子相处的工作是一项挑战。然而，如果老师怀着同情之心欣赏这些孩子正在经历的巨大变化的话，不仅会对孩子和孩子的家庭，还会对孩子未来能够成功地适应小学生活起到作用。作为老师的我们，在孩子经历人生的重要转折期时，有我们在身边陪伴，也让我们体验到身为人师的喜悦。让我们为即将破茧而出的蝴蝶喝彩吧！

运动之旅：引导大龄孩子做有意识的动作

南希·布兰宁

在为幼儿园备课时，六七岁的儿童对我来讲从来都既是启发又是挑战。我知道，如果他们能被愉快地吸引去参与感兴趣的活动，那么班里的其他儿童就会跟随他们。这个年龄段儿童的需求总在我的脑海里占有特别的位置。同时不断地激发出这个问题：不管老师说什么，不管怎样试图去引导他们，大龄的儿童（尤其是男孩）真的想干什么就干什么吗？怎样才能以一种符合社会规范和教育准则的方式，提供机会让他们做他们需要做和想要做的事情？基于多年对儿童的观察与思考，最终让我创造了运动之旅。

我对于儿童的各种“喜好”的理解渐渐地在这个过程中浮现。儿童热爱探险和丰富的想象。在讲故事的时间，他们完全投入那充满动作的想象画面当中，所有这些都发生在他们的内在世界之中。他们喜欢挑战。伴随着他们的肌肉和骨骼的成熟，感官的发育要求他们去尝试和掌握更加复杂、更具大胆挑战的动作。他们也喜欢诙谐嬉戏和幽默。尽管他们有时候似乎是难以驾驭、调皮捣蛋的，他们也渴望拥有与膨胀的冲动天性相反的性情，比如安静、肃穆。在儿童的各种感官成熟过程当中，丰富生动的语言和富有韵律的讲述对他们具有更多的吸引力。

跟他们的喜好一样，儿童的需求也在我思考幼儿园的大龄孩子的过程中开始更加清晰地呈现在眼前。我所感觉到的大多数老师的一个心愿——使晨圈成为幼儿园早晨的黄金时刻——也进一步引发出一些问题。总体来讲，孩子们，尤其是大龄孩子，似乎越来越难参与传统晨圈中来。我曾经目睹了很多孩子们不好好参与晨圈，他们要么显得很被动，不去模仿；要么表现得很疯狂，像在捣乱。因为我们上面描述的“喜好”和身体、感官发育的需求都没有被满足，这使得有些孩子不容易，甚至不可能参与我们传统晨圈更加精细的节奏当中来。

我们的文化正变得越来越以娱乐为中心，日趋被动化。伴随有意义的劳动而来的、有成果的、有目的的行动，对当今的孩子来讲成了稀缺活动。生龙活虎的自由玩耍已经成为现代儿童沉闷的车载生活中罕见的一幕。出于安全的种种顾虑使得孩子们被困在家里或者室内。从前那在邻舍之间相互串门的日子，对于很多成人来说都成了遥远的记忆。孩子们生活在越来越狭小的空间，受到越来越多的限制和约束。现代文化迫使他们将游戏转向电游或者成为电视迷。

但是通过运动来增强、整合和协调身体的需求还是不容忽视的。如果它没有通过有引导的方式例如劳动、家务、传统的圆圈游戏和儿童游戏，它将找到其他的途径满足生长发育的需要。而我们则看到孩子们所表现出的混乱、疯狂、死板或者机械等行为。人最初的完整性会不断超越，从而来呈现自己，但是现实的环境却一次又一次地对这种健康的发展横加阻挠。

经过很多的观察和思考之后，我开始渐渐地对此有所理解。而且，我也开始看到能满足儿童运动需求的途径。值得庆幸的是，似乎通过运动和想象的图景可以把儿童的（甚至老师的）“喜好”和他们的需求结合在一起。像晨圈一样，运动之旅利用各种有趣的活动让孩子们去体验两极性，从而创造出一个呼吸的节奏。这些旅程的气氛、速度、音量以及动作姿势都在伸张，大胆地收缩，在平稳之间有节律地来回跳动。

这些相反的体验为发育和增强最基础的触觉、生命觉、自主运动以及平衡提供了大量的机会（参看第一部分“看见孩子的完整性”一节）。小孩子们渴望能发展这些感官，而我们也想在他们健康的自然成长中有所帮助。传统的晨圈游戏将所有这些感官需求平衡巧妙地融合在一起。在“古老的岁月”里，在主流的调查研究出现之前，没人知道《围着露西转圈圈》（Ring Around Rosy）和《往左转圈，老铜车》（Circle to the left，Old Brass Wagon）原来是在帮助自主运动、平衡等感官走向成熟。孩子们就是喜欢它们，原来是因为它们是那么有趣并令人满足。我们可以借用这些晨圈游戏的智慧并在此基础上进一步创造发挥，来有意识地看到孩子们所需要的东西。

运动之旅也可以被看作是一个想象的超越障碍训练场。有机会去爬上爬下、平衡、跳跃、旋转、蹦跳、小跑、踮着脚尖走、爬行、翻滚、游泳、走“8”字、嬉戏、跳跃着穿过想象的原野，这使晨圈变成了一次探险。因为想到是 6 ～ 7 岁的孩子，这其中还存在着能激发他们兴趣的挑战因素。

为了防止这些运动变得过于繁复、快速或大声，所有的动作都用歌曲、诗句和有韵律的话语连接在一起。道白必须要有鲜活的韵律，想象必须足够生动，引人入胜。富有韵律的道白和歌曲能如此好地承载着孩子们，这简直令人瞠目。当他们被道白所吸引的时候，混龄班的 18 个孩子将耐心地等着直到所有人都在平衡木爬上又爬下。为等待的孩子增加手势这样的元素也能帮助他们保持投入的状态。

手势也需要慎重选用。一段探险只有在穿插了一些间隙时，才吸引人。有机会能坐下来，能用手臂、手甚至小拇指的运动来做动作都提供了某种休息。这些游戏鼓励精细动作都落实到了手指尖上，它们在帮助唤醒孩子们灵巧性的同时也在唤醒他们的意识。

运动之旅的本意是作为晨圈的辅助者而非替代品。在幼儿园里，我们竭尽全力去满足儿童对于言语和非言语原型的需求。成人微妙的动作、肃敬的气氛以及对不可见的原型世界的兴趣都滋养着如洪水般涌入儿童大脑的各种想象的图景，提醒他们自己的出处。然而，在我们所处的这个时代，生活的太多方面似乎都在否认孩子们通过有意识的动作而为进入身体所做的准备。这个裂痕正是运动之旅要去填平的。

要最充分享受运动之旅的好处，最好将它设置在一个独立、宽阔的空间，比方说音韵舞教室。如果情况需要，它也可以在稍作变动后被放进教室里。如果器械过大或者太不容易放进教室，也可以将它放在大厅里，同学们可以在老师的带领下来到那里，这也是想象旅程的一部分。这样的旅程一般以 4 到 6 个星期为一周期，作为特别的活动，每周一次，通常是在当天的晨圈时间进行。

非常重要的是，我们带给孩子们的所有动作，所有想象都必须充满了勃勃生机、激情、欢乐以及内在全心的投入。这既包括那些大的、热闹的动作，也包括那些穿插在整个想象当中的更加安静、更加肃穆的时刻。因为这些旅程具有疗愈的作用，不去盲目照搬所有的动作是很重要的一点，免得变得机械而失去了疗愈和激活的魔力。所有的动作都要真实而贴切。因此要准确地表现事物的原型，我们必须好好地观察周边的世界。

我们也进一步希望本书的晨圈和运动之旅的范例能够激发老师们去创作作品。每一班的孩子都不同，而每个老师也有不同的才能可以分享。在他对这样的形式有了一定的实践练习以后，那些最适合于他班里孩子的动作和想象就会自动找他。将我们对于儿童身体发育所需要的运动的理解和丰富的想象结合在一起，就形成了一种健康的平衡。这种平衡能帮助避免很多困难，例如我们的动作过于机械或者这是投入想象的图景里而没有用心地关注动作和姿势。我们越深入地理解所有的动作并且忠实于所创造的形象，孩子们越容易被吸引，出于兴趣来模仿我们。这种动作的盛宴为儿童的发育提供了一个很重要的机会，同时也是给他们的一种疗愈方式。

手工的作用：培育技巧和满足幼儿园中大孩子的需求

芭芭拉·克拉克

手工应该在幼儿园中占有一席之地吗？它在某些方面是否对儿童有益或者它是否会妨碍他们的玩耍？在班级里，究竟什么是最适合的？为什么呢？手工课是否让老师和孩子们的注意力停留在结果上而不是过程当中？

在我幼儿园班上，我发现手工有它的位置。它对孩子们有帮助，原因在于手工为他们提供了一个尝试各种材料的途径，也有助于发展他们的精细动作。接触不同的材质、新的材料以及工具展现出跟创造性游戏一样的气氛和过程。我发现班里大一点的孩子们热爱各种材料给他们的挑战。这类的活动中的某些活动，小一点的孩子（4 岁和刚满 5 岁的）并不参与，而当大一点的孩子们沉浸在手工活动当中时，就给了他们更多的空间去玩他们想象的游戏。

如果大孩子们不遇到挑战，他们往往就会变得很不安定，会捣乱。当给他们木头、毛线、羊毛、针和线时，他们就可以学习新的方式来劳动。我发现那些对精心动作不感兴趣的孩子恰恰在这方面需要加强练习。我们需要平衡每个孩子呼吸的规律，通过问这样的问题：在一天、一季、一年之内，这个孩子需要多一些还是少一点集中注意力和运动的体验？

做需要动手花很长时间才能完成的工作能够锻炼很多技能以及培养精神

特质（比如耐心）。在参与做面包，自己做砂纸，学习把老虎钳固定在桌子上，或者打一个洞都能给我们带来满足感。撕羊毛，做一个手编的腰带或者做一个给自己的布偶都需要集中注意力，而集中注意力的能力通过练习得到了加强。这就能帮助孩子为迎接一年级的挑战而作准备。正如我们努力去协调动作之间大小、快慢的平衡，从而在晨圈里来创造一种健康的呼吸节律一样。我们也需要审视日程，来看看这个节律是否也同样体现在孩子的活动当中。我发现做手工可以给那些不安定、内在混乱的孩子带来他们急需的专注。它还给孩子带来创造的喜悦并且开始加强耐心和毅力的锻炼。能将木头、羊毛、纸、毛线变形的能力可以反映出孩子自己发育的蜕变。孩子喜欢把弄各种材料，喜欢去体会各种材料甚至他们自己的魔术般的变化。那么手工活动在幼儿园的一年当中是怎么安排的呢？

在新学年的开始，我们都忙于学习每天的日程、交新朋友，以及探索幼儿园室内奇妙的角角落落。做面包是孩子们最喜欢的每周例行活动之一——从筛面粉到揉面都是极好的触觉体验。我们做面包有两天的工序，头一天和面，让面团经过一夜的发酵，然后在第二天做成面包并烘烤。这历来都是最受欢迎的点心！在冬天，我们每周会做一次汤，许多小帮手都会来切菜。

每年秋天，为米迦勒节做（木）剑是我们园的传统。很多年来，每个孩子都被鼓励着去做（木）剑。小一些的孩子会开个头，但是从发育的角度来讲，他们还没有足够的能力来维持他们的兴趣和注意力。刚开始的时候，我不太愿意只和大孩子一起做木工，因为我想让整个班级形成一种整体感。不过，我发现大一点的孩子喜欢被认可并给予适合每个人的任务。不论是帮助年龄小的孩子系鞋带还是穿雨衣，大孩子在助人和接受有挑战性的任务当中茁壮成长。因此，在过去的三年里，只有大孩子才做木剑。做木剑需要至少两个星期，要经过砂纸打磨、锉磨、打洞、着色、上漆等一系列工序。在年纪小的孩子们用极大的兴趣与期待在一旁观望时，只是和那些已经等不及了的大孩子一起干活是多么轻松愉快的一件事啊！在这个过程中，我们也会鼓励那些特别想动手的低龄孩子来做给幼儿园的那 3 把剑，给他们一个方向和机会来参与这项活动。这也考虑到了这些低龄孩子更加多血质的做事方式。

为了以正确的方式给木剑赋予灵魂，我为晨圈创作了一首诗：

我将打磨我的宝剑，
如此坚硬，如此闪亮。
我要用它来行正义之事，
而非一些无聊的争吵和打斗，
但是要赶走邪恶，我将努力，
也要保护那些比我弱小的生灵。

在米迦勒节的那个星期，我们都会用我们晾干了的金盏花瓣染一块丝绸。在我们讲的故事里，孩子们听到米迦勒是怎样被授予了一个用光做成的披风“能给你勇气、能力和强大的力量”。在米迦勒节周五，作为最后一项活动，大孩子被正式授予了他们自己完成的剑。他们同时也带回一个给家长的纸条，上面写着那首诗以帮助他们继续保持木剑所带来的恰当的气氛。所有孩子带着米迦勒节金色的披风和王冠回家，而大孩子则还可以非常自豪地拿着他们的剑。

做王冠是一个非常好的活动，我们一年要做好几次。这些王冠都做得很简单，但是我常常从家长们那里听到它们怎样激发了孩子们在家玩装扮游戏的兴趣。在秋天，在孩子们听美国印第安原住民故事时，我们会做印第安人的王冠。这些王冠是用一条羊毛毡做成的，用毛线在后面绑住，孩子们在上面缝 6 个木珠就可以了。每次只有几个孩子跟我一起做，其他孩子在玩耍。这样我就有机会观察某个孩子的手眼协调能力。对于大龄的孩子，如果他们完成任务有困难，我就会在感恩节时的家长会上跟家长说起，并且要求在家里通过给孩子提供干活的机会来帮助孩子提高技能。

我们在冬天还会再装饰一次王冠，不是为国王节就是为情人节。这些王冠是用我剪成王冠形状的各色硬卡纸做成的。大孩子们是多么喜欢剪出心形或者用打洞器打出各色“珠宝”，把它们沾到王冠上，等干了以后再戴上它们呀！

在圣诞节时，我们会为家长们缝一个简单的礼物。我剪出一个方块做“好梦”枕头或者一个装满爱的心（用羊毛和薰衣草来填充）。我曾听过这样的说法：在这么小的年纪，儿童不应该缝东西，相反让他们做手指编会更好一些。我的经验教会我，手指编其实要比缝纫难得多。如果你不是特别挑剔针脚，大多数 4 岁半以及更大一点的孩子都爱缝东西。经常有孩子让我给他剪出一个鱼形，这样他就可以缝一个礼物拿回家送给他的猫咪。

圣诞节以后，我会花 6 个星期教大孩子们手指编。我编了一个小歌谣：“抓住一条小鱼。噢，它可真大。拉着它的尾巴，把它变小吧。”大多数儿童很容易就学会了手指编，然后就想把他们缝成马缰绳、小垫子、小篮子，还有一次一个孩子想要缝一个手套。对一些孩子来讲这是一个很具有挑战性的活动。为了能做手指编，孩子需要具备专注的能力，需要经过穿越中线这个很重要的发育阶段。观察这一任务能帮助我发现某些孩子可能会在一年级遇到的某些困难。如果我为此感到忧虑的话，我会把我的观察告诉家长。

从 2 月中旬到复活节，我们一起体验羊毛，这些羊毛都来自于我们农场的羊身上。我一般都会自己把羊毛洗干净，不过有时候也会和孩子们一起洗一些。接着我们就用手撕毛，然后再用廉价但是结实好用的刷子来梳羊毛。在远足的那天，我们到小河边或者水晶山捡一些小的和中等的石头回来。在某一天，我们就会把石头洗干净，并按照大小分类，当梳好满满一篮子毛以后，我们就开始做球了。我拿一个硬币大小的小石头做球的中心，然后用我们梳好的羊毛来一圈圈缠它。孩子们可以从彩色羊毛中挑选两种颜色，我会把它们交叉着缠到正在略现雏形的球上。然后我把它浸到盆子的温水里，接着在球上挤一些中性洗碗液。我会教他们怎么挤水，怎么在刚开始时轻轻地揉，然后当毛开始发硬时再加大力度。这一般只需花 5 分钟的时间。然而，很多孩子都愿意做很长时间并且享受这丰富的触觉体验。

如果在复活节前有时间，我们有时会做种子宝宝（当我们在晨圈中已经听过它们的故事）。它们是用稍微大一些的石头来做芯，接着裹一层白色羊毛，然后再裹一层彩色羊毛。孩子们会把它们做成毡球，第二天它们就已经张开，在里面有一个很简单的小宝宝。我在前一夜把“种子”带回家，剪开一条缝儿，取出石头，并且做一个针扎的简单宝宝放到里面。我们还为复活节篮子做毛毡的小兔子（在一束毛上打两个结，大结来做身体，小结来做头，留下两头上面覆盖一层羊毛来做耳朵）。我们会用非常轻柔的动作来做这些小兔，轻轻地揉搓它们的小耳朵。在经过先是温水继而冷水的冲洗之后，小兔子们就会相继被命名，我们会告诉孩子们第二天它们的眼睛就会睁开。我会把它们拿回家，缝一针棕色或者蓝色的毛线来当眼睛，再用针扎一下将它们固定住。在把它们放到复活节篮子里让孩子们带回家之前，我们会跟这些小兔度过多么开心的一段时光啊！

我深信针扎羊毛是不属于幼儿园的活动。它的动作过于残酷。请想象一下，随着针扎羊毛毡飞快的不断重复的穿刺动作，孩子（一般都与成人的姿态合为一体）正在体验着什么？这会影响他们的神经系统而且还会引发他们紧张的状态。

节假以后，大孩子们有特别的工程——做一本针线书和一个布偶。首先他们要选出两色的毛毡和一些彩色的粗线来做针线书。我们用锁毡边针法在毛毡边缝一圈，然后将双色线拧起来把针线书捆在一起。之后再把拧线缝在针线书的背后，每个孩子都收到 1 根针和 6 个大头针。有了这些以后，他们就开始做布偶了。做的是简单的桌上布偶，孩子们可以选择他们想要做的任何角色。他们能花时间去想一想。我只是要求他们必须是人或者天使，不能是动物。这个手工需要花至少 3 周的时间，而我则尽力让他们以大致相同的速度从一个步骤进入下一个步骤。这一年，我很早就自己做好了布偶的头，因为考虑到这对一些孩子来讲是很难的一步。在所有布偶都做好后，我们为班里的低龄孩子们上演了一出偶戏。我编了一个包括所有人物的故事。有一年我的故事里只有皇室成员。另一年则一个皇室成员都没有。有一次，13 个布偶中就有 6 个米迦勒。再之后，孩子们就可以把布偶和针线书带回家了。这一活动受到了孩子们的极大欢迎，他们纷纷停下自由玩耍，过来做他们的布偶。尽管性子急的孩子想赶快做完，但是我们都要以差不多同样的速度干活，因此我们都同时缝上头、底座、头发还有披风。对一些孩子来讲，这是多好的锻炼耐心的机会；而对于另一些孩子来讲，这又是多么难得的磨炼毅力的一课。

这个活动是孩子幼儿园期末成长发育的集合的一个写照。在小小孩的时候他们来到了幼儿园，通常处在“我们”的群体意识中。在他们接近头 7 岁的尾声时，他们变得更加个性化，可以创造他们自己内在的图像。他们选择自己的布偶人物，把它做出来，参加一个群体的偶戏表演，然后自豪地把它和针线书一起带回家。这已经帮助他们为下一步进入一年级做了准备。

以上这些主意只是为我们能怎样去工作而抛砖引玉。最重要的是，手工活动要以营造一种创作的气氛而不是以完成作品为重心。它能是一段非常好的社交的时间，大家围坐一圈，说着话，一起干活……很像一只安静的蜜蜂。一个 5 岁的小女孩告诉我，她不能给爸爸缝礼物，因为她妈妈不让她用针。我说如果她坐在我身边的话应该没事。她小心地缝着心形的边缘。当她做完以后，她边跳边在屋里唱道："我会缝了，我会缝了。"我已经经历了很多诸如此类让孩子们充满自信与欢喜的成功。

小红帽——超越遗传和个体的诞生

露易丝·德·福里斯特

所有人，特别是我们的孩子，都知道童话故事蕴含着某种非常神奇而有力的东西；千百年前讲述的故事现在听起来还是很适用。超越了文化、地理、时间和空间，童话故事用同样的声音跟我们进行心的交流，它是人类精神原型的载体。我们常看到同样的童话故事出现在波斯、西欧、南美、俄罗斯以及远东，往往仅有小小的变动，以便能反映最能代表当地独特的文化渊源的形象。

童话故事是属灵真理的载体，而灵性的真理是通过能够引领人性的图画来表达的。正如琼·艾尔蒙（Joan Almon）曾经指出的，童话故事中的历程永远是一样的：王子或公主（或者傻子）在年幼无知的时候离开家，顺着一条路走，偶尔会误入歧途，遇到一些挑战，也收获一些礼物，经历了某种内心的升华，直到最后他或她找到了公主或王子，回到父亲的家园而成为国王或者王后。无知变成了觉悟，从此他们“幸福地生活在一起”，非常智慧地统治他们的土国。

儿童们能在这些故事当中认出生命的蓝图，如果我们从我们自己人生经历的角度来解读这些童话故事，我们能看到在我们自己的一生当中，我们的灵魂以一种外显的形式所走过的历程。童话故事其实就是我们自己的故事，讲述的是精神生命在物质身体中生活的历程。

华德福幼儿园和低年级的老师们都在他们的班里给孩子们讲童话故事，还不断地重复讲同样的故事，并且非常清楚地知道通过这样做，我们在确认那些孩子们仍然活在其中，并且渴望在人世间找到一种现实存在的精神真理。通过这些故事中的想象，我们也在帮助他们为前方等待着的生活做准备。我班上的一个孩子喜欢《三只比利山羊》的故事，有好几个月的时间他每天都要让我讲这个故事。我给他讲了，可并不明白他为什么需要这个故事，直到几年以后我才了解到：尽管还只是个孩子，他遭遇了一个巨大的障碍，这个横亘在他人生道路上的障碍需要他有深刻的内心变化。我顿时明白了，他如此爱听的故事有可能帮助他克服困难，从而继续他的人生道路。我们也知道如果我们越努力地去理解这些故事，去领悟到其中的精神原型并且能读懂故事中的故事，那么孩子们就能将这些形象带到更深层的灵魂世界。

往往童话故事中的许多画面让成人感到不舒服——剁掉脚趾头、邪恶的后妈、令人毛骨悚然的死亡，或者对于某些动物的污蔑。但是孩子对于物质世界的认同完全没有我们成人这么强烈。不像我们，孩子不会照字面意思来听这些故事，也不会把故事对号入座地个人化，相反却可以迅速地渗透到故事的核心本质。孩子凭借想象力能如此投入地融入故事画面的内容当中，以至于任何解释都是多余的，而我曾给我幼儿园孩子们唯一的评论是：当他们问到这个故事是不是真的时，我说："是的。"

《小红帽》这个故事，尽管适合于所有大龄的幼儿园孩子，我发现它尤其适合于那些正在进入或者在经历 6 ～ 7 岁变化这一成长阶段的孩子，这时他们跟自己以及跟周围世界的关系都经历着深刻、混乱、孤独的变化。

每个老师都以自己不同的方式来理解同一个童话故事。对我来说，很突出的环节可能对别人来讲无关紧要，而另一个老师可能注意到我完全忽略的某个细节。因此以下的诠释也绝不是最终或者唯一的真理，而不过是我自己的理解而已，我清楚并且很高兴地知道还有其他很多同样合理地“翻译”这个精彩童话的版本。

这些故事从整体上讲都是如此地耀眼夺目，而且语言的节奏也是如此丰富，以至于当要剖析它们的时候，我总是犹豫再三，然而我也发现有时候每一个字，而且常常是每一句话都蕴含着一个精华，就等着我能挖掘得足够深，从而能够让它大放异彩。因此，请原谅，我将和你一起拆散这个故事，一路蹒跚地去搬起石头，翻过树叶去看看下面到底藏了什么。

正如鲁道夫·斯坦纳告诉我们的，在生命的头七年，儿童的其中一项任务是将他们从先辈那里继承的身体转换成等待他们的特定命运所需的身体。精神个体一进入身体当中，就开始把这个身体转换成一个更加适合的载体来承载它将要过的生活。这有点像是搬进了一个新房子，要装修一下以满足住客的需求：扩建，整修表面，拆拆东墙，补补西墙。因此，在头七年里，儿童生活在遗传和个性的两极之间——过去和现在，而且将未来的各种可能性带到过去，是儿童的使命。

在《小红帽》的头一句话（“很久以前，有一个可爱的小女孩，人见人爱，但是最爱她的还是她的奶奶，因为她把她的所有都给了这个小女孩。”）中，我们就明白了这个故事是关于过去和未来这两极的。故事的第二句话印证了这个判断并且表达得更加深入，讲到“她给了她一顶红丝绒的小帽子，那顶小帽子如此适合她，以至于从此她再也不想带其他的东西；因此，她也一直被叫作‘小红帽’。”老奶奶不但爱这个孩子，她还让每个人都通过自己的礼物而记住这个孩子的。她完全生活在过去，奶奶给她的礼物，也完全被过去所引领着。一个名字对我们来说是一个重要的界定存在的方式：在我的幼教班里，孩子们叫我福里斯特夫人，但是他们老想知道我的真名字叫什么。任何一个在教会接受过坚信礼的人，就已经体会到个体在孩子名字里的存在。一个小红帽给了这个孩子她的名字这一事实，对我来说是很重要的细节：红色是血的颜色（它同时蕴含了血脉遗传和主）而且帽子包住了头，尤其是它向灵性世界敞开的头颅。

接下来出现的是那个非常智慧的妈妈，她是奶奶和孩子、过去和未来之间的协调人、中介。妈妈意识到奶奶病了，并且知道她的孩子能带给她新生命。如果没有来自青春充满生命力的推动，过去的能量无法生存。那么这位妈妈送去了什么呢？蛋糕和酒——圣餐。要让过去生存到未来，一种转变是必须的，于是圣灵被邀请进来。

不像帕西法尔的妈妈，出于要庇护她的儿子远离他既定命运的心愿，她给了他错误的引导；小红帽的妈妈给了她的女儿很清楚甚至具体的要求："在天热之前出发吧，在路上，好好地安静地走，不要偏离了大路，否则你可能摔倒而打破酒瓶，那你奶奶就什么都得不到了；当你走进她的房间时，别忘了说：'早上好，'在问早安之前，不要在屋子里东张西望。"她说到了关于这次出门所有的方面，什么时候走，到哪里去，以及怎么走。怀着无比的天真和信赖，在出发前挥手告别时，小红帽对她的妈妈说："我会特别小心的。"这个孩子一直是处在怎样的呵护之下呀！

妈妈没有陪伴小红帽。她必须独自踏上这段旅程，只有妈妈给她的警告指引和支持她。这位妈妈很明白通向未来的路是一条日益独立的路；她知道，现在她孩子的使命是依靠自己来克服困难和障碍。我们再也不能依赖家庭和族群（所有这些与生俱来的东西）来陪伴我们；相反，那通向未来的圣灵是每个个体的挑战和救赎。作为个体，我们必须寻求他。

这部分故事对于六七岁的孩子尤其重要，而且意义深远。通过生长发育，六七岁的孩子正在慢慢地离开他们的父母。我们都曾见识的一年级新生对于独立的新要求，在小红帽独自出行这一画面中充分地体现出来。我们也感觉到这同样也是当以太体完成它塑造身体的任务时，母亲和孩子的以太体分离的图景。提篮子这一责任对我来讲，正是大龄的幼儿园孩子渴望能够在世界上做一些有意义的事，她开始感觉到去服务别人的召唤，而且她的四肢特别需要运动。提篮子这一举动要求小红帽聚焦到她的意志力上，并且通过活动来投入服务他人当中。在这里运动具有了一种形式。任何跟六七岁的孩子工作过的人都能迅速地意识到他们对于运动的强烈需求，这种需求映射出正在发生变化的以太活动以及六岁儿童经历的剧烈的身体变化。当孩子们以敞开的满怀热情接纳小红帽和她的篮子所喻示的活动和责任时，我几乎都能听到他们松了一口气。

奶奶的家在森林中，被遮掩着而且挺遥远，需要花半个小时才能走到。森林本是神秘的地方，一个中间地带，在童话中，森林往往是灵魂和世俗相遇的地方。进到森林当中，我们就进入了灵界，充满了神秘、可能性、挑战和深刻的智慧。我们可以想象粗壮的树林洋溢着生命力，从深嵌于肥沃土壤的根伸向我们头顶的天空。在森林里，有一个超自然的世界，在那里人们能感觉到原始生命的存在。人们也感觉到在树影和丛林当中存在着未知的东西，而作为人类，我们可能感到非常脆弱，步出了我们熟悉的世界而感到恐惧。果不其然，小红帽一踏进森林就遇到了大灰狼。狼，同样是一个精神原型，我们不应该照字面意思来理解这一形象。狼代表的是我们心里所有的物质贪欲，所有的贪婪、自私，以及为了拥有而拥有的贪念。它是享乐主义危险的化身。然而，狼既是一个机会也是一个难以对付的挑战，尤其是对于一个天真到甚至不知道谁是敌人的孩子来讲。但是，如果她能克服在她路上的这一阻力（而且她必须独自担当，正如在面临我们生命中最强烈的危机时，我们都会做的那样），她将作为一个更加完整的人走在属于自己的道路上。

但是出于她的天真，小红帽对大灰狼口无遮拦，甚至告诉了他去往奶奶家的具体方向："在森林里再走四分之一多里格的路程；她的房子坐落在三棵大橡树（智慧）底下，下面还有几个坚果树（充满了生命的潜力）；你一定非常清楚了吧！"我们马上就看到了狼贪婪的本性，它想把小红帽和她的奶奶都吃了，虽然知道老奶奶绝对没有小孩子好吃："多么鲜嫩的小东西呀！多么好的一口美味，她要比老太太好吃多了，我必须行事机密，这样就可以把他们俩都逮住。"从最开始，我们就看得出小红帽容易被虚荣心所驱使，她的小帽子那么好看以至于她再也不想戴其他的东西。现在大灰狼试图用嗅觉的享乐来诱惑她："看，小红帽，这里的花儿多漂亮啊！你为什么不四处看看呢？我相信你也没听见小鸟的歌声有多甜美吧；你一脸严肃地走在路上，好像是要去上学似的，而森林中的其他一切都是如此轻松愉快。"不要听你妈妈的话，不用想你奶奶；用你的眼睛、鼻子沉湎于这个世界的美丽当中，小红帽马上就照办了。尽管她没有认出她的敌人是谁，狼却肯定看透了她的缺点。如果我们不能打败我们的敌人，我们就得面临被打败的危险。我们看到这已经发生在小红帽身上了："而且每当她捡起一朵小花，她就猜想在前面还有更漂亮的，于是就奔向它去，于是也就渐渐地走向了林子的深处。"当她变得越来越迷恋漂亮的时候，所有关于奶奶的想法都被淡忘了。

我们可以看出典型的 6 ～ 7 岁变化：禁不起新的诱惑。突然，他们试着不去做老师要求做的事，跟家长顶嘴，变得有点鬼鬼祟祟的或者很淘气，而且开始撒谎甚至有真正的秘密。幼儿园老师把这个年龄比作第一个青春期不是空穴来风。6 岁的孩子开始琢磨好和坏，往往非常天真地去尝试一些新的言行举止，然后又突然莫名地变回到我们曾经认识的那个孩子。

偏离主路也是典型的 6 ～ 7 岁变化的行为。我们这些家长谁没有听到过大声且充满火药味的宣言：“你管不着我！”在他们大踏步走在他们自己的道路上时，有时候充满激情，有时候带着无所畏惧的独立感，这个年龄的孩子经常将自己推出以前能力的极限，同时作为外在四肢生长的反射，他们也拉伸自己的内在空间。在忙着采集多得她都拿不住的花的举动中，小红帽表现了这种要超出界限，要超过、要挑战她自己的冲动——想要知道她究竟是怎样的人。

与此同时，狼跑到了奶奶家，她连一点儿抗拒都没有，这正是她已经衰弱的征兆：“抬起门栓，我太没劲儿了，都起不来了。”狼进了屋，一口就把奶奶吃了，然后穿上她的衣服，上了床，并拉上了窗帘。它吞下了来自过去的还没有转化的能量，所有一切似乎都消失了。

小红帽突然想起了她的奶奶，就赶紧上路了。在这儿，我们也被提醒到 6 岁的孩子还正在建立时间和空间感。5 分钟开始有了意义（谢天谢地）。过去、现在和将来正在变成储存记忆的大背景。而且现在以太体已经更多地释放出来，从而能作用于记忆。她来到了小房子，不过很奇怪为什么门是开着的。当她踏进门的时候，感到有些不舒服，不过还是按着她妈妈教她的那样问了早安，并没有到处东张西望。其实，我们可能会觉得如果她能到处看看，兴许她还能得救呢。可是因为走偏了路，现在已经太晚啦。小红帽现在害怕了。因为刚刚还沉醉在感官发觉的美当中，小红帽还不能清醒地觉察出是什么让她感到不舒服，直到她最后一句话道出了真相：“但是，奶奶，你的嘴巴怎么大得可怕呀！”然后，狼就一口把她吃了。这是多么真实的生活写照啊！当我们足够清醒的时候，往往已经为时太晚，我们必须要去承受后果了！但是很有趣的是，是嘴巴改变了她的意识状态。随着乳牙的更换，6 岁的儿童确实是在经历蜕变，从母亲的生命力，生长出身体最坚硬的部分，他们的恒牙。当小红帽最终认出狼的时候，我们看到六七岁孩子生命中的一个非常重要的时刻——思想的苏醒。她已经通过观察把所有线索凑到一起，也是靠她的感觉——有点儿不对头——把线索拼接起来。

我们现在看到思想和情感加入了进来，与孩子体内很强的意志力结合。这真是一个巨大的飞越！

幸运的是，猎人刚好经过，听见了从老奶奶屋里传出的震天的呼噜声，决定进屋去看看她。猎人是生活在森林里的一个人，他知道穿过森林的所有道路，也知道所有森林中的生灵。他生活在这个灵性的世界里，分辨得出它的美丽和危险，也极力去维护它的和谐和秩序。他是一个有清醒意识的人——一个引路人、一个帮手，一个帮你在灵性成长道路上去除所有低级的、动物性直觉的清路工。正是他重新让我们踏上了正轨，带我们走出森林从而继续我们已经选择的道路。他帮助我们找到方向。

我们马上就意识到，狼对猎人来讲并不陌生：“是不是让我发现你藏在这儿了？你这个老罪人！我已经找你找了很久了！”猎人说。但是他并没有被他的第一感觉冲昏了头脑，相反，他在行动之前先考虑到了所有的可能性。当他切开狼的肚子时（掌管新陈代谢的那部分身体，在转化物质时起着积极的作用），小红帽跳了出来，紧接着是老奶奶，她快要死了。“天呐！我害怕极了！狼的肚子里太黑了！”小红帽说，很明显她的确经历了一段真正的历练。在 6 ～ 7 岁变化时，我们观察到孩子们的疑惑、孤独，以及空虚，正是一幅在狼肚子里的景象！对小孩子们来讲，所有那些曾经熟悉的，那些曾经支撑她的东西已经不复存在；想象力之泉再也不能源源不断地涌出，从而一路带着她。当然，这是以太体诞生的标志，虽然很痛苦，却是一个正常的成长阶段。“我很无聊。”在有六岁孩子的家庭里一声声地回荡，他们对他们所拥有的一切都不满意。他们往往让老师和家长抓狂，我们怀疑：我们还能不能再看到几个月前那个开心、充满热情、听话的孩子。相反，如果我们能理解并接受这其实正是这个孩子在狼肚子里的时刻，我们就能耐心地等待，确信他们必将回来，而且会更强壮、更智慧。

经过了苦难的考验，小红帽可是知道该怎么办了。她在狼的肚子里填满了石头，结束了它的性命。最后，她明白了而且也克服了它的影响。她迈出了多么大的一步啊！这都归功于这段令人害怕的经历。狼，肚子里塞满了石头——最结实、最不具生命力的物质——死得罪有应得，猎人还剥下了他的皮。

现在，战胜了邪恶的小红帽将注意力转向了她垂危的奶奶，给她吃了蛋糕，喝了酒，于是她被救活了。所有人都得救了，我们也终于能松一口气了。通过神灵，过去的智慧在充满了未来的生命力之后，能够继续延续。小红帽，她的经历让她更加智慧，现在能够带着过去所有的经验走向她的未来。个性和遗传已经达到了新的平衡而个体现在可以沿着属于她的道路继续成长。

第五部分

课堂活动及其素材

问：5 岁半到 7 岁间孩子经常会问他们该做什么，作为老师，我们如何能够最大程度地满足他们的需求？

答：这个年龄阶段的孩子，已经慢慢对权威产生敬畏之心，但是模仿的力量仍然占主导，这应该成为与这些孩子相处的指导性原则。这个年龄段的孩子特别适合看一些带有可移动人物的绘本。这样的书能让想象充盈着他们的生命，并将他们慢慢唤醒。这是一件非常美好的事情。

——摘自 1922 年斯坦纳博士在多纳赫与英国客人的讨论

鹅妈妈之旅

南希·布兰宁编写

准备工作和道具

这段小旅程最好能有一张小蹦床，用来当“把一个老妇人弹来弹去的篮子”。也可以用线条来界定允许孩子蹦跳的范围。还需要一口“井”，可以将呼啦圈或者绳子围成圆圈摆在地上来当这口“井”。将两根木梁的一头支撑在盒子或板凳上，形成一座“小山”，可以让唱着“杰克和吉尔”的孩子们爬上爬下。如果选择的是“嘿，摇摆、摇摆”而不是“篮子里的老妇人”的游戏，那么需要准备一根木棍，用木块将木棒支撑起来，或者由另一位老师握着木棍，离地面有一定高度，让孩子们跳过去。

注：童谣内容会用斜体标明，动作提示用楷体标明。童谣中括号里的内容是对衔接部分的提示，由晨圈的作者标注，不属于童谣的一部分。

老鹅妈妈

老鹅妈妈，
当她想出去走走时，
她会优雅地在空中扇动着翅膀，

双臂飞动的姿势，慢慢地，费力地。
母鹅妈妈庄重地坐在公鹅的背上。

像一阵风一样跟在她的公鹅身边。	
鹅妈妈有座房子，她住在树林里，	双臂举过头顶，做成尖屋顶的样子。
门口的猫头鹰，可以为她搬东西。	拇指与食指圈住眼睛象征着猫头鹰（手反转，手掌向上面向脸部，其他手指指向下方）。
她有一个儿子，名叫杰克，	说到“杰克”的时候，小跳一下，手势做成优律司美的“K”的姿势，右脚伸出，脚后跟点地，与手势同时进行。
长相平平，性格不好，也不坏，	向右摆头，向左摆头。
她送儿子去集市，儿子买回来一只鹅。	右手做出鹅头的姿势，前臂做出鹅的脖子的样子。
“快看呀，妈妈！”他喊道，“这可是一只很棒的鹅！”	
杰克有一只母鹅和一只公鹅，他们相处得很愉快，他们一起吃，还一起在池塘里游泳。	两只手臂分别做出鹅的样子，把手臂（鹅）都带到身体中线处，做出吃东西、往地上啄食的样子。手臂左右摆动，好像鹅在游泳一样。
一天早上，杰克发现他的母鹅给	手臂围成环状，做成鸟巢的样子。
他下了一个大金蛋。	用手做出一个鹅蛋的样子。
【但是，后来儿子杰克把那颗蛋扔到了海里。】	双臂打开，做出“哦，天哪！”的样子。手掌朝上打开，做出往前抛东西的样子。

金蛋被扔到了海里，杰克连忙跳进海，把金蛋捡回来。	用手臂再次做出往前抛东西的样子，好像要费很大的力气，动作幅度也要比较大。跳到一个地方，做出把金蛋捡上来的样子。
老鹅妈妈，飞快地装上鞍，跳到公鹅的背上飞到了月亮上。	像最开始那样，飞翔的姿势，动作幅度大，从肩膀开始带动上臂舞动，不是只有手臂或手腕的动作。
【*月亮高高挂天上， 远远地在天空看着我们， 就像一颗明亮的银色星。*】	做出往上看月亮的姿势。

选项一：有一位老妇人

【*这时一位老妇人走来了，手里拿着把扫帚。她是要把天空扫干净吗？*】	缓慢地走过来，做出慢慢扫地的姿势，注意动作跨越身体中线。
从前有一位老妇人，在一个篮子里弹来弹去，她跳弹得很高很高，好像就要弹到月亮上去了。	每一个孩子在蹦床上或可以蹦跳的地方跳 6 ～ 8 次，跳得越高越好。
她到底是要去哪儿呢？我也不知道，让我来问问她吧，你看她手里拿着一把扫帚。	再次做出扫地的姿势。
"老妇人，老妇人，老妇人，"我	停下来，站着提问题。

说道："你是要去哪里，去哪里，去哪里？为什么弹得这么高？"	
"我要去扫天上的蜘蛛网。"	就好像要清扫天空一样。
"我可以跟你一起去吗？"	点头表示肯定。
"好呀，那就赶快上来吧！"	

选项二：嘿，摇摆、摇摆

【小猫、小狗和小牛都来了，他们想要跳到银色的月亮上去。】	
嘿，摇摆、摇摆，小猫和提琴，小牛跳到了月亮上，小狗哈哈笑，只顾着比赛，谁知盘子拎着勺子溜走了。	握住一根小木棍，让孩子跳过去。一直重复这个童谣，直到所有的孩子都跳过木棍。

（无论选择以上哪首童谣，都请继续下一首）

【现在月亮已经去睡觉了，	头稍稍倾斜，轻靠在双手上。
太阳抬起金光闪闪的头儿。一大早，村庄里的人们	双臂举过头顶，环抱起来。
就开始干活儿啦！小马高兴得一路小跑，鞋子都跑掉了。	学小马小步跑，往后踢一下右脚，好像鞋掉了。
哦，天哪！这可怎么办呢？】	

“罗伯特·巴恩斯，请跟我来，能帮我的小马钉双鞋吗？”
站定，双臂打开。说话的姿态。

“当然，先生，我可以，做得和其他人一样好。

这是钉子，那是掌，
双手握拳，上下交替，模仿锤子，互相敲打。

先生，小马的鞋已经钉好啦。”

Pitty，轻快的噼啪声，
一起拍手一次。

Patty，小肉饼，
双手拍大腿。

Polt，小马驹，
触摸膝盖或脚趾。

小马驹儿呀真神气。

这里敲牢点，
重复以上锤子敲打动作。

那里敲牢点，

Pitty，patty，polt。轻快的琵琶声、小肉饼、小马驹。
拍手动作同上。

这是女士在骑马

这是女士在骑马，
Tri，tre，tre，tree！ Tri，tre，tre，tree！悠闲地漫步，悠闲地漫步。
这是女士在骑马，

模仿马的小步跑，慢速的，左右脚交替（注重平衡），左腿抬高，脚放下来的时候，脚尖落地，头昂得很高。

Tri，tre，tre，tree！ Tri，
tre，tre，tree！ 悠闲地漫步，
悠闲地漫步。

这是绅士在骑马。
Gallop-a-trot，Gallop-a-trot！
快步飞奔，快步飞奔。
这是绅士在骑马，
Gallop-a-trot，Gallop-a-trot！
快步飞奔，快步飞奔。

模仿马的快跑（节奏稍微快一点），当说到“Trot”的时候暂停一下。

这是农夫在骑马，
Hobbledy-hop，Hobbledy-hop！
一瘸一拐地走，一瘸一拐地走。
这是农夫在骑马，

当说到“hobbledy”的时候，身体重心慢慢上移，然后轻微侧往左边，再侧往右侧，左右两边交替进行，每一个音节踏脚一次。

Hobbledy-hop，Hobbledy-hop！
一瘸一拐地走，一瘸一拐地走。

说到“hop”时，双脚并拢往上蹦。前进的活动停止。

【让我们一起骑马上山，去找我们的朋友，杰克和吉尔。】
（可以念出来，或者按照传统歌谣的曲调唱出来。）

杰克和吉尔爬上小山丘，

去拿桶来取水。

杰克跌倒，摔碎了皇冠，

吉尔也摔了个大跟头。

孩子们慢慢走上一头被架高的木梁，好像“上山”一样，重复韵文内容的同时，从另一根木梁上走下来，直到所有的孩子都走完。

杰克马上跑回家找到亲爱的 Dob 妈妈，Dob 妈妈帮他包伤口，

这两句话可以用跑跳步，特别适用于一群孩子。

用醋和牛皮纸打个大补丁。

双手放在头顶上，轻轻拍打一下头。

【在山脚下有一口清澈见底的小井】

叮咚谷

叮咚谷，

猫咪在井里。

老师手持呼啦圈，或把呼啦圈放在某个地方架起来，离地面大约 6～12 寸高。每个孩子都从一边跳到“井里”去，再从另一边跳出。

谁把它放在井里呀？

是小汤姆·格林。

重复这首童谣，直到所有的孩子都跳完。

谁把它从井里拉出来的呀？

是小约翰尼·斯托特。

真是个淘气的男孩呀，

差点把猫咪淹死了，

猫咪一点儿没受伤，

淹死的是偷粮食的小老鼠。

【猫咪跑回家去看小猪，一、二、三。】

三只小猪

（孩子调整为坐的姿势）

帮助孩子区分每个手指的运动，可以从以下活动中选择一个：

这只小猪去集市，
这只小猪待在家，
这只小猪烤牛肉，

1. 从大拇指开始，每读一句就动一个手指，先从右手开始，然后练习左手。

2. 双手合十，手指尖触碰，读第一句时，两个拇指尖相触碰；读第二句时两个食指尖相触碰，以此类推。

这只小猪没做啥，
这只小猪大声喊：“喂，喂，喂。”

3. 同上面的“2”，每读一句，碰一下手指。不过，每两个手指触碰后就弯下来，到最后结束时，所有的手指都成弯曲状。

一直喊着跑回家。

小猪威利

【现在请带上你们的睡帽，
小猪威利叫我们去睡
觉了。】

小猪威利，	右手的两个手指跑动，
满街跑，	从左手的手臂一直到头顶，
穿着睡衣，	说到“楼上”时，手指在头顶徘徊，
从楼上到楼下。	说到“楼下”时，手指往头的下方走。
窗户里看看，	做敲窗户的姿势。
在门口轻声说，	双手放到嘴边做对着门锁说话的姿势。
“现在已经八点了！	伸伸懒腰，
所有的孩子都睡了吗？”	最后躺下。

以上内容节选自南希·布兰宁和劳瑞·克拉克共同编写的《运动之旅和晨圈探索》(Movement Journeys and Circle Adventures)，获得作者许可后，我们对晨圈内容稍作修改。

穿越风雪：冬天活动之旅

南希·布兰宁改编

准备及道具

大石头、小树枝或是圆木头组成道路的第一部分。孩子们将会绕过或是踏上这些东西。不同高度的树墩以逐级上升的方式来排列，一步一步往上走，就像在“爬山”一样。孩子们踏上去的一张桌子也可以当成一座“小山”。在地面上放一块蓝色的布，表明这是“小河”。大而平坦的石头可以放在布上，当作可以踩着过河的石头。用木墩或牢固的板凳架起的一根木梁，作为让孩子们往上爬的“桥”。搭在圆木上的一块厚木板或是一块跷跷板，可以让孩子们在上面走。堆雪人的时候，孩子们要将滚好的雪球放到体操垫或地垫上。最后，用玩耍布和玩耍架或是椅子搭建起一个隧道来结束整个旅程。

马儿和骑士，请走这条路。	围着教室像骑马那样小跑。
我们将要穿越风雪天。	
呱哒呱哒向前跑时，请大声说	做出拉缰绳让马停下来的动作。
“呼哈！”	
雪很深，我们得慢慢走。	特意下马来走路，假装雪很深，走

路很艰难。

雪地上，有一些棍子和石头，
雪很深，它们露出头出来，
给我们指路。

把一些树枝和石头以不同高度、远近摆放，让孩子们能踏着它们走过去。

请当心你的脚下。
我们沿着石头和树枝往前走，
很快来到了山脚下。

把孩子们带到教室的某一个角落，那里摆好了他们可以往上走的树桩或桌子，让他们可以上山下山。

我们一步一步往上爬，
登上山顶，
触摸天空。然后，我们从另一边下山来，遇到了一条浅浅的小河。

爬上大山，
从另一边下来。
把孩子们带到“小河”边，即用一块蓝色的布摆出的一条小河，上面有石头可以让他们踩着过河。

我们必须要到河那边去。

带领孩子踩着石头过河。

水可真凉，水流得可真快。
水面上露出来的石头，
帮助我们过了小河。

接下来的一个环节是，一根架在树桩或是小桌子上的木梁，有些倾斜，离地大约两英尺高，孩子们可以从上面跳到地面上。

走的时候要小心，慢慢走，
不着急，要小心，不要打湿你的鞋。

过了小桥，我们继续慢慢往前走。可是，河的对岸是一个斜坡。	爬上斜着架好的木梁。
跳过去……	跳过去。孩子们排队一个一个跳，直到所有的孩子都跳过去。
……现在让我们来花些时间生一堆火来取暖。	在地上围坐成一个圆圈，孩子们前面都有空间可以把腿交叉起来。
我们会这样把那些大木头交叉放在一起，	双腿交叉，左右腿轮流进行，重复2～3遍。
然后放中号的木头，	双臂在身体前交叉，左右轮流进行，身体前倾，假装要把木头放在火上。重复2～3遍。
最后，容易烧着的香香的松木会帮助我们生起一堆篝火。	用手指重复交叉的动作，2～3遍。
我们点燃火柴，	右手越过身体中线，从左往右做出划火柴的动作。
火焰烧得很高。	手臂做火焰升起的动作。

耀眼的火焰如流星一般划过天空	手指做流星的动作。
我们觉得非常温暖	站起来，站成一个圆。
真想跳舞啊，让我们的双脚跳起来吧。	双脚脚尖轮流踏地。

歌曲：《往左转圈，老铜车》(Circle to the Left，Old Brass Wagon)

往左转圈，老铜车。 *往左转圈，老铜车。* *往左转圈，老铜车。* *现在我真喜欢你。*	根据歌词做动作。
往右转圈，老铜车。 *往右转圈，老铜车。* *往右转圈，老铜车。* *现在我真喜欢你。*	
摇，摇，摇 *摇，摇，摇，老铜车。*	如果这组孩子的年龄比较大，可两个两个一起摇摆，或者，这段内容可以忽略。
摇，摇，摇，老铜车， *现在我真喜欢你。*	

跳，跳，跳，老铜车，	往空中跳。
跳，跳，跳，老铜车，	
跳，跳，跳，老铜车	
现在我真喜欢你。	
平坦的闪着亮光的雪地，	带领孩子去跷跷板小桥。
呼唤着我们继续前行，	
我们走吧！	
但是在晃来晃去的小桥上，	
我们得慢慢地走，	
摇摇摆摆，晃来晃去。	带着孩子走过跷跷板小桥。
一直朝前走，不要往后看。	带孩子直接走到地垫上。
现在的雪真是太适合堆雪人了，	
让我们来堆一个雪人吧。对，就是现在。	
堆雪人，堆一个圆滚滚的大雪人。	带领孩子一个接一个往前滚雪球。
要让他稳稳地站在大地上。	双脚同时往上跳，有力地落在地上。
给他带一个高高的，闪亮的，黑	孩子们拍拍自己的头，表示戴上帽子。

色的帽子。

还有一个这样的胡萝卜鼻子。

双手握拳叠放在一起，置于鼻子前，假装一个长长的“胡萝卜”鼻子。

谁闻到了胡萝卜的香味呀？

鼻子这里嗅嗅，那里闻闻。

雪兔宝宝！

做出兔子耳朵的样子。

他这里嗅嗅，那里闻闻。

做出嗅的样子。

一蹦一跳，十分轻巧。

双脚并拢，学兔子跳。

后来他钻进一个小洞里。

落地时回到蹲着的姿势。

我们也要爬进他的家，
嘘！兔宝宝睡着了。

孩子们趴在地上往前爬或匍匐爬行，穿过玩耍布和玩耍架搭成的隧道。

我们从另一个门爬出去吧，
又看到了雪的光芒。

现在，我们该回家了。
这个好玩的下雪天已经结束了。

拉起孩子们的手，带领他们走进圆圈，坐在地上。

今天真是愉快又好玩的一天！
一路上看到了好多东西。

我们看到了在深深的洞穴里

熟睡的兔宝宝。	做出睡觉的姿势。
一个又圆又胖的快活的雪人。	用手臂做出“O”的姿势。
我们看见了他的胡萝卜鼻子和帽子。	
摇摇晃晃的小桥， 带我们走得更远。	十指交叉，手臂像跷跷板一样上下摆动。
我们在那个老铜车上，跳圆圈舞。	
我们生起了温暖而又甜美的篝火， 温暖了我们的脸、我们的双手和双脚。	搓搓手，搓搓脸。
我们走上桥，过了河，	用手指做出往前迈步的姿势，一步一步朝前走。
踏过露出河面的石头，没有害怕。	
我们爬上了高高的山顶，	以爬山的姿势尽量往上伸展。
感觉可以触碰到天空。	握缰绳的姿势。
我们欢快地骑着小马呱哒哒往前跑，	
现在我们对这完美的一天说声“谢谢！”	说“谢谢！”的时候点头，以强调。

野玫瑰公主晨圈

珍妮特·科尔曼（Janet Kellman）改编自《格林童话》

这是一个五音节的晨圈，非常适合幼儿园的大孩子。五音节的歌曲可以让孩子的神经—感官系统平静下来，也可以让大一点的、被唤醒的孩子回到一个更为梦幻的状态。同时，晨圈中两极化的设计——如速度时快时慢，时而安静时而活泼——满足了容易兴奋的孩子的需求。这个晨圈对于控制冲动也非常有帮助，所以也符合大孩子的需求。当王子亲吻公主，将她唤醒时，当他们举行了一场“甜美而盛大的婚礼”时，通常大一点的男孩和女孩都会高兴得尖叫，或者相互交换眼神。非常感谢珍妮特·科尔曼，感谢她对于原故事主线的保留和她创作才华。她精心工作的成果带给了孩子许多愉悦。

——露丝·科尔

一只青蛙跳上一块石头，说：“哦，亲爱的王后，请多保重，请多保重，因为一年后你将会有一个孩子。

青蛙说的实现了：

一个女孩真的来了，如此美丽，如此纯真。

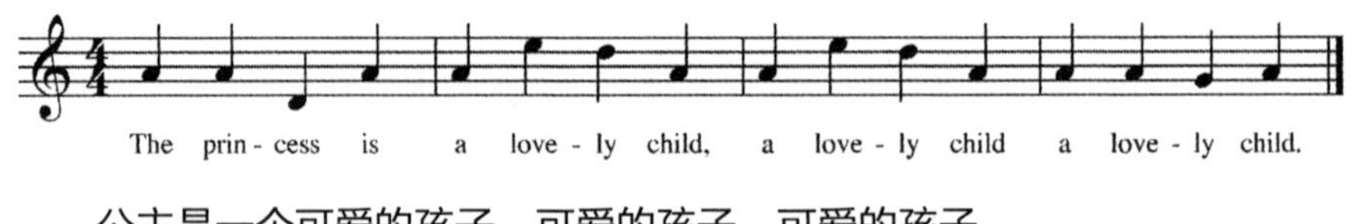

公主是一个可爱的孩子，可爱的孩子，可爱的孩子。

“我们将举办一场皇家盛宴！”国王高兴地说。

但是只有十二个金盘子，

所以只有十二位智慧仙女能来分享他们珍贵的礼物。

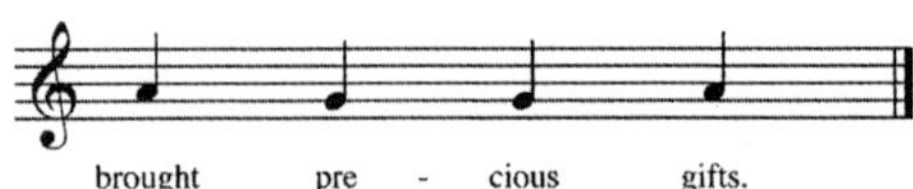

她们从各地带来珍贵的礼物，带来珍贵的礼物，带来珍贵的礼物。

但是还有一位智慧仙女没有被邀请，

她非常生气，跑过来大声说：

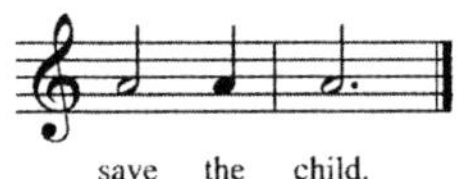

一个纺锤上的针会把你刺死，把你刺死，把你刺死。一个纺锤上的针会把你刺死，把你刺死。

另一位智慧的仙女希望通过化解这个咒语的力量，来拯救这个孩子，有一个好的结局。

唱旋律 #1：

她将熟睡一百年，一百年，一百年。

念白：

当公主长大一点的时候，

有一天她和国王站在城堡的楼顶上看着……

黄色的火焰，红色的火焰，橙色的火焰，烧过了头顶，

火焰火焰，烧得很高，

越烧越高，直冲天际。

所有的纺锤都烧掉了，现在孩子安全了。

但是当她 15 岁那天，没有人在她身边，

她想好好看看那座城堡，从里到外走了个遍。

她来到一座塔楼，楼梯一直旋转着到顶上，

在塔楼顶上，有一扇小门、一把生锈的钥匙和一位很老很老的妇人。

咔嗒咔嗒，转啊转，好开心。

纺锤小轮，小轮，小轮，

纺锤小轮，小轮，小轮，

（重复几次，首先慢，然后随着双手和前臂带动纺锤动作的加快，速度逐渐快起来。）

呀，扎到手了！她倒在了地上，

很快在魔咒中睡着了。

整个城堡都跟她一起睡着了。

国王、王后和他们的侍臣们，

马厩中的马，

院子里的狗，

屋顶的鸽子，

还有墙上的苍蝇，

都睡着了。

沉浸在深深的睡眠中，所有的一切都在深深的睡眠中。

就这样过去了一百年，

哪怕是一片叶子都没有落下来，

但是城堡周围，

布满荆棘的篱笆长到了城墙外。

歌曲：旋律 #1

布满荆棘的篱笆，长了一层又一层，长了一层又一层。（重复）

念白：

就这样过去了一百年。

当一切都结束时，新的一天到来了！

一位英俊的王子，骑着一匹白马，冲破黑夜，走过来了。

他使出他全部的力量冲破荆棘，

荆棘瞬间变成了玫瑰，如此闪烁，如此明亮。

它们很快就让出一条道，让王子进去。

他到处找，到处找，

最后，在塔楼里，他找到了公主。

歌曲：旋律 #1

他亲吻了公主，公主醒了，她醒了，她醒了。（重复）

念白：

然后，整个城堡也跟着醒来，

国王、王后和他们的侍臣们也都醒了过来。

马厩里的马——开始嘶叫，

院子里的狗——摇着尾巴，

屋顶的鸽子——“咕咕”直叫，（做飞翔的姿势）

墙上的苍蝇——爬、爬、爬。（右手的手指顺着左手手臂往上爬）

当他们都醒来的时候，

即刻就为他们举行了一场甜美而盛大的婚礼。

歌曲：旋律 #1

他们举行了一场盛大的婚礼，盛大的婚礼，盛大的婚礼。（重复）

对大孩子来说，这个结尾可以更为复杂一点——双腿交叉跳等等。

小精灵们

珍妮特·科尔曼

最近在幼儿园的教室里常常会提到小精灵。我发现孩子们对于精灵和仙子都有他们自己的想象，并且我发现有时将一些事情与孩子们的想象联系起来是很有帮助的。他们的梦幻状态反映出的是他们自己的发展意识，而对于精灵和仙子们的真正本质是什么，他们的认识也许和我们成人的理解会不一样。从我班上毕业的孩子以及我自己的孩子身上，我注意到，随着孩子逐渐成熟，这些“幼稚的想象”会转化成一种新的灵魂上的收获，并帮助他们去理解这个世界的其他精灵。

——露丝·科尔

嘿哟哟，嘿哟哟，
精灵们走在小路上，
嘿哟哟，嘿哟哟，
背上扛着个大口袋，

离开深深的小山洞，
离开交错的大树根，

离开忽闪的水晶石，

我们去收集太阳、月亮和星星的光芒。

闪闪亮亮，清晰耀眼，天堂的光芒离我们是那样的近。收集这一杯杯爱之光，带回到我们的家里，看它如水晶般闪亮，深深的，深深的，直到银色的露珠里。让我们用星光、月光还有阳光把我们的口袋装得满满的，深深的，深深的。

现在要回到我们大山里的家了，

大口袋里装着神圣的光芒。

我们是小小的小精灵，

尽我们最大的努力在大地上工作。

嘿哟哟，嘿哟哟，
精灵们走在小路上，
嘿哟哟，嘿哟哟，
背上扛着个大口袋。

回到深深的山洞里，
回到交错的树根下，
回到忽闪的水晶石旁，
我们收集了太阳、月亮和星星的光芒。

装满光芒的帽子会照亮我们回家的路，
直到大树的根里，
直到小苗的芽里，
直到水晶石在的地方，
直到银子里，
直到金子里，
直到不同的金属里。

现在，该从我们小精灵的背上，
把我们装满光芒的大口袋放下了，
看！光芒撒满了我们的道路，
现在我们可以捶捶又打打了，

捶捶又打打。

咔嚓！咔嚓！我们在凿石头。

咣！咣！大山在摇动。

咈！咈！锤子在工作，

我们在古老的山洞里找金子。

咔嚓！咔嚓！我们在凿石头。

咣！咣！大山在摇动。

咈！咈！锤子在工作，

我们在古老的山洞里找金子。

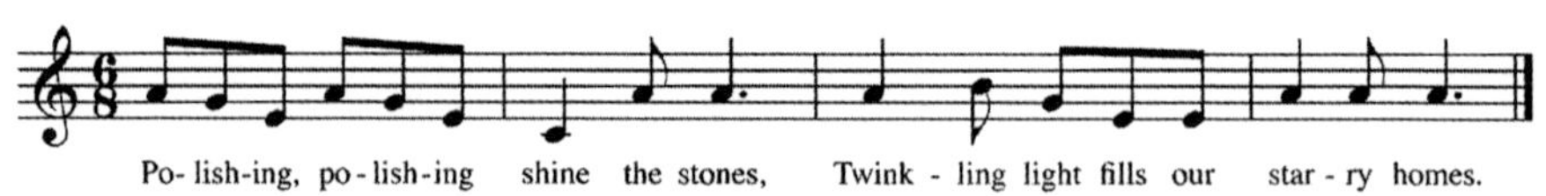

擦呀擦，擦呀擦，石头得擦得亮晶晶，就像闪闪的星星，点亮我们的家。

不，我们的工作还没结束。

我们和星星、月亮和太阳一起工作，

石头将会播撒它们神圣的光芒，

洒在今晚还在泥土中熟睡的种子身上。

敞开你的心和大口袋，

更要敞开你的帽子。

天堂的光芒照亮一切，帮助我们创造一个新世界。

星星钱币

伊丽莎白·摩尔－哈斯和露丝·科尔改编自《格林童话》

这一首五音节的晨圈可以让孩子们进入一个更加梦幻的状态。我对这首非常有代表性的晨圈只稍稍改动了一点内容。最开始几次，我们只是一起唱歌和转圈。然后，某天的早晨，孩子们可能会惊讶地发现，我们会在晨圈时间穿上服装。我们为那些想扮演星星女孩的孩子们准备了一些服装和道具，他们会为别人送上面包、帽子、外套和上衣。有时，一位星星女孩可以由两到三个孩子来扮演。一般大孩子会想要来尝试一下这个角色，而小一点的孩子则更愿意待在圆圈里，不被关注。我还为每一个“贫穷”的孩子准备了星星花环，他们会在故事里请求要这些东西。我们唱歌、转圆圈，当要给礼物的时候，那个穷孩子或者老人和星星女孩就会走到圆圈里。那个女孩把礼物给另外一个孩子，然后老师就把星星花环戴到女孩的头上，表示“天上的星星”看到了她。当晨圈结束时，所有的孩子都戴着星星皇冠。

这也是一种把晨圈里的神奇魔力延伸下去的方式。

——露丝·科尔

一位少女沿着山坡往前走，山坡一会儿上一会儿下。她穿过田野，看看谁来了？是一位老人！一位老人！

“我非常饿了，请给我一些面包吧！”

“给你，这是我的面包。感谢上帝吧！”

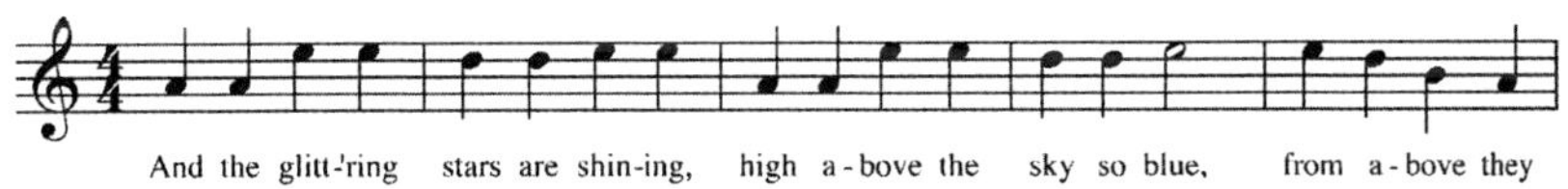

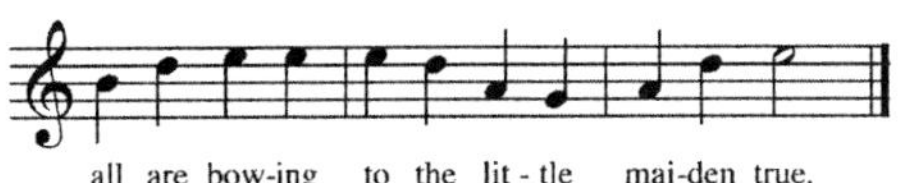

闪闪的星星发出光芒，在高高的蓝天上，它们在天上向少女鞠躬。

当她穿过树林时，旁边站着一个贫穷的小孩。

“我没有帽子，风太冷了。”

“给你，这是我的帽子。感谢上帝吧！”

重复第二首歌：“闪闪的星星……”

重复第三首歌：“当她穿过……”

“我没有外套，风太冷了。”

“给你，这是我的外套。感谢上帝吧！”

重复第二首歌：“闪闪的星星……”

重复第三首歌：“当她穿过……”

“我没有裙子，风太冷了。”

“给你，这是我的裙子。感谢上帝吧！”

重复第二首歌：“闪闪的星星……”

重复第三首歌：“当她穿过……”

“我没有上衣，风太冷了。”

“给你，这是我的上衣。感谢上帝吧！”

重复第二首歌：“闪闪的星星……”

她甚至把她的上衣都给了他，穿得那么少，她也觉得没关系。

重复第二首歌："闪闪的星星……"

闪闪的星星，它们在天堂跳舞，

它们看到了女孩如此单纯；

为她织了一件星光做的薄纱，

它们一路照看和保护着她。

哗啦哗啦，落下来。数不清的星星从天堂飘落下来，让她从此富有。

远在天边的神奇之湖

——厄瓜多尔民间故事

芭芭拉·克拉克改编

这是一个适合在春天讲的故事，特别适合那些年龄大一点的正处在过渡阶段的女孩子们，她们都迫不及待地想上小学一年级。这个故事还可以排演成偶戏或者小短剧。

——芭芭拉·克拉克

从前，有一位伟大的国王，他有一个儿子。这个儿子给他带来很多欢乐，也给他带来悲伤。小王子出生时就疾病缠身，一年一年过去了，没有人可以找到医治他的办法。一天晚上，国王祷告说："哦，伟大的神啊，我在一天天地老去，很快就会离开我的人民，到天堂里和你在一起。除了我的儿子——王子——之外，没有人能够照顾他。请告诉我，要怎样才能医好他的病。"国王耐心等待着回应，突然听到了神坛边的火堆里发出了一个声音："王子喝了来自远在天边的神奇之湖的水就会好的。"

但是国王太老了，他无法亲自前往寻找那神奇的湖水，而王子身体又太虚弱了，所以国王向他的臣民们宣布，如果谁能把远在天边的湖水带回来，他将会得到丰盛的奖赏。许多勇士都前往寻找，但是没有人能找到它。在这个王国很偏远的一个山谷里，住着一位贫穷的农夫和他的妻子，他们有两个儿子和一个女儿。有一天，大儿子说："让我和弟弟去寻找这个可以医治王子的神奇湖水吧。我们会在月圆之前回来帮忙收割庄稼的。"小儿子也很想去，但是他们的父亲却为他们感到担心。农夫的妻子说："我们必须要帮助我们的国王和王子。"就这样，他们两个儿子踏上了寻找神奇湖水之路，临行前，父亲送上了自己的祝福。

兄弟俩走了很远，也找到了许多的湖，但是没有一个湖的湖水是与天边相连的。最后，他们知道，必须得回家帮助父亲劳作了，所以兄弟俩说："我们从每一个湖里都取一些水吧。这样，也许我们会得到奖赏。"回到宫殿的时候，他们告诉国王，他们带回来的是神奇之湖的水。可是王子喝了这个水之后，身体仍不见好转。国王即刻召见了巫师，问他为什么王子的身体还是那么虚弱。巫师说，因为这个水并不是来自神奇之湖的水。兄弟俩吓得直哆嗦，因为他们知道他们谎言被揭穿了。国王非常生气，把他们关进了监狱，让他们每天都喝他们自己带回来的水。

国王又一次向他的人民求助。兄弟俩的小妹苏玛正在照顾她的羊驼，她听到了国王的信使传达的旨意。她很快把羊驼赶回家，请求父母让她去找神奇的湖水。"你年纪太小了，"她的父亲说，"再说，看看你两个哥哥落得个什么下场！"她的母亲也说："我们不能再失去我们亲爱的苏玛啊。"

"但是如果王子死了，国王会多么伤心啊。"苏玛回答说，"如果我找到了那个湖，国王也许会原谅我的两个哥哥。"

"亲爱的丈夫，这也许是上帝的意愿吧。"她妈妈说。他们只能祝福她。

勇敢的苏玛带着她的羊驼出发了，一路上羊驼帮她驮着干粮——一大包金灿灿的玉米和一壶水。第一天晚上，她依偎在羊驼身边，非常温暖舒适地度过了一晚。但是，那天晚上，苏玛听到了山里狮子的吼叫声，为了羊驼的安全，第二天一大早她就让羊驼回家了。第二天晚上，她睡在一棵大树的树枝上。清晨，她被轻柔的小鸟声叫醒了，它们在附近的树枝上休息。小鸟们在叽叽喳喳地谈论着昨天苏玛是如何跟它们分享她的玉米的，它们还说，她永远都不可能找到神奇之湖。“让我们来帮助她吧。”一只麻雀说。

“哦，太好了！请你们帮帮我！”苏玛说。

“我们会帮助你的，因为你是一个善良的孩子。我们每一个人都会给你一支我们翅膀上特别的羽毛，你必须用一只手拿着它们，像拿着一把扇子一样。这些羽毛有着神奇的魔力，它们能带你去到任何你想要去的地方。它们还能帮助你免受伤害。”每一只小鸟都小心翼翼地送给苏玛一支特别的羽毛。苏玛把这几支羽毛做成一把小扇子，从头发上取下丝带把它们绑在一起。年纪最大的那只鸟告诉她，有三只可怕的怪兽在守护着神奇之湖。但是让她不必害怕，因为只要拿着那把神奇的扇子并且唱着“不要害怕，天使就在我身边”，那三只怪兽就无法伤害到她。

苏玛非常感激小鸟们的帮助。在谢过它们后，她拿起那把扇子说：“请把我带到远在天边的神奇之湖。”一阵轻柔的清风将她托起，她离开了大树，穿越了山谷。她继续被往上托着，飞越了白雪皑皑的山峰。终于，清风把她送到了与天相连的一个湖边。她跑到水边正准备把她的水壶灌满时，一只大螃蟹突然爬过来说：“离我的湖水远点儿，不然我就吃了你。”苏玛有些微微发抖，但她举起那把神奇的扇子，唱道：“不要害怕，天使就在我身边。”那只螃蟹马上就闭上眼睛睡着了。

当苏玛又准备开始装水时，水里突然传出了一个声音：“离我的湖水远点儿，不然我就吃了你。”她看到一条巨大的鳄鱼出现在湖中央。苏玛立即拿出扇子开始唱歌，大鳄鱼慢慢沉到湖底，睡起觉来。

当苏玛缓过神来后，她又听到了一阵窸窸窣窣的声音：“离我的湖水远点儿，不然我就吃了你。”她抬起头来，看见有一条飞蛇。苏玛的扇子和歌声再一次解救了她。毒蛇掉到了地上，收起了翅膀，打起了呼噜。苏玛坐着休息了一会儿，好让自己平静下来。她意识到危险已经过去，然后往水壶里装满了湖水。

苏玛拿着扇子，轻声地说：“请把我带到宫殿吧。”她飞了起来，很快就发现自己已经在宫殿的大门口了。一位护卫把她带到王子那里，王子脸色苍白，浑身无力。当苏玛喂他喝了几口湖水后，他坐了起来，高兴地说：“我感觉自己有力量了。”

国王和王后非常欣喜。他们赞赏了苏玛的勇气，并愿意赐给她这个王国所有的财富。但是苏玛说她只有三个愿望。第一个就是把那把扇子还给小鸟们，转眼间那些羽毛就飘出窗外，朝着大山方向飞走了。第二个愿望是她的两个哥哥可以获得自由。国王立刻下令放了他们。最后一个愿望是，希望能有一个大农场，为她的爸爸妈妈养很多羊驼。“这个愿望也会实现的，”国王说，“你不打算和我们一起生活在宫殿里吗？我们会让你幸福的。”

“哦，不用了，谢谢！”苏玛说，“我想念我的家人，我希望回到他们身边。”后来，她回到了家中，和她的爸爸妈妈、两个哥哥以及羊驼们快乐地生活在一起。

南瓜姑娘

——波斯民间故事

露丝·科尔改编

有关“蜕变”的故事对于幼儿园里的大孩子是非常具有疗愈性的，特别是当他们自己正在经历这种强烈的转变时。当我们在故事时间一起来演这个故事的时候，那些在自由玩耍的时间里经常喜欢玩“结婚”游戏的大孩子们会非常乐于参与进来。我们通常会在万圣节或者是丰收的时节讲这个故事。

——露丝·科尔

从前，有一位非常善良的妇人，她和她的丈夫住在小镇边上一个很小但很精致的房子里。她拥有她想要的一切东西，除了一样，她非常希望有一个女儿。每一年，她都祈祷能有一个女儿，但是一年一年过去了，她和她的丈夫还是没有孩子。有一天，她对她的丈夫说：“我是多么想要一个小女孩呀，哪怕她长得像一个南瓜我也不在乎。”

就在她说了这话不久之后，一个美丽的小女孩诞生了，她的眼睛像蓝宝石那样湛蓝，嘴唇像石榴籽那么红润。妇人和她的丈夫都非常高兴，直到有一天早上，当她准备把孩子从摇篮里抱起来的时候，发现她竟变成了一个南瓜。她的丈夫看到自己的女儿变成了一个南瓜，吓得跑出了镇子，再也没有回来。但是这位好心的妇人替这个小南瓜感到难过，依然好好地照顾它，疼爱它。日复一日，年复一年，小南瓜越长越大，大得连妇人都扛不动了。后来，它开始围着小房子滚来滚去，又一直滚到大街上。所有的邻居都嘲笑和讥讽这位妇人，因为她生了一个南瓜。

又有许多年过去了，这位好心的妇人继续照顾着她的南瓜小孩，还为它穿上自己亲手缝制的漂亮衣服。当南瓜小孩 15 岁的时候，妇人决定送她去学校，与镇上的其他女孩子一起上学，这样的话，她就可以学习如何做针线活和纺纱。

这所女子学校正好在一位很富有的商人家隔壁。商人的儿子穆拉德喜欢在他父亲的窗台下看这些年轻的女子纺纱和做针线活。一天，他看到一个黄黄的大南瓜在年轻女子中间滚来滚去，然后他自言自语地说："为什么一个南瓜会来到这所女子学校呢？"

穆拉德开始关注这个南瓜。他注意到，每到中午，当女孩们到无花果树下吃午饭的时候，这个南瓜会滚到花园那头一个很远的角落里，然后就消失了。

穆拉德爬上他家的屋顶，想一探究竟，因为在那里他可以看到整个花园。当那个南瓜中午悄悄离开的时候，穆拉德一直在看着它。南瓜滚到一个栗树从里，这样她就可以躲过花园里所有人的目光，然后它停下来了。南瓜的顶部突然打开了，里面走出一位年轻的姑娘，她的美貌宛若第十四夜的月亮。她爬上葡萄架，开始摘葡萄当午餐。吃饱后，她又从葡萄架上爬下来，回到南瓜里，南瓜的顶部又回到原来的位置。

在这之后的每一天，穆拉德都会在中午的时候爬上屋顶，看着这位美丽的姑娘从南瓜里面走出来，把葡萄当午餐，然后又回到南瓜里。一个星期过去了，穆拉德已经爱上了这位姑娘，不是只有一点点喜欢而已，而是真心实意地爱上了她。

一天，穆拉德爬到屋檐上，离葡萄架很近。当那位姑娘从南瓜里走出来，爬上葡萄架时，穆拉德靠过去一把拉住她的手。他正打算问她是否愿意当他的新娘时，那位姑娘很快地把手缩了回来，匆匆忙忙爬下葡萄架，消失在南瓜里。然后她滚回去和其他女孩在一起。

穆拉德非常难过。但是他发现那位姑娘的戒指从她的中指滑落下来，落在他手里。他走下楼跟他的母亲说："母亲，我想结婚了。不过，我只想娶那位中指能戴上这个戒指的姑娘。"

他的母亲听了非常高兴，因为她一直盼望着穆拉德能结婚，开始他的新生活。她把戒指交给她非常信赖的老女仆娜娜，说："找遍镇上的每一户人家，找到那位中指能戴上这枚戒指的姑娘。把她带回来，我们要向她家提亲。"

两鬓斑白的娜娜一家挨着一家找，让镇上几乎所有的女孩都在中指上试了试那枚戒指。有人问她为什么要这么做，她说："我的女主人，那位商人的妻子，让我帮穆拉德找妻子。不论这位姑娘是贫穷还是富有，只要她的中指能戴上这枚戒指，穆拉德就会娶她。"

镇上的年轻姑娘们听到这个消息后，都非常激动。有些还拼命饿肚子，好让她们的手指瘦下来，能戴上那枚戒指；还有些就拼命地吃黄油和蜂蜜，好让她们的手指长胖一点，能适合那枚戒指。但是她们没有一个能够恰好戴上这枚戒指的。终于，两鬓斑白的娜娜来到了小镇边上那位好心妇人的家。她敲了敲门，问道："请问这一家有年轻的女孩吗？"

"请不要取笑我，不要嘲笑我！"好心的妇人哭着说，"我真是太希望有一个女儿了，可是老天给我送来的却是一个南瓜。”

仆人娜娜感到很吃惊，说道：“让我看看这个南瓜吧。”

南瓜从厨房里滚出来，娜娜开始大笑起来。

“请不要取笑我，”好心的妇人哭着说，“你为什么想看我的南瓜孩子呢？”

娜娜说：“我的女主人，那位商人的妻子，让我帮穆拉德找妻子。不论这位姑娘是贫穷还是富有，只要她的中指能戴上这枚戒指，穆拉德都希望能娶她。”娜娜拿出来穆拉德的母亲交给他的那枚戒指。

就在这个时候，一只精致而修长的手从南瓜里伸了出来，好心的妇人和娜娜都大吃一惊。她们试着把戒指戴到她的中指上，发现戒指不大不小，正好合适。娜娜感到有些不安，跑回去跟她的女主人说明了一切。

商人和他的妻子非常生气。“我们的儿子不可能娶一个南瓜。”他们说。但是穆拉德回答说：“娜娜，带那个南瓜来见我吧。”

结果，娜娜又跑回到好心妇人的家中去找那个南瓜，南瓜很快就滚到了商人的家里。大家都在嘲笑穆拉德，可是他却说：“这个南瓜的中指能戴上那枚戒指，所以我应该娶她。”穆拉德的母亲哭起来，他的父亲也非常生气，可是穆拉德却坚持要娶这个南瓜。他们举行了婚礼，整个小镇都在取笑穆拉德，因为镇上最英俊最富有的年轻人居然娶了一个又肥又黄的大南瓜。

婚礼结束后，穆拉德把南瓜带到一座房子里，这座房子坐落在一个僻静的小山上。他每天都非常精心地照顾她，不让别人取笑她。有一天晚上，穆拉德正在睡觉的时候，南瓜的顶部突然打开了，那位年轻的姑娘走了出来，她的美貌宛若第十四夜的月亮。她温柔地吻了一下穆拉德，他醒了。他高兴地大声说道：“你是那位南瓜里的姑娘。你是怎么被解救出来的呢？”

“你的爱解救了我，”她说，“如果不是你在我还是个南瓜的时候爱上我，我永远也无法获得自由。”

从此以后，穆拉德和他的南瓜妻子一直快乐地生活在一起。他们把南瓜壳儿放在家中的一个角落里，这样他们时刻都可以回想起当所有人都在嘲笑她的时候，穆拉德是如何爱他的妻子的。

巴布施卡的故事

——俄罗斯的民间传说

露丝·科尔改编

1995 年到 1997 年间，我有幸三次造访俄罗斯，每次都在那里停留了两至四周的时间。我奔走于这片广袤土地上的各个地方，为幼儿园、托儿所和保育所的老师们教授华德福早期教育的课程，也会有心理学家、图书管理员、孤儿院的工作人员、医生和护士来参加学习。这其间发生了很多有意思的事情，可以跟大家慢慢细说，但是我最想说的是，我从这个勤劳勇敢、坚忍不拔以及充满高贵力量的民族身上学到了很多很多。在这个国家，许多故事中仍保留着最初的原型，一些手艺人还在延续着当地的手工制作，这对于我来说是一个新的体验。之后一些到访过俄罗斯的同事回来告诉我说，这种状况可能很快就会发生改变了，所以我想跟大家分享俄罗斯之旅当中我收获到的一个珍宝——巴布施卡的故事。

我所遇到的俄罗斯人跟我说，据他们的想象，这个故事是发生在俄罗斯的北部。虽然我去过诺利尔斯克这个位于北极圈内（45 天完全黑暗）可以看到美丽极光的城市，但是这个故事是由住在罗斯托夫（位于亚速海顿河河畔）的一位年轻大学生帮我翻译成英文的。在那里，我遇到了一群教育家和医生，他们在用英语、法语、德语和俄语学习人智学，他们还打算建一所华德福学校，并在他们的医学实践中引入一些维蕾德的观点和疗法。

有一年的主显节，带着这种意识，我给幼儿园的孩子们讲了巴布施卡的故事，孩子们脸上闪烁出的光芒让我体悟到了这个故事所蕴含的更深的意义，这真是一份很好的礼物。我只从翻译的原文中修改了几个词。希望这个故事能对你们的工作有所帮助。

从前有一片非常寒冷的森林，巴布施卡住在森林中最寒冷的角落里的一个小木屋里。她的小房子正好坐落在四条小路相汇的地方。当冰霜老人（冬日国王）在大地上时，风哥哥就会在她的窗边咆哮，雪花会在她的小屋前堆成小山，没有人会到她的屋里来，也没有人会从她门前的小路上经过。巴布施卡的内心渴望着夏日的温暖、花儿的芬芳和小鸟的歌声，还有她的朋友们。

有一年，巴布施卡决定为她的朋友们举办一场聚会。"这样的话，我就不会再孤单了，"她想，"我要邀请我所有的朋友。我会准备好吃的，把房子打扫得干干净净，还要从雪堆中铲出一条路，直通到我家的大门！"巴布施卡说干就干。她扫地，擦柜子，打扫了整个房子，然后开始做最美味的食物——她最拿手的面包、饼干和蛋糕。她还跑到储藏室，把土豆、苹果和一罐罐的白菜和番茄罐头拿到厨房。

当她正在摆盘子的时候，忽然听到有人在敲门。巴布施卡跑过去打开门一看，她并不认识站在她面前的这个人。这个人头上戴着一顶非常华丽的皇冠，是一个国王，当他低下头跟她说话时，巴布施卡感到非常惊讶。那个人说："巴布施卡，我们在跟随着天上的一颗神奇的星星的指引。一个很特别的小孩即将出生。我们认为他会成为一位国王，而且那颗闪亮的星星会引领我们到他那里去。跟我们一起去吧，巴布施卡，你也将看到新生的国王。"

巴布施卡看到这位国王的身后还有两位国王，他们骑在骆驼上。当这些庞大的动物跺脚时，她可以听到它们的驼铃声。但是巴布施卡想到她有朋友会来，所以她回答说："我晚一点会跟你们一起走的，但是我现在要为我的聚会做准备。"那个国王有些难过，转身离开了，巴布施卡随即关上了门。

"现在，我得把面包从炉子里拿出来了，还要在桌上摆上蜡烛。"巴布施卡正想着，又听到有人在敲门。巴布施卡又一次打开门，她朝黑夜里望去，似乎听到了她朋友从远处传来的声音，但是，黑夜中，站在她面前的却是另一位国王。从他穿的衣服看，他好像是来自一个非常遥远的国度，但是巴布施卡似乎看到了前面那位国王提到的那颗星星在他的脸上闪烁。这个人摇了摇一个金色的香炉，一缕甜美的香烟从他身边升起。他也要巴布施卡跟他一起去看那个新生的国王。

巴布施卡心里一阵惊喜，她也非常想跟着国王们一起去，但是她往四周看了看，看见了家里温暖的蜡烛，闻到了刚出炉面包的香味儿，然后说："我改天会去的，但是我现在正忙着准备我的聚会。"巴布施卡再一次关上了门，忙着把最后一点没扫完的地面打扫干净。

这时，她又听到了第三次的敲门声。"我的朋友们终于来了。"她想。巴布施卡跑到门前，迫不及待地打开门，但是令她感到意外的是，敲门的居然是第三位国王。这位国王很年轻，巴布施卡一下就喜欢上他了。年轻国王的微笑里闪烁着智慧，他问了巴布施卡同样的问题，是否愿意和他们一起跟随星星的指引，巴布施卡知道自己其实非常想去。"今晚就留在这儿吧。来参加我的聚会。"她说，"明天我会跟你一起去看这位伟大的国王的。"但是这位智慧的国王却难过地摇了摇头说："我们必须跟随星星的指引。巴布施卡，你有很多东西可以带给这位新生的国王，把它们都带上，跟我们一起走吧。"

但是巴布施卡摇了摇头。她看到她的朋友们就要到了。当她在迎接朋友的时候，她还是忍不住看了看那三位国王，他们骑上骆驼，顺着那颗星星指引的方向出发，那颗明亮的星星照亮了整个黑夜。

巴布施卡和她的朋友们度过了一个非常愉快的夜晚。他们品尝了美味的面包，吃完了大部分的食物，然后一起跳舞唱歌。

但是当她的朋友们第二天离开时，巴布施卡突然想起了那些国王和他们提到过的那个婴儿，她按捺不住，迅速整理并带上了一些礼物和头一天晚上聚会剩下的食物，跟随着国王们的脚步出发了。骆驼的脚印被大雪覆盖了，巴布施卡艰难跋涉，努力寻找着那颗闪亮的星星。可是她没能找到那颗星星，也没能找到那个婴儿，她只好把准备的礼物送给了一个穷人家，因为他们家正好也有一个小宝宝刚出生。

巴布施卡回到了家中，在那整个漫长寒冷的冬季，甚至到了天气变暖的时候，巴布施卡一直在做准备，如果第二年那三个国王再来找她的话，她就随时准备跟他们一起去。第二年冬天，巴布施卡等着国王们来，但是他们没有出现。所以她独自带着她准备了一年的礼物出发。她一路都在寻找，可是还是没有找到那颗星星，但是她却发现她之前找到的那个孩子非常喜欢她送的礼物。

巴布施卡再次回到家中，她内心的渴望越来越强烈，希望能够找到那个光的小孩。每一年，巴布施卡都会去寻找那三个国王提到的孩子。每一年，她都会为那个孩子准备礼物，但是每次她都把那些礼物送给了看到她就欢快微笑的孩子。慢慢地，巴布施卡越来越爱这些孩子了。

那是一个圣诞节的夜晚，巴布施卡的家里几乎没有什么东西可以再送给别人了。她现在很老很老了，她这一辈子送了很多很多的礼物给许许多多的孩子和父母。突然，她发现了一个很老的玩具，当她正在把它打磨光滑的时候，听到了门外一阵轻柔的哭声。“听起来像个小婴儿的哭声，”她想，“谁会在这么寒冷的夜晚把一个孩子留在外面呢？”

巴布施卡赶紧走过去打开门。在寒冷漆黑的夜里，她看见在她门口的台阶上有一个篮子。篮子里面躺着一个闪着光芒的小婴儿，当他看到巴布施卡手中刚打磨好的玩具时，欢快地举起他的小手，发出“咯咯”的笑声。巴布施卡的心里高兴极了。她抬起头来，看到孩子身旁站着一对慈爱的父母，在他们身后是很久以前来敲过她家门的三位国王，他们的周围站着许许多多的孩子和他们的父母，巴布施卡点亮了他们的内心。他们全都走进了巴布施卡的心里……此刻，巴布施卡知道，一切都没有白费。她知道，为了寻找光的小孩，她所付出的一切都是值得的。她的内心充满了爱。

适合幼儿园里大孩子的一些活动

南希·布兰宁和露丝·科尔编写

户外：适合大孩子玩耍和工作的活动及设备

1. 跳绳——刚开始可以由一位大人来摇绳，孩子们来跳，然后孩子们也可以轮流为其他小朋友摇绳。跳绳的一端可以系在一根柱子上，这样就只需要一个人来摇。一个孩子能独自跳一根绳也是一种挑战。

2. 跳马——板凳、树桩或者其他一些物品，摆在某个地方，让孩子跳过去。

3. 一条细皮带可以用来做马的缰绳。

4. 一些能够用来锻炼孩子的平衡、攀爬、跑跳、爬行等能力的设施，可以从上面滚下来的小坡，还有跳房子等等。

5. 传统游戏——《老狼老狼几点钟》和《红色海盗》（Red Rover）游戏等（Red Rover 是一种玩法非常简单的儿童游戏。首先，分成人数相等的两组，手挽手组成防线。其中一组从对方的组里选一个人，比方是杰克，大家喊："Red Rover，Red Rover，派杰克过来！"于是杰克离开他的队友，开始奋力冲向另一组，冲破对方手挽手的防线。如果杰克冲破了对方的防线，他可以从对方的队伍里选一个人带回自己的队伍。如果失败了，他就成为对方队伍中的一员。就这样轮流叫对方组里的人，直到一方获得所有成员，即可宣告胜利）。

6. 小石子儿堆成的小山丘，或者草坡。

7. 帮助他人，如清理落叶、打扫、铲土、剪树枝、捡木棍、清理石头、整理花园、播种、浇水、生火。

8. 早晨外出散步的时候帮助大地妈妈清理垃圾。

户外：玩耍的材料和设施

1. 提供给孩子们风、火、水、土的体验。

2. 踩高跷。

3. 锯木马。

4. 可以用来抽水的泵，可以用来盛水和在里面玩水的小桶和大桶。

5. 将稻草包、树枝或玉米秆捆在一起，或者用布绑在一起，可以用来做一些建筑。

6. 真正的工具——铲子、耙子、大桶。

7. 独轮车、小拖车以及坚实耐用的园艺工具。

8. 跷跷板——离地面较低，比较安全。

9. 平衡木或板。

10. A 形楼梯。

11. 很粗的渔夫绳子，用来荡秋千、弹跳、倒挂或者拖东西。

12. 横剖锯——在老师的看护下使用。

13. 一个摆放有各种木工工具的工具台。

14. 可以在节庆用来生火做食物的火炉（可以用来烤苹果干、土豆、面包和披萨）。

15. 传统烤炉。

16. 玩水——浴盆、半圆形竹片，可以用来做水道，里面可以漂一些松果、小棍子或是核桃小船等。

17. 固定在树枝上的滑轮和绳子。

18. 小拖车和小推车。

19. 用柳条或者枫树苗制作的弓和箭。

20. 较大一点重圆木或是树桩。

21. 沙子、石头、棍子、厚木板和鹅卵石。

22. 在老师的看护下劈柴。

23. 弹力球。

室内：适合大孩子玩耍和工作的活动及设备

1. 处理羊毛——剪羊毛、洗羊毛、梳理羊毛。羊毛可以在春天染，然后纺成毛线，春天的时候可以编织成皇冠或长绳子。

2. 洗羊毛——羊毛需要用三桶水来清洗干净，然后再用三桶水来漂洗干净。

3. 用手或者梳子来梳理羊毛（给宠物狗梳毛的梳子便宜又好用）。

4. 把毛线绕成毛线球。

5. 四股线的手指编（可以为娃娃们编帽子或毯子）。

6. 羊毛湿毡活动——羊毛湿毡球、鸡蛋、老鼠、种子娃娃、雪人，等等。（请注意，针毡还不适合幼儿园的孩子）

7. 在老师的帮助下用芦秆编篮子。

8. 用一块手帕做好打结娃娃的头和身体，为娃娃的毯子缝好边，为娃娃做“睡衣”。

9. 做宝剑。

10. 做盾牌。

11. 用木质的压制工具将树叶或者花压制成书签。

12. 用压好的花和树叶，加上一些画，做成卡片。

13. 把木头锯成圆形，穿过树皮在木头上钻个孔，用手指编的绳子穿过那个孔，做成一个高跷。

14. 用木材的边角料做一艘小船。

15. 缝针插、娃娃的衣服、毯子。

16. 为用餐时间缝餐巾。

17. 切一小块竹子，并打磨光滑，做成餐巾环。

18. 切一块圆形的木头，中间打一个孔，并打磨光滑，做成烛台。

19. 用手指编跳绳和玩耍绳。

20. 用羊毛毡、羊毛或纸做皇冠。

21. 播种去麸小麦粒，养成复活节草。小麦草长大之后，可以用来榨成汁喝或者喂养身边的小动物。

22. 碾磨谷物。

23. 做蜡烛——通过蘸蜡或者手搓来做。

24. 照顾植物和动物。

25. 用一点点染好的羊毛和细线做蝴蝶。

26. 用精油做香氛的浴盐。

27. 用自然染料染丝绸、羊毛和棉布。

室内：材料和设施（除了常用的家具以外）

1. 包礼物需要的材料——包装纸、小丝绸。

2. 做卡片的钱币需要的材料。

3. 可以用来做滑梯、桥等的大木板。

4. 一些允许孩子移动的家具，这样他们可以把它们当作他们自己想要的东西。

5. 滑板。

6. 大木箱——可以用来推或者拉，也可以是小船、汽车、圣诞老人的雪橇、小宝宝的房子以及货车厢等。

7. 可以进行感官游戏的一碗谷物。可以把一些成对儿的小物件的其中一只埋在谷物里，当老师拿出某一个小物件的时候，孩子们要把胳膊或者手伸到谷物里去找另一只。

8. 装满豆子的大木箱，孩子可以跳到里面去。

9. 沉重的树桩。

10. 能够进行攀爬和大运动的设施，如架空的小区域、梯子、允许攀爬到顶上去的结实的玩具架等。

11. 一些靠垫或枕头，可以往上跳，也可以用来做“三明治”等感官游戏。这些“三明治”最开始都是由老师来做。孩子躺在一个大的枕头上，另一个枕头（另一片面包）放在孩子身上。当孩子们问这是一个什么三明治时，老师可以向下按压枕头（同时可以假装在上面抹蛋黄酱、芥末酱和放泡菜等），这样可以帮助枕头下的孩子通过坚定有力的挤压而感觉到身体的边界。老师示范过几次后，孩子们就可以自己来做了。这是一个很好的可以让教室安静下来的办法，而且孩子们也需要排队或者合作来进行这个游戏。

手工和庆典活动：

1. 用鲜花、常青藤、柳条或者大树叶来做皇冠。

2. 用松果做成小鸟放在小树枝上。

3. 用松果来做老鼠，可以用牛皮等来做它的耳朵和尾巴。

4. 用栗子来做老鼠，可以用羊毛毡来做耳朵和尾巴。

5. 用起绒草来做豪猪。

6. 用线编织“上帝之眼”（God’s eye，一种编织而成的手工艺品）。

7. 把彩色纸带装饰在猫尾巴草上，可以在秋天外出时带上它。

8. 用羊毛毡做米凯拉节的流星球，用少量明矾固色，用金盏花染色，再配上闪亮的彩带做装饰。

9. 做苹果汁。

10. 采集一些草药和蜂蜡、油和羊脂一起熬，制成药膏。

11. 帮助在菜园里采摘蔬菜，挖土豆，拔萝卜，等等。

12. 在冬季把菜园整理好，为来年春天的培育做准备。

13. 播种植物球茎。

14. 加工谷物——收割、脱粒、簸谷，再碾磨成面粉。

15. 用一束束谷物做成丰收的花环，以后可以悬挂在天花板上做装饰，还可以在不同的季节配上不同的礼物：干的苹果星星、纸做的雪花、蝴蝶、干花、圣灵降临节的小鸟和复活节彩蛋等。

16. 做果酱。

17. 做黄油。

18. 帮助削苹果皮，做苹果派、苹果酱、苹果干或者干的苹果圈。

19. 洗土豆、胡萝卜和其他菜园里的蔬菜。

20. 用很大的树叶做树叶风筝。

21. 做橡子口哨——找到没有裂痕的橡子，用一个非常尖的石头在顶部凿一个洞，用一根很细的尖头的棍子把橡子肉掏出来。

22. 在水里玩用核桃做的小船。

23. 仿照以羊毛做娃娃的方式用草做娃娃。

24. 做玉米娃娃。

适合准备好上一年级的孩子的活动：

1. 缝一个带纽扣的书的外壳，做一个针插，并且将安全别针、别针、线以及针都放回到针线篮里。

2. 做一个立偶，并且可以和朋友们一起演偶戏。

3. 在老师的帮助下编篮子。

4. 可以用跳绳针法编制出有一定分量的跳绳。

5. 做高跷。

6. 做简单的娃娃和娃娃的衣服。

需要强调的是，这些活动并不是大孩子必须要做的工作。以上的这些只是一些建议，绝不意味着所有这些必须成为幼儿园一年之中活动的一部分。在幼儿园里的玩耍，对于大孩子来说，仍然是最重要的。以上建议的许多活动可以融入幼儿园日常活动当中来，孩子们可以玩着玩着跑来参与这些活动，一会儿又跑开去也没有关系。对于大孩子能做的一些活动，小一点的孩子看到了以后，也会期待下一年轮到他们做这些事情。

过渡游戏、诗歌和歌曲

露丝·科尔和芭芭拉·克拉克搜集整理

以我的经验来说，大孩子都非常喜欢玩传统游戏，而且从不厌烦。我们每天在故事结束后或者家长来接孩子之前都会一起来玩这样的游戏。很快，孩子们就会在户外时间或自由玩耍时间开始自己玩起这样的游戏来。在我看来，传统游戏对大孩子来说是最好的一种享受了。关于一些游戏的书籍在很多书店里都可以找到，特别是在人智学书店里。也许你们会发现，书中提到的一些游戏歌曲并不是五音节的歌曲。尽管如此，它们同样是以非常轻快活泼的方式带给孩子们快乐，孩子们都不愿意停下来，而且还经常会说："我们再来玩一次吧！"

——露丝·科尔

找东西的游戏：

小种子，小种子，往前走；
小种子，小种子，一直走；
一圈一圈，又一圈；
永远永远也找不到。

孩子们围坐成一个圆圈。一个孩子手里拿着一颗种子，假装一个接着一个地给每个孩子手里都放种子，不过实际上他只会把种子放在某一个孩子的手上。然后，老师可以问："莎拉，你猜小种子在谁的手里呢？"莎拉可以来猜，如果她猜对了，就由她来藏小种子。如果她猜错了，老师可以再让别的小朋友来猜。

这个游戏也可以把"种子"这个词换成"宝石"。孩子们都围坐成一个圆圈，一个孩子把眼睛闭上，其他的孩子相互间传递这个宝贝。当这首儿歌结束的时候，所有的孩子都把手背到身后去，那个闭上眼睛的孩子可以把眼睛睁开，猜猜宝贝在谁的手上。

***

两个孩子不见了，两个孩子不见了，

你知道他们是谁吗？

回来吧——回来吧——

告诉我们他们是谁。

孩子们围坐成一个圆圈。两个孩子站出来，闭上眼睛。老师选两个孩子，用手势告诉他们藏在她前面的床单下。大家开始唱上面的歌，然后那两个蒙着眼睛的孩子回来，猜猜看是谁藏起来了。有时候他们猜不出来，这时候老师就可以问一问，有没有小朋友可以给一些提示。孩子们会很乐意地举起手来，给朋友们提示，如他们头发的颜色，他们柜子上的图标，他们弟弟的名字，等等。大孩子们很喜欢这个游戏，因为他们经常不需要提示就可以猜到谁藏起来了。

***

小精灵（或者星星、小兔子）藏起来了，
我们的眼睛会找到他们藏在哪里。

可以自己编曲：

***

我用我的眼睛找红色（绿色、蓝色，等等）的东西。

可以是某个孩子身上有的某一种颜色，这样游戏就会简单一些。猜的这个人只需要说出孩子的名字就好。

***

指环，指环，你一直往前走，
从一只手到另一只手，
指环，指环，你一直往前走，
哦，我亲爱的指环。

老师把一个指环套在一个手指编的绳子上，这个绳子要足够长，可以围绕圆圈一周，这样每个孩子都可以同时拿着绳子。一个孩子坐在圆圈中央，闭上眼睛。大家一边唱歌（完全可以轻松哼唱自己喜欢的曲调），一边移动指环。当歌曲停下来的时候，孩子们双手击掌，夹住绳子，坐在中间的那个孩子猜猜谁的手掌里有那枚指环。

***

小狗，小狗，谁拿了你的骨头，

有人从我家拿走了。

小狗，睁开眼睛来看看，

是谁拿了你的骨头呢？

老师让一个孩子到圆圈的中央，把一根“骨头”（一般是一块石头或者一根木头）放在他的背上。然后老师会让另一个孩子把“骨头”拿走，藏起来。所有坐在圆圈里的孩子也都把自己的手藏在背后，让这只“小狗”来猜谁拿了他的骨头。

***

这里有个盒子，上面有个盖子，

我不知道里面藏了什么

藏的到底是什么——

让我们打开盖子，让它出来吧。

孩子们和老师围坐成一个圆圈，相互靠着，就好像做成一个栅栏。孩子们告诉老师盒子里装有什么东西（假装是马、蝴蝶等），老师打开盖子，让这个里面的动物、小花儿或是其他东西出来。有些孩子会说：“我要在地上为我的小兔子打个洞。”然后他们会接着假装在他们面前的那一小块地方挖洞。

***

熊先生为什么会这么喜欢蜂蜜呀？
好吃，好吃，好好吃。
熊先生，请把眼睛闭起来，
让我也来找点蜂蜜吃。

孩子们和老师坐成一个圆圈，老师把手中的蜂蜜罐递给一个孩子，然后这个孩子走到圆圈中央。当熊先生把眼睛闭起来时，老师让一个孩子到圆圈中央拿走蜂蜜罐，然后藏在自己身后。当熊先生睁开眼睛时，所有的孩子都把手背在身后，他得猜猜是谁拿了蜂蜜罐。

***

我给我亲爱的写了一封信，
可是我把它掉在了路上，
你们有人捡了它，
把它放进了口袋里。
（Yankee Doodle 的旋律）

一个孩子围着圆圈走，把那封“信”放到某个小朋友的背后。在歌曲结束后，站起来的那个孩子和捡到信的那个孩子分别围着圆圈反方向跑，尽量坐到留出空位的地方。用传统的旋律来唱。

***

鞋匠，鞋匠，在做鞋，

两点半能做好吗？

鞋匠，鞋匠，请告诉我，

谁有一双和这一样的鞋？

孩子们坐成一个圆圈，把脚都伸出来。一个孩子站在圆圈中央，眼睛蒙起来。老师让蒙上眼睛的孩子慢慢转圈圈，当歌声（可以是自己创作的旋律）停止时，老师引导孩子弯下身来，摸一摸他面前这个孩子的鞋子，猜猜他是谁。如果这个孩子猜不出来，其他的孩子可以给提示。

***

玛丽在花园里，在花园里的是玛丽。

所有的树都比她高，所有的花都比她大。

你能猜猜看，玛丽在哪儿吗？

老师把一个名叫玛丽的小指偶女孩给坐在圆圈里的一个孩子，然后让另一个孩子蒙上眼睛。当上面的儿歌停了之后，这个孩子睁开眼睛，猜猜哪个孩子把玛丽藏起来了。玛丽可以藏在口袋里、袖子里或是上衣里。

***

过渡诗歌：

大家完全可以自己编排动作。

这个房子有很结实的屋顶，
这是用木头做的墙，
门可以锁得牢牢的，
阳光透过这个窗户洒进来，
住在这里的人用爱装满整个房子，
天使们也在这里守护着我们。

***

我的名字叫鞋匠克里斯托弗，我能做很好的鞋子。
我能做长鞋子、短鞋子、高鞋子和矮鞋子。
我的名字叫鞋匠克里斯托弗，我能做很好的鞋子。

我的名字叫面包师贝奇，我能做很好的面包。
我能做长面包、圆面包、麻花面包和面包圈。
我的名字叫面包师贝奇，我能做很好的面包。

我的名字叫裁缝汤米·泰勒，我能缝各种针法。
我能缝大针法、小针法、平针法和包针法。
我的名字叫裁缝汤米·泰勒，我能缝各种针法。

我的名字叫造船师波比，我能造各种好船。

我能造大船、小船、独木舟和帆船。

我的名字叫造船师波比，我能造各种好船。

我的名字叫农夫莱斯利，我照看农场。

我播撒种子，我除去杂草，我喂牲口，不让他们冻着。

我的名字叫农夫莱斯利，我照看农场。

接下来，创作你自己的诗歌吧！

晨颂及歌曲：

温柔的仙子们，聪明的精灵们，请过来加入我们，我们从花园里为你带来金色的光。天使日夜都守护着我们，在阳光下，在月色中，在灿烂的星空下。

以下面的内容来结束（可以按照你自己的旋律来唱）：

光仙子们，过来吧，带给我们金色的光。

光仙子们来了，带来了星星和太阳的光。

***

脚下是大地，头上是天空，

我有许多的朋友，我就在这里。

***

亲爱的大地，早上好。亲爱的太阳，早上好。

亲爱的石头和花儿们，早上好。

亲爱的动物和树上的鸟儿们，早上好。

亲爱的你，早上好；亲爱的我，早上好。

（这首歌词也可以大声读出来，或者按照你自己的旋律来唱。可以站着唱一次，然后在圆圈里再唱一次。）

***

天使守护着我们，让我们免受伤害。

天使照顾着我们。

我站在这里，

充满爱和力量（无畏的样子），

真和善。

***

关上前门	在身前拍手。
关上后门	在身后拍手。
关上大窗户	把双手放在胸前，不击掌。（控制冲动）
关上小窗户	把双手放在腹部，不击掌。
关上地下室的窗户	手指尖相碰靠近双脚。
关上楼顶上最小的窗户	手指尖相碰放在头顶上。
我在房子里	双手交叉于胸前，双脚重重踏地。

***

我脚下的大地非常坚实，

我头上的太阳温暖而明亮，

我笔直而有力地站在这里，

所有的一切都值得我去学习和热爱。

日常过渡歌曲和诗歌：

点燃晨圈蜡烛时：

当一切都非常安静的时候……光仙子就会到来，带来星星和太阳的光芒。

晨圈结束时：

我和花儿一起跳舞，我和太阳一起歌唱。我把我的温暖带给每一个人。

熄灭晨圈蜡烛时：

这是太阳公公带来的小火苗，让我们的内心如此温暖而明亮。

餐前感恩之前：

欢迎，欢迎，欢迎到我们的餐桌前来，

安静，安静，让我们都把双手握起来。

用餐结束时：

让我们手拉着手，连成一条金色的链子，感谢美味的食物。

在休息时弹莱雅琴，或者即将开始一个游戏时：

看看谁是最安静的孩子。（伴随一段简单的旋律来唱）

休息结束时：

叫醒明亮的太阳。鸟儿们在阳光下歌唱。

光明，光明。

标记小睡时间：

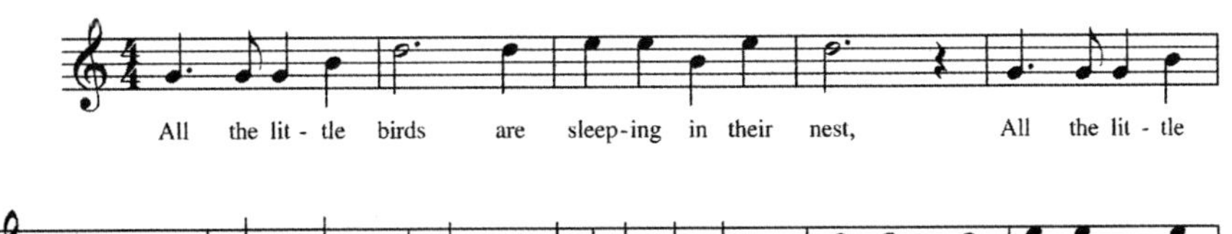

所有的小鸟都在窝里睡着了。所有的小鸟都在休息，它们不再叽叽喳喳地叫。大街上，所有的一切都很安静。

在休息即将结束时，我们说……

鸟妈妈来了，轻轻拍拍他们的背，

跟我来吧，跟我来吧，我们的午休结束了。

故事后：

银色的小船飘走了，在金光闪闪的波浪中，银色的小船飘走了。

夕颂：

上帝的天使在守护着我，

你是一颗明星，为我照亮前行的路，

不论是今天还是今夜，

明星闪耀在夜空，

你永远都是守护着我的牧羊人。

***

哦，亲爱的太阳，哦，亲爱的大地，亲爱的朋友们在一起，

让我们手拉手，流动起来。

暖暖的金色流动起来，

再见。

***

再见，再见，是该回家的时候了；

再见，再见，是我们该回家的时候了；

（桑德拉和她的家人）会走到门口，

他们马上就要走了，他们很想回家了，

再见，再见，是他们该回家的时候了。

在节庆的时候，这首歌可以很好地帮助孩子和他们的家人离开教室。通常两个老师可以用手臂撑起一个拱桥，家长和孩子们可以通过这个拱桥离开圆圈。有时候我会对等待的孩子们说："当我看到你安静地坐好的时候，我就会告诉你可以穿过拱桥回家了。"这首歌可以很好地让节日活动有一个平静而有序的结束。有许多旋律都可以配上这个歌词。其中一首可以在 Spindrift（Gloucester，UK：Wynstones Press，1983）第二版的第 42 页找到。

跳绳韵文

芭芭拉·克拉克和露丝·科尔搜集整理

Ringle Rangle rowdy cocka–doodle–doo

走到院子里摘蓝莓，

你一个，我一个，

不高兴的宝宝也会有一个，

数数他（她）摘了多少个？

1，2，3，4……

***

泰迪熊，泰迪熊，转个圈。

泰迪熊，泰迪熊，摸摸地。

泰迪熊，泰迪熊，爬楼梯。

泰迪熊，泰迪熊，来祷告。

泰迪熊，泰迪熊，说晚安。

泰迪熊，泰迪熊，请关灯。

数数他做了几个梦？

1，2，3，4……

***

小河边，大海边，

海星宝宝真漂亮，

数数他有几条腿？

1，2，3，4……

***

大大山谷里，青青草地上，

坐着如玫瑰般美丽的妈妈，妈妈走过来亲亲他（她）

妈妈亲了他（她）几下？

1，2，3，4……

***

快来快来一起玩，

我们是快乐的小伙伴，爬上美丽的苹果树，

彩虹桥送你到我家门口，

我们永远是快乐的小伙伴，

关上门！

数一数，一共有多少人？

1，2，3，4……

***

杰克杰克动作快，杰克杰克真灵活，

杰克跳上蜡烛台，

当心衣服被烧着。

踮着脚尖跳下来，

杰克跳了多少下？

1，2，3，4……

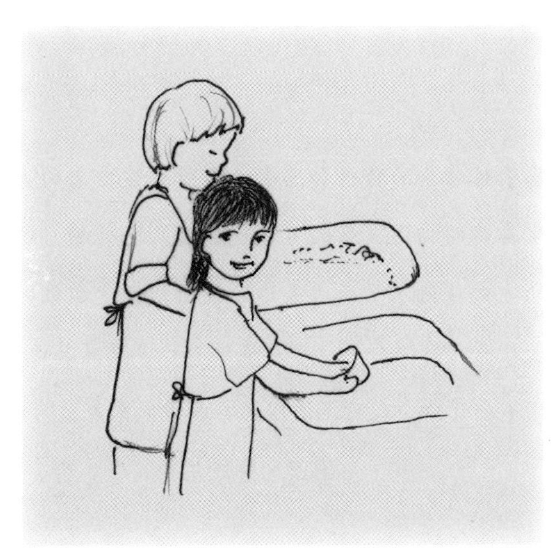

第六部分

家长是我们的伙伴

基于对对方的聆听和感受之上所表达出来的言语才能产生真实的相遇，新的可能也会由此而升起。是我们聆听的方式让他人愿意去表达。换句话说，积极的聆听意味着让他人有机会用语言来表达自己，若是其他情况，他也许不会开口，或者无法以同样的方式来表达自己。

——海因茨·齐默尔曼《说、听、理解》

孩子和家长的华德福教育

黛雯·布朗西（Devon Brownsey）

我是我孩子的第一任老师，如果没有我自己的老师的指引，我永远也不可能完全了解这到底意味着什么。

儿子出生之后，我幼儿园时期的老师送给我一本书，拉希玛·波黛雯·丹西（Rahima Baldwin Dancy）写的《你是你孩子的第一任老师》（You Are Your Child's First Teacher）。当我还是孩子的时候，我在华德福学校学习过很短一段时间，那时跟人智学有一点联接。我发现那本书很有意思，感觉很熟悉，但是它所描述的世界离我当时的生活状态和我怀中的孩子很遥远。我当时并没有打算把我的孩子送到我曾经就读过的那所学校，因为我们家住得离学校有一段距离。

四年之后，我又与这个华德福社区建立了新的联接，而且发现，这个社区已经成为我整个人生不可或缺的一部分。然而，在华德福学校当一名家长与在华德福学校当一名学生是完全不同的两种体验。

了解华德福哲学并将其运用到我们的日常生活当中来，绝不是一件简单的事情。有很多时候，我真的是不知所措，完全不知道该从哪儿下手，或者如何在家里按照老师所提示的那样去做。在这条道路上，我得到了许多老师的指引，在亲子班的课堂上，在幼儿园下午的手工活动里，在晚上的工作坊中。现在我明白了，我自己对人智学和华德福哲学的学习和进步与孩子的学习和成长同样重要。意识到这点之后，我作为家长的经历就变得更有意思了。

一个人成为了一名华德福老师后，便会参与学校工作的方方面面，并继续深入学习华德福教育哲学，可是他也会很容易忘记当初他是如何努力才将这些哲学理念消化吸收并融会贯通的。老师们甚至会陷于一种假设之中，认为家长们应该明白他们在做什么，也知道为什么要这么做。然而，事实上，华德福老师是通过数年的培训以及多年经验的积累才达到今天的状态。无论家长参与学校的工作如何深入，他们也只能是偶尔有机会学习到华德福的教育哲学，对于他们来说，这些教育哲学有点像要把拼图的各个部分拼凑起来一样让人费解，特别是当外面的世界宣扬的某些理念和华德福教育理念不一致的时候，他们更容易感到困惑。

我始终认为，华德福教育应该跨出教室的大门。建立老师和家长之间的信任，对于接受华德福早期教育的孩子来说至关重要。

与华德福学校再次结缘始于我带着两岁的儿子和刚出生的女儿来参加华德福学校上午的亲子课程。当时，我给了自己不小的压力。记得在最初的几个星期里，我很担心自己的孩子跟不上班，达不到我预期的效果。就连吃点心的时候他都坐不住，我真不知道他能否安静地坐下来听老师讲故事。

我和我儿子都从这位老师身上学到了很多。她并不是通过讲课或给出直接的意见来“教”我，而是通过她的行动。她给了我们一些阅读材料带回家去看，还温和地提醒我们要给孩子穿暖和些，给他们少一点选择。

模仿不仅对于成长中的孩子很重要，对于成长中的家长也很重要！在某些喧闹的早晨，我们几个家长会开玩笑地说，当我们用温和的口吻跟孩子们说话的时候，是在“挑战”我们的老师。我确实感觉到把自己想象成一位老师，并且模仿他们与孩子相处的方式，有时能让我获得力量。放低我说话的声音，模仿她们谈话的方式，有助于我重建秩序，学到养育孩子的技能。

当亲子班的课程成为我们每周一上午固定的节奏时，我感觉到自己的压力小多了，并且意识到所有的家长和孩子们都在朝同一个方向努力。没有完美的华德福小孩，也没有完美的华德福家长，意识到这一点后，我真是松了一口气。我们这个群体中每个人都不一样，但是对于我们的孩子有着共同的价值观。

儿子即将开始他幼儿园小班的生活，而我继续带着女儿参加亲子班。带他上幼儿园的第一天，老师的话语中闪烁着智慧的光芒，非常有助于他很好地过渡到幼儿园生活。然而，在他上幼儿园的第一天，我还是忍不住躲到另外一个妈妈的怀里掉眼泪。儿子倒是张开双臂拥抱他的幼儿园生活，很快就适应了。

与我幼儿时期第一位老师的对话开启了我人生中探寻华德福教育和哲学的一条全新的道路。我也读过有关华德福的书籍，当然，也参加过我孩子们的各种活动，但是，我还需要更多。这位老师告诉我，她正在举办有关华德福教育的系列讲座。

许多对华德福教育充满热情的家长都去听了这个系列讲座。我惊讶地发现，老师所讲的与我自己的生命和信仰竟有如此多的共鸣。因为没有孩子在场，家长们有机会在不受孩子打扰的情况下来聆听、参与和思考。对于教育、引领和知识的渴求通过各种问题瞬间喷涌而出，上课的时间真是太不够用了！

在这次晚上的系列讲座中，我学到了很多关于人智学和华德福教学方法的内容，这些内容是我之前从来都没有接触过的。所有的主题都非常鲜活，老师对“十二感官”和“孩子的入世”等这样一些概念的讲解，比自己一味地看书所理解的要深入透彻得多。

虽然我早就听说华德福教育的一切内容都是有据可依的，但是在那段时间，这个概念对我来说真的有了生命。每周的课程结束后，我开着车，踏着夜色回家，心里总觉得满满的——满满地期待第二天早上与孩子们的相处；满满的幸福，因为先生和我的那个决定，我们走进了这所学校；满满的爱，感谢我第一位老师，她在 20 年后仍然在教导着我。

这次学习促使我与更多的家长互动起来。我参加了幼儿园每月一次的手工活动。在那里，我们一边制作手工作品来布置幼儿园的四季桌，一边阅读相关文章，并与幼儿园老师们一起探讨。我的双手在不停工作的同时，还与其他家长分享着各自的观点，这真是验证了双手的活动可以很好地激发大脑的思维。

后来，这位老师为新来的孩子和家长又开了一期亲子班。她邀请我和另外一位妈妈来参加她们头几个星期的课程，希望我们能分享一些经验，也让我们那些已经熟悉环境的孩子来带动其他孩子，开个好头。当我们围着第一张小餐桌坐下时，有一些孩子不愿意喝汤，也坐不下来，这时，我可以感觉到一些新妈妈的沮丧。

但就是在那一瞬间，我似乎看到了我自己的成长历程，我在过去 18 个月当中，真是学到太多了！我跟这些妈妈们说，不用担心，我第一天来的时候也是这样。而现在，我的孩子正坐在我的身边，请老师帮他盛第二碗汤，这是我们自己亲手做的美味的汤。

难道真有那么大的变化吗？老师微笑着，感谢我分享我的经历。没有她温柔的引领、支持和教导，我不可能走这么远。

这次经历以及之后与家长们的几次交流，让我看到我们作为家长不断主动学习的意义，因为这是我们的终身职业。不仅仅是孩子需要用他们的头、心、手来体验，家长更需要。我是我孩子的第一任老师……但我也仍然需要老师。

与家长一起工作：关于家长会的一些想法

露丝·科尔和南希·布兰宁

以下内容是基于对蒂姆·班尼特、露易丝·德·福里斯特和芭芭拉·克拉克谈话的记录。

智慧的家长和老师都知道，当他们这些围绕在孩子身边的人都朝着一个方向努力时，孩子们自然就会健康发展、快乐幸福。家长和老师聚在一起，共同探讨他们都关爱的孩子，对一些事情表现出关怀，而又不带任何评判，这样做是大有裨益的。而且这样还可以在家长、孩子和老师之间建立丰盈的温暖感。这种兴趣和温暖感将会帮助我们解决棘手的问题，让我们合作和相互信任，陪伴孩子们度过美好的童年。许多的洞察让我们能感受到灵魂或精神世界的存有，而这些都是因为与家长之间的默契而产生的。有多少次家长和老师们前一天还在讨论的问题，第二天孩子们自己就展现出了答案？有一些我们眼睛看不见的东西也在这里工作。这一切都是因为孩子生命当中的成人们在努力让所有都变得更美好。亨宁·科勒以及其他人说，这些美好瞬间的出现是因为孩子们的天使在与养育他们的老师和家长一起工作。[1]

1　亨宁·科勒（Henning Kohler），《与焦虑、紧张和抑郁的孩子一起工作》。

我们也知道，从人智学和华德福教学法的角度来看如何养育孩子，可以让我们更深入地了解孩子不同的发展阶段，以及如何来养育一个完整的个体。这就是老师希望也需要跟家长们分享的，这样我们才能够为了孩子朝着同样的目标迈进。然而，在我们的日常生活当中经常看到我们的文化与这些整体观念相矛盾的地方。从这个角度来说，华德福教育真是和我们的文化大相径庭。如何找到一些方法来分享我们的洞见，让大家看到这些并不是一种“过时”或者“老掉牙”的方式，也不是那么简单。我们的确很想保护和鼓励孩子们的健康成长，以至于在我们与家长分享这些的时候，我们看起来有些教条，甚至过于严苛。

那么问题就来了：“如何才能让家长和老师最好地分享这些重要的信息呢？”在本章前面一节的文章“孩子和家长的华德福教育”当中，作为一名家长，作者强调了有很多种方法可以让信息保留下来，而且也有很多不同的学习方式。虽然我们大家都觉得在家长会的时候以讲座的形式来传达一些信息是很有效的，但是我们也要意识到当谈话内容充满了温暖和生动的例子时，家长们会更容易和更热情地来进行交谈。通过鲜活的实例和真实的故事，家长们才能在大家讨论的话题当中找到对应点和共同点。这些例子让他们能够对那些情景“感同身受”。再说深入一点，很多老师发现，若是让家长们去亲身体验，例如让他们动手做一些他们能做的事情，或者当场就感受一下说话人所描述的场景，这样的交流会更为成功。

在幼儿园大孩子研究小组再培训时，讨论家长和老师如何更好地合作时，我们一致认为，我们现在所处的时代赋予了我们这些教育工作者一项新的任务。这项任务就是为我们与家长之间的合作创造一种全新的模式。我们将聆听使命的召唤，创造一个让家长参与其中的体验式学习的新方式。我们可以坐成一个圆圈，充满关爱的氛围，家长们和老师们都把他们自己真实生活的体验带到讨论当中，这样的学习充满着鲜活的实例；或者也可以是一次策划得很好的家长会，家长们能比较投入地参与活动当中来，从而了解到华德福教育当中的一些重要原则。不管是哪种方式，我们都要超越从上至下的模式，开创一种家长和老师的体验相互交织和更为互动的模式，这种参与也可以让我们的学习更加深入。

除了可以提供一些基本信息外，家长会也是加强我们成人提升灵魂或精神实质的重要机会。这最终会对班里的每个孩子和整个班级受益。我们还可以将这种大家在幼儿园都很喜欢的以班级开展的不同层面合作延续到小学。

以下是工作小组的老师收集的一些建议。这也是他们和他们的同事都认为对家长会很有帮助的一些经验。这些建议当中，都有一个显而易见的共同的要素，那就是家长们都确实亲身参加到这种体验式的学习当中来。这些建议当中不仅包括讲座形式，也有一些将体验和讲授结合在一起的方式。因为我们是要同孩子们的意志一起工作，那么我们是否也可以让家长们的意志与他们的思考和情感一起工作呢？

我们生活的这个时代进入人类作为整体要发展其意识心魂的阶段，我们想让事物更加深入地进入我们心魂的思考层面、感受层面和意志层面。我们在人生的不同阶段与不同的人相遇。一个21岁到28岁之间的人学习的方式可能是通过他（她）的有觉知的心魂来体验答案，而28岁到35岁的人学习的方式则更可能是用他们的智性的心魂来体验与合作。在我们生命当中，意识心魂的跨越比较宽，从35岁到42岁。前面的这几个7年，以及我们在这期间所经历的事情，为接下来我们21年的发展提供了想象、灵感和感知的基础。[1]对于老师来说很重要的一点是，充分了解到他所要面对的这个群体的年龄和生命发展阶段，以便为家长们带来最能给他们滋养的家长会。为一群 25 岁左右的家长准备的活动与为 40 岁以上的家长准备的活动是非常不一样的。有很多关于生命节奏的书籍，如下面注释中列出来的那本，对于要经常聚在一起的成人群体来说，是非常好的读本。请记住，如果我们要家长们通过体验来思考的话，他们往往会更加坚定这些想法，他们也会坚持运用他们所学到的。如果这些适合他们家庭的情况的话，希望他们能在家中很好地运用起来。

关于家长会的几点建议

希望以下的一些建议能滋养你们及你们的社区：

首先，家长会要在开学之前召开

- 让每一位家长都有机会来谈谈他们自己，说说他们自己的姓名和职业，喜欢什么，或者如何在生活中寻找乐趣并让自己充满活力。要记住，我们要像对待孩子那样，对家长也充满兴趣。这种信息的分享可以是在家长们忙着帮助准备新年活动的时候进行。这种对家长的关心可以进一步延伸到家长与老师的会谈当中。然后老师可以花一些时间问一问家长上次开家长会时他们提到过的一些情况，并进一步询问他们事情进展得怎么样了。

---

1 古德龙・布克哈德（Gudrun Burkhard），《把握你生命的格局和意义》，第 169 页。

• 家长精心装饰自己孩子的生日蜡烛，并且分享为什么给孩子取这个名字。之后，在学校举行的生日庆典上，老师会点燃这支蜡烛。

• 可以让家长从大自然里带一些他们认为可以代表自己孩子的东西，并且谈一谈为什么这个东西会让他们想到自己的孩子。当每一个家长谈到他们自己孩子的时候，就把这些东西放在圆圈的中心，再把它们放到桌上。这样一来，整个班级的图景就出来了，就像一座雕塑一样。如果某位家长忘了带这个东西的话，可以让他在教室里任意选一样东西添加到这个“雕塑”上。有意思的是，家长从教室里所选的，往往是他孩子第一天来到学校最喜欢玩的。

• 老师也可以以充满想象力的方式开始家长会，让大家想象一下，每一个孩子是如何找到自己现在的爸爸妈妈（他们在地球上这一世最完美的爸爸妈妈）的。然后，家长可以选择两张卡片（从老师已经准备好的里面选），一张代表着家长们可以给予孩子的，或者说他们已经具备的天赋，另一张代表孩子们要求家长们发展的其他的一些品质。然后家长们就会就这两个主题所展现出的图景和想法分享很长的时间。

在后面的家长会当中如何分享其他几个重要主题的建议

• **可以做一个育儿系列的专题，三次、四次或者五次为一个系列，为每个系列取一个有生命力的题目。**每一次家长会可以讨论一个主题，如节奏、温暖、睡眠或者是其他与这些家长们息息相关的主题。可以用晚上讲座的方式把不同的主题包含进来。家长们能否通过一些活动来触摸、控制和使用他们自己的身体，并看到一幅图景呢？例如，如果房间里太冷了，家长们就感觉坐在这里不怎么舒服了。然后，我们可以要家长关注一下他们自己是如何反应的，这种情况又会如何影响到他们的行为和舒适感。然后，可以谈一谈年幼的孩子是感知不到他们自己是否温暖的，也可以借此机会向大家说明温暖对于孩子器官形成的重要性，等等。如果把重点放在一个主题上，可以让大家有机会去深入探讨和感受，家长也不会觉得紧张。

我们希望让大家都清楚地知道什么是对孩子好的，但是同时也不希望家长有被评判的感觉。带着这种意识进入下一次家长会中，我们可以让家长们感觉到我们赞赏他们的育儿方式。如果他们的育儿方式得到肯定，家长们往往会更敞开地来讨论他们在育儿当中遇到的问题。

- **关于“选择”的话题**。家长刚进教室门，还没坐稳，我们马上就问他们各种问题，他们没有时间思考，马上就要回答。这种方式也是有意思的一个开场。这可以让他们有机会来感受一下孩子面对轮番轰炸与各种选择时的身心疲惫。（感谢尤金·施瓦茨提供的例子。）还可以问他们，如果他们是飞机上的乘客，机长在喇叭里问他们：“你们是想要飞 28000 英尺高呢还是 35000 英尺高？”他们会是什么样的感受。谈到让孩子们来决定他们想上哪所学校这样的问题时，我们可以问家长们“你想住哪个城市，廷巴克图还是梦幻岛？”（感谢桃乐丝·奥尔森提供的例子。）此类的话题就可以讲一个晚上了。

- **关于“电子媒体”的话题**。家长会的夜晚可以从一片寂静中开始，接着教室里慢慢响起悠扬的歌声或是音乐声，然后老师讲一个故事，还可以演一个偶戏。可以问一问家长他们在演偶戏过程当中和演完之后的感受。随后，我们可以进入讲座的环节，也可以给大家放一段《狮子王》或任何被视为适合孩子看的视频。

可以邀请一位高中老师、治疗老师或者更高年级的老师来谈一谈，他们看到的那些过多接触电子媒体的孩子是什么样的。也可以请一位被保护得很好的没有怎么接触过电子媒体的年纪大一点的学生来谈谈他们自己的感受。

如果在家长们来参加家长会的时候放一些比较吵闹的音乐，也可以让家长们感受到一个平静的环境突然被打扰之后是什么样的。因为家长们已经习惯这个以孩子为中心的神圣的空间，哪怕只有一丁点儿的打扰，他们也能很快感受到那种不和谐。

- **关于“玩具”的话题**。可以从二手店带一袋玩具到家长会上来，让家长们把手伸到袋子里去摸，但是不能看，猜一猜它们都是什么玩具。然后把这个玩具拿出来让家长玩。这个活动可以分成几个小组来做，随后这些小组可以合并成一个大一点的组，这时候大家就可以开始讨论了。哪些玩具可以玩，哪些玩具不能玩，或者对一个玩具的兴趣可以持续多久，等等，都是很有意思的话题。

家长们可以以一个孩子的视角来看待这个世界，会发现他们迫切地想把一切都融合为一体。然后，把一个华德福的娃娃顺着圆圈往下传，让家长把这个形象融入他们的想象当中，并且注意他们这么做的时候的感受。接下来，再在圆圈里传递一个塑料的卡通人物（领子上布满了铆钉，一张绿脸，还带着轻蔑的神情，肌肉发达，这样的卡通形象，你知道的）。让家长们把这个形象融入他们的想象当中（你也许得先说抱歉），然后问他们：“你们希望你的孩子抱着的是哪一个形象的娃娃呢？”

• **如何演示“孩子们需要的是玩耍和体验式的学习，而不是知识性的解释”**。把一个异国的非常奇特的水果带到家长会上来，装在一个碗里，用布盖上。这必须是一个家长们从来没见过的水果。然后告诉大家，你将会向他们描述这个东西，帮助他们理解这到底是个什么东西。那块布一直盖着，就不断地用语言来描述这个水果，并且假定家长们总会明白你在描述的是什么。极有可能出现的情况是，家长们根本就不能对这个他们从来没有见过也没有吃过的东西在头脑中形成图景。通过这种方式，家长们会意识到，他们的孩子需要接触和体验不同的东西，才能真正地了解它们。要强调一点的是，这个世界上有很多东西对孩子们来说都是不熟悉的，孩子们不需要知识性的解释，他们需要的是被给予充分的并且有质量的时间去感受适宜的东西。他们怎样做到这一点呢？玩耍！（感谢来自哥伦比亚省盐泉岛的金·亨特给出的这个关于水果的建议）

• **练习观察与关注**。在每一次家长会开始的时候都做一个观察的练习，坚持一年的时间。这样做是希望我们能够一起学习如何慢下来观察并吸收周边的环境所带给我们的信息，也能提醒我们一些重要的事情。这对于我们的家长来说非常关键。我们往往意识不到在我们忙忙碌碌的生活当中，我们对身边事情的关注真是太少了。以下是一些观察练习：

1. 用手去感受一样东西，眼睛不看，把它画下来。
2. 别人跟你描述一样东西，眼睛不看，把它画下来。

3. 背过身去，不用看坐在你身边的这个人，请描述他的穿着。现在再带着这个任务观察一下你身边的另一个人，然后再背过身来描述一下他的穿着。

4. 观察你孩子的饮食习惯——他是怎么吃的，喜欢吃什么，等等。然后在下一次的家长会上告诉你这一组的小组成员。

一些这样的体验足以证明，观察不仅对老师来说是一个很有说服力的工具，对家长来说也是如此。

• **关于运动的话题**。提供一些活动的体验，如晨圈，有活动安排的出行，好玩的跨越障碍游戏，以及一些杂耍游戏（译者注：如一些促进手眼协调、肌肉力量、平衡感发展的活动）。这些体验可以帮助家长了解到，他们不需要为了让孩子好玩儿或者多一些机会运动而让他们再去参加其他的课后体育活动。鼓励家长允许和帮助孩子们在家里玩一些杂耍游戏，这样他们就能看到，相比较有组织的体育活动而言，孩子们更愿意以这种方式来玩耍。这些共同的体验为我们之间那些有价值的对话提供了一个很好的基础条件。

• **关于养育的话题**。可以在一个晚上邀请家长到学校来。当他们到幼儿园的时候，会惊奇地发现幼儿园的桌子上早已经摆好美味的食物。为他们盛上汤，端上面包，就像孩子们在学校时的那样，点上蜡烛，做餐前感恩，一起唱感恩歌，所有这一切都是在宁静而温暖的氛围中进行。

餐后，讲一个睡前故事，然后描述如何让孩子慢慢入睡。如果有一个值得信赖的志愿者，可以让她躺在幼儿园地板的垫子上，点燃一支蜡烛，摸摸她的背，或者用薰衣草精油给她按摩，唱歌给她听，然后说："天使们在等着你。现在你该到她们屋里去了。”吹灭蜡烛后，说：“我会在天使的屋里等你。我也会在那里的。”这时，志愿者可以说：“妈妈，别走。我想要喝水。”然后你可以回答：“哦，天使们在等你呢。我们早上可以喝一点水。”

家长们在做一些如洗碗、擦桌子、扫地或者整理床铺等简单的家务的时候，可以集中意识去做，并且关注做这个事情本身的意图、意义和做事的品质。家长们可以领悟到如何激励孩子们有目的地工作，以及当行动慢下来，集中精力去做事的时候，孩子们如何可以全神贯注地投入一项有意义的工作当中。

- **通过艺术性的活动来滋养**。每个月可以与家长分享一次艺术活动（也许可以在下午，孩子在另一个房间里，有人照顾）。可以画水彩画、蜡块画，唱歌，做蜡烛，做羊毛毡，讲故事，布置四季桌或者制作跟季节相关的手工艺品。

由此可以引出很多的话题和更丰富的活动，如用植物染料来染棉布或者羊毛。根据不同的季节来布置四季桌的场景，可以激发出关于四季的节奏、节日的庆典和孩子们在自然世界里的体验等很多话题。这些话题往往会转到是否应该进行管教这个让人两难的问题上，接着许多激烈的讨论就会接踵而来。

- **节日庆典的体验**。和家长们一起为即将到来的一个节日做准备。例如，他们可以为圣马丁节（Martinmas）或者是灯笼节（Lantern Festival）来做灯笼，提前学唱相关的歌曲。当家长们开始动手做灯笼的时候，大家就可以开始讨论节庆背后的意义。也可以要家长们回忆一下自己童年时期关于这个节日的一些记忆或者难忘的经历。接下来，孩子可以在幼儿园为家长们几周前就开始的工作画上最终的点睛之笔。

在一些特殊的日子里，家长们和孩子们可以在放学以后的时间来到学校，与其他的家庭一起为庆典活动做准备，例如一起做蜂蜡蜡烛或者做灯笼。这些事情可以在一种非常愉快的氛围中进行，家长和孩子们都会乐在其中。让家长们参与节日庆典的布置工作当中来对于他们来说也是一种丰富且具有收获的体验，能让他们从内而外地体验到一个节日庆典的意义是什么。

- **让爸爸们参与进来。**专门邀请爸爸们单独来开一个家长会。问他们华德福教育对于他们意味着什么，他们有什么问题。一般来说往往是妻子们来决定为孩子选择什么样的早期教育，爸爸们充当勤劳的小蜜蜂，建一个堆肥箱、一个工具房或者为幼儿园做些东西。爸爸们也非常渴望社交，而且往往跟其他人一起工作的时候感觉更自在。让他们感受到他们也为自己孩子的教育做出了贡献，可以让他们与现实的状况联系得更紧密，也可以让他们发出自己的声音，提出自己的问题，表达自己的兴趣。

- **让相互之间能交织在一起的体验。**大家手拉手站成一个圆，把一个呼啦圈放在其中两个人连接在一起的手臂上，然后在大家围成的这个大圆圈里传递这个呼啦圈，不能用手来传递，圆圈也要保持完整。

另一种方法是用一个毛线球来玩一个游戏。大家坐成一个圆，然后提出一个问题。老师手里握着这个羊毛球，说一些跟这个问题相关的事情，说完后，一手拿着毛线的一头，一手将毛线球抛给另一位家长。这位家长也说一说自己对这个事情的观点，然后又把毛线球抛给下一位家长。通过这种一边谈自己的看法一边把毛线球传下去的方式，可以发展出不同观点交织成的一个网的图景，而这个图景围绕同一个问题在我们这一群家长当中展开。这个游戏还可以做得更有意思一些——每一个人都要记住传球给他的那个人讲了些什么，自己又是如何回应的。在游戏快要结束的时候，每个人手里都握着毛线的一部分，这时大家再把毛线球往回传，谁传给你的，现在你传回给他，同时对他说出他刚才就这个话题发表的看法。这样可以让大家对这个问题或主题有一个回溯，同时也有利于建立家长之间的和谐关系。

书上和互联网上有很多这种关于社交活动的游戏。与他人一起度过了好玩又愉快的时光之后，家长们离开的时候会有一种既被关照到又充满活力的感觉。

- **关于儿童发展的话题。**让家长们根据自己孩子年龄的大小依次排开，围成一个圆。也就是说，如果有的家长有一个小宝宝、一个 3 岁的孩子和一个 6 岁的孩子，他首先要坐在圆圈的最开头部分，然后坐到 3 岁孩子家长那里，当讲到 6 岁孩子的时候，他又要坐到 6 岁孩子的家长那里。然后告诉家长们，他们要一起来创作一个关于孩子成长的故事。轮到每一个家长讲故事的时候，他们要讲一件令人高兴的事情和一件对故事主人公很挑战的事情，而这两件事情是他们能从自己孩子身上看到的，或是孩子们正在经历的。每一位家长都为这个故事充实润色，直到年龄最大孩子的那位家长给这个故事画上一个句号。（提出这个练习方法的老师说，有一天晚上，他和家长们做这个练习，他们的孩子年龄跨度从几周到 18 岁不等。这就好像经历了一个个孩子的发展历程！家长们说，这也是一个与大家共情的好机会，这个有创意的活动让大家参与起来很有兴趣，同时也分享了很多信息，否则这将会是一个“干巴巴的”主题讨论。当然，大家一起创作出来的这个故事，也是这个过程的一个作品。）

就像我前面所说的那样，希望以上这些建议能够帮助大家激发自己更多的想法和方法。好好享受吧！

关于家长会的时间安排

另一个要考虑的问题是何时召开家长会。建议可以每月一次（或者其他有节奏的时间），在晚上举行。如果每个月的某个晚上固定下来是开家长会的话，家长就会提前把这个时间预留出来，这种方式也一直运行得很好。

有些老师发现周六上午也很合适开家长会，建议在上午10：00—11：30之间进行。高中的学生可以过来帮忙照顾孩子，每个孩子看护费5元。提出周六上午适合开家长会的老师说，这样夫妻双方都可以来参加，而且周六上午大家一般都更加放松和自在。家长会会在秋天、冬天和春天进行。在年末的时候，家长们表示他们很高兴有这样的机会在星期六的上午一起交流，希望来年还有更多的机会。

周五晚上（晚上6：30—8：00）对于有些老师来说也是个很好的时间。因为第二天不用上学，孩子们上床睡觉的时间可以适当灵活一点（我们都知道有时我们需要为一些事情做出让步）。家长们可以带一些食物来分享，年纪大一点的孩子可以帮忙照顾小孩子，也可以借此赚点零花钱。家长会一般分为三个部分：

1. 分享孩子们白天在幼儿园的体验——晨圈、偶戏或是水彩画。
2. 家长们可以为班上的活动做一些工作。准备灯笼，为孩子们要做的情人节小邮箱准备一些材料（译者注：在很多西方国家，情人节不仅仅是恋人之间相互表达爱意的节日，也是亲人、朋友之间相互表达爱的节日），或者为五朔节（May Day）上要用的脚环缝上铃铛，等等。大家在家长会后半段的自由交谈也很重要，有助于加强相互之间的情感纽带。

3. 最后，老师可以稍微谈一谈关于儿童发展和养育，如何连接好家庭和学校之间的生活以及节庆等方面的话题。会议要在晚上 8 点钟结束，所以在最后这么短的时间里说些什么和如何说是很重要的，家长会应该简洁而高效。有时少就是多。

有一些老师就在幼儿园放学之后或是在下午晚些时候开家长会，也很成功。也许在每个学年开始的时候，跟家长交流一下什么时间对这个群体更为合适，可以帮助我们来确定开家长会的时间。

关于如何鼓励家长参加家长会

最后一个要考虑的问题是我们如何能够支持所有的家长都能来参加家长会？如果老师花了几个小时的时间精心准备家长会，而前来参加的人却寥寥无几，这真是最让人沮丧的事情了。

以下是围绕这个问题进行的民意调查中几位家长的反馈：

- 当老师看着我的眼睛问我“今晚你会来开家长会吗”的时候，我感觉我被需要，而且意识到我对她很重要。

- 让我为家长会做一些工作，会让我觉得对之更有责任感。
- 强调必须要参加会议。
- 可以在窗户上贴一个纸条："今晚开家长会。请确保会有一位家庭成员代表你的孩子来参加。"
- 告诉家长们今晚的家长会上会有一些很重要的信息要分享和讨论，你不想他们错过。
- 家长们有强烈的社交需求。确保家长会上有一些社交的元素以满足他们的需求。
- 花一些时间来听听其他家长的故事，然后分享我们自己与孩子相处时的有创意的方式。
- 让家长们多去跟经常参加家长会并积极发言的家长交流，并且感谢他们所带来的体验。
- 提醒家长，不断地提醒。
- 在学校给家长发的每周通讯（Newsletter）的邮件中提醒一下，马上就要开家长会了。还可以提示一下将会涉及一些什么样的话题。
- 为大家提供能够帮忙照顾孩子的人的信息，或者在有人可以在学校照顾孩子的时间里开家长会。
- 让家长会有意思而且大家都有所收获。

以上所列出的建议虽然并不完备，但也是我们同事努力的成果，希望对大家有帮助。最重要的是，在此基础上再加上你自己的想法。欢迎大家在北美华德福幼教联盟（Waldorf Early Childhood Association of North America）的每周通讯上来分享大家开家长会的成功经验。期待着你也来分享你的建议。

迷迭香幼儿园的愿望花束

蒂姆·班尼特

与家长们建立联结是我们在幼儿园工作当中很重要的一个部分。这些年来，我摸索出了一些方法，来帮助家长们了解到他们是大家共处的这几年幼儿园生活当中不可或缺的一部分。

家长们从每天的早晨开始就参与我们的活动当中来。9 点钟，我们在外面集合，做一个简短的晨圈活动。家长们、孩子们、弟弟妹妹们都手拉手站在圆圈里，欢迎新的一天的到来。我带着大家唱与季节相关的歌曲，然后开始我们的晨颂：

我们敞开心扉，
光照进我的内心，
星星、月亮和太阳照耀着每一个人。
我们站在大地上，伸出双手，
亲爱的朋友们，早上好！

我唱："丁零零，迷迭香日，欢迎你，欢迎你，外出日，燕麦日。"（歌词根据当天的活动安排会有改动）然后，我们准备好出发，开始在大自然中的漫步，这时家长和弟弟妹妹们陆续离开，幼儿园的孩子们则留在园里。这种过渡的方式非常好，家长们也告诉我，他们特别喜欢这个晨圈时光。离开幼儿园的时候，他们感觉可以精力充沛地迎接新的一天。

我与家长们合作的另一个内容就是家长会。我们一年开五次家长会。在新学年开始时，我都会留给家长一个问题来思考：你对你的孩子在这一年幼儿园生活当中的希望或者期待是什么？在第一次家长会上，我们会分享大家对这个问题的回答。第一次家长会上的"愿望花束"会为我们开启新的一年。我经常感觉到在开学最初几周当中，这些愿望一直与我们同行。在学年末的最后一次家长会上，我们会再回头来看看这些愿望有哪些已经实现了。当家长们的愿望实现的同时，我总能看到孩子们身上的许多变化。

最后一次家长会时，我们会把关注点放在即将要上一年级的孩子们身上。我会花时间在每个孩子身上，给予我对他们的尊重和认可。我会将孩子们与某种植物或花联系起来，通过描述这种植物或花朵的特质来体现孩子的特质。例如，我会用一株迷迭香来描述一个强壮且有着清晰和清醒思维的孩子。迷迭香一串串的蓝色小花朵象征着她的良好意愿和丰富的想法。她也许喜欢加入其他孩子的游戏当中，就像面包里加一点迷迭香叶就成了有特别风味的面包一样。之后，我会谈到在这一年当中孩子的成长和变化，分享发生在孩子们身上的有趣的小故事（通常是幽默、风趣的方式）。故事一个个展开，然后我们根据各自的印象，花 5 到 10 分钟的时间建立对某个孩子的图景。每提到一个孩子，我就将一枝花插入位于我们会议圆心的花瓶当中。随着会议的深入，花束变得越来越大，也越来越美。在反观每一个孩子的时候，家长们会感受到每一个孩子面临的挑战和他们身上的天赋。我发现，这对于家长们来说是一个非常棒的仪式，因为他们也要逐渐过渡到一年级。

第一次和最后一次的家长会是我同家长们紧密合作最重要的两大支柱。看到家长们的努力和孩子们的成长，让成人之间的互动也充满着温暖和活力。当我们相互拥抱，感谢孩子们将我们联系在一起的时候，教育的艺术、育儿的艺术、合作的艺术相互交织，绘成一幅金光闪闪的美丽画面。

如何与父母讨论“管教”的话题

露易丝·德·福里斯特

今天的家长们所面临的众多挑战当中，最大的挑战莫过于建立界限、执行界限、设定界限和把握界限，带着爱来管教和引领孩子。许多家长觉得他们自己的父母对自己太严厉了，于是就给他们的孩子过多的自由。其他的一些家长，知道他们的孩子富有创造力，非常聪明，于是就一切都顺着孩子的想法走，认为不这样将会限制孩子的自由和创造力。还有一些家长，因为每天跟孩子在一起的时间非常有限，所以不愿意再在这有限的时间内有任何的不愉快，从而避免与孩子的任何一种冲突。所有的这些情况不论对于孩子还是家长来说都是不健康的。

年幼的孩子本能地期待有一些引领，如果他期待的这种引领不能如期到来的话，孩子就会觉得没有安全感，甚至害怕。成长的过程当中如果缺乏引领、缺乏界限的话，通常孩子们会认为他们是独自一人在这个看不懂的世界里挣扎。如果大人经常问孩子他们想要什么，不仅会让孩子们手足无措，而且容易导致孩子以自我为中心，没有准备好去迎接这个世界。许多家长认为给孩子选择会让他们变得强大，但是恰恰相反，太多的选择会让孩子感觉到无力。

因为家长们跟孩子们非常亲近，所以他们所观察到的对老师来说很有价值。家长们也能从老师的客观观察中受益。我经常跟家长们说，做一位老师比做一位家长容易多了。清晰、坚定、一贯的引领一个班级是我们每天的工作，我们有很多东西可以通过家长会、电话或者班级会议与家长们分享。

班级会议让我们有机会在班上的家长之间建立很好的联接，也可以看作是大家分享观点、问题和想法的一个论坛。也可以借此机会来与家长们分享我们的经验，给予他们支持与引领，告诉他们当我们的孩子还小的时候我们自己的一些经历。但是如何将管教这个复杂而敏感的话题带出来呢？能否让我们的思想以某种方式加深他人对事物的理解呢？能不能启发一些认识来引领家长们去应对与孩子们相处的各种状况呢？以下是我在班级会议上就这几个主题展开讨论的常用的几种方式。当然，这些建议并不是像菜单那样不能变通，只是希望它们可以激发你与班上的家长分享经验并展开各种对话。

比如，在某一次会议开始的时候，可以让家长们分成两人一个小组，夫妻俩最好分开（最好是在学期中家长们都相互比较熟悉的时候开始）。我自己会选择一位家长，然后向他们演示如何摔跤。是的，没错，就是摔跤！我们面对面，跟我搭档的那位家长和我都把右脚伸出来，脚的侧面相接触，我们两人手掌两两相对。这个游戏是通过手掌的对抗，一方要设法让另一方失去平衡，迫使他移动右脚。左脚可以移动，但是右脚和双手手掌必须要一直保持接触。这不是一种具有攻击性的或者快速的摔跤方式，相反，双方都必须慢慢地去感受对方手掌压力的细微变化才有可能获胜。刚开始时，可能某一方占优势，他双手都会使很大的劲儿，身体时而前倾，时而后仰，时而向上，时而向下，想尽办法让对方失去平衡。一旦你感觉到自己就快要失去平衡，你就会想把局势扳回来，加大双手的力气，以同样的方式迫使对方失去平衡。所以，随着游戏的进行，用双手来倾听，根据自己的平衡感来判断什么时候该占主导，什么时候应该选择跟随。你可以蹲下来，从一边转到另一边，只要保持右脚没有移动就行。也可以跟家人做这个游戏，感受一下。我演示完之后，每一对家长可以玩 5 到 10 分钟，然后交换搭档，再玩 5 分钟。整个过程下来，大家姿态各异，笑声不断，都觉得是一个非常好玩的练习。

游戏之后，我们坐成一个圆圈，然后我会问大家有什么样的感受。我相信，管教在很大程度上是由带着关爱和意识去聆听构成的。我会问他们，是否“听到了”对方的意图，并且与之进行身体上的沟通，是谁占主导。当他们不是很清晰是谁占主导的时候，我就会问他们感受是怎么样的？如果你的双手感受不到对方的对抗，是一种什么感受？如果对方太过专横，怎么办？你能让别人听到你的声音吗？我很想知道，你是否能够辨别出到底是什么让你失去平衡的？你可以想象，家长们由此而展开的讨论和发现是多么的有意思。很快，他们就得出了结论，如果没有对抗的力量，他们很快就会失去平衡，但是太多对抗的力量会让他们觉得无助。从搭档那里得到的令人迷惑的信息会让你感到不安全和沮丧。然后我们将这种感受慢慢带入管教的话题当中来，他们通过自己的发现得出这样的结论——遇到阻力让他们发现他们在哪里，清晰的沟通和一贯的坚持给予安全感，等等。搭档们也会让对方知道他们是过于强势还是畏缩不前，从而也有助于他们找到自己的行事风格。了解自己的行事风格又是另外一个有意思的话题。

我开家长会的一个目标就是引导家长发现他们已经知道的东西，让他们发现自己的常识判断力和智慧。这和我们的年纪和生活阅历有关：意识灵魂年龄。在这个时候，我们作为个体，不再愿意随意相信别人的话。只有通过提出自己的问题和努力寻求答案的过程，我们才能真正了解一些事情。我尽量让我的班级会议具有一定的试验性，建立起某种可能，然后带领家长们展开对话，从而帮助他们发现他们其实已经具备了的知识。我总是觉得一个真正成功的班级会议是在会开到一半的时候，我可以安静地走出门去，而没有人注意到我的离开。

我们的班级会议应该避免带给家长这样一种感受，当家长离开的时候，感觉他们对孩子所做的一切都是不对的。我开班级会议的目标是，让家长们离开的时候感觉他们作为家长更为自信，并且为他们对孩子做的所有对的事情感到自豪。我们这些组织家长会的老师是在忙完了一天的工作以后来迎接他们的。所以，我们的会议充满活力、艺术气息和趣味性，才会让家长在离开时，被与我们共处的时光所滋养。我当了 14 年的华德福家长，体验过一些非常棒的、能激发大家思考的会议，当然，也参加过一些令人犯困的、无聊的会议。

与家长们一起探讨管教这个话题也可以用另一种方式来进行，比如问问他们，当听到“管教”这个词时，脑袋里冒出来的第一个词儿是什么。我把他们提到的词都写下来，不加任何评论（他们有时候甚至对自己脱口而出的内容都感到吃惊），然后我会把他们分成三到四个人一个小组（同样，夫妻俩最好在不同的小组），然后让他们回忆自己在 7 岁之前（很小的时候）认识的一个人。我跟他们说不要选择他们的父母——但是可以是其他的家庭成员，比如说叔叔或祖父母——他们和这个人在一起的时候感到完全放松，而且可以做最真实的自己。我让他们互相描述一下这个人，重点放在那个人所做的事情上，而不是他们与那个人的关系上。每个人都有 5 分钟的时间。我不参与小组讨论，但是我会待在教室里，去看看每一组，提醒他们不要跑题了。这也是一种很好的方式来帮助家长们互相了解，并且在班上建立一个很好的联接。当每一个人都有机会分享完之后，我们又会回到我们的大圆圈当中来，让大家讨论一下这些人的共同之处。每次我做这种练习的时候，大家表达的意见几乎是一致的：一个有时间与孩子相处的人，通常比较安静且从不说教，不是出于其他目的才爱他们，而是接受他们本来样子。通常，这个人会是祖父母，或者一位年长的邻居，而且大家都提到，他们小的时候，很喜欢跟这些人一起干活儿：做饼干、钓鱼、到树林里散步、帮助他们穿针，等等。当大家都描述完关于这个人的图景后，我问现在已长大的这些人此人所做的事情对他们是否依然重要。或者再进一步想一想，这些品质是如何影响他们为人父母的？这往往会引出一些非常有意思的探讨，特别是当我回过头来读他们所说的那些与“管教”相关的词时。接着，我们讨论了“管教”（discipline）这个词的词根——desciple（门徒，弟子）——这个词根真的可以很好地帮助我们理解“管教”的真正含义。逐步地，我们开始探寻对管教作为一种内在的态度和外在行为的表现的理解，还可以进一步谈谈我们自己与管教的关系。我经常通过引述我小儿子给我上的一课，来与家长们分享我自己在自我管教方面所经历的心路历程。

我儿子十来岁的时候，是一个非常叛逆的小子，我们俩在一起的一次经历真是好好地给我上了一课。我记不清是什么事情引起的了，但我却记得很清楚，当时我真的气得火冒三丈。刚开始，他有一些悔悟，感到尴尬，但是当我开始大声数落他的时候，他的身体姿态语言完全改变了。他松弛下来，往后靠到椅背上，脸上一副不屑一顾、无所谓的表情。他没有在听我说话，而是在看着我，不明白我怎么会如此失去控制。我很清楚地记得，当时我声嘶力竭，大声呵斥他，说他这个年纪应该学会承担一些责任，也该自我约束了。他突然发出的笑声把我打断了。他小声地说：“老妈，你真应该看看你自己现在的样子。”然后便摇着头走开了，似乎是对我这个只会满嘴讲大道理而不实践自己言论的大人的一种失望。

当我说完这个故事的时候，大家都笑了，他们说可以想象我们的孩子靠在椅背上看着我们的样子。但是，我们马上又进入另一个讨论——当孩子们成长和变化时，我们作为家长和老师需要做向内的功课，同时要随着孩子们的年龄变化来调整我们的界限。我跟他们分享了一个对我非常有帮助的图景，那就是成为孩子的一块岩石，不论是在家里还是在教室里，总是在那个地方，总是会给他们阻力，永远坚固而不动摇，永远脚踩着大地。或者是一个农夫，总是会定期地在他或她的地里走走，踢踢栅栏的柱子，看看它们是否依然那么稳固。我们就是这些栅栏的柱子，我们的孩子推一推它们，来看看这些柱子是否依旧值得信任。它们坚固吗？我能靠在这根柱子上而不摔倒吗？我们可能常常会谈到，有时真希望孩子们不喜欢我们，这对他们和我们又意味着什么呢。我们总是努力在“我们是谁，是哪些经历让我们成为现在的自己，我们的孩子是谁”这几个问题之间划清界限。我经常会问：“孩子们要求你们发展哪些特质呢？”然后会进一步谈到，育儿就像我们在学校教育孩子一样，要专心致志、善于观察、灵活变通、深化理解。我们还谈到了我们的任务并不仅仅是实施育儿这个行为，而是要将它转变成育儿的艺术。

古德龙·戴维（Gudrun Davy）在《生活方式》（Lifeways）这本书（我建议所有家长都应该读一读这本书）中有一篇精彩的论述，把育儿的旅程比作三个阶段：（1）第一个七年，就像一条小船，刚开始漫长的旅程。有时水面很平静，但大部分时候水面都是波浪起伏，我们独自行船，在看不到陆地和航标灯的水面上，引领着自己和我们年幼的孩子们前行。（2）第二个阶段（7～14岁），她将其比作一段穿越绿树成荫的乡间、小河、森林、村落和城市的旅程。我们再一次回到了干旱的陆地，但是现在，因为孩子，我们走向了一个更宽广的社会图景当中。突然，我们发现自己要指挥一台大型而复杂的戏剧，正如古德龙所描述的，一个强大的演出阵容和各种戏剧化的情节每天轮番上场。（3）育儿的最后一个阶段可以比喻成爬一座高山，旅途中充满着惊险和挑战，但也令人向往，因为我们的视野开阔了，世界就在我们的脚下。道路越来越陡峭，当我们终于征服了一座山峰，又有一座更高的在远处显现。当我们抬起头，瞥见高高理想中的世界，一缕阳光突然洒到我们身上，此时心中充满喜悦。

分享那些年长者的经验也是非常重要的。当孩子们还小的时候，我们很难意识到我们是在为他们的将来打基础。总是会有一些不眠之夜，总是会为吃饭和刷牙的事而争吵，总是提心吊胆，怕他们的身体或者心理承受太大压力。但是如果我们能够看到，在孩子们小的时候对他们进行约束和管教，其实是为他们十几岁的时候能够自律打下基础，我们就能够坚定自己的决心来把握住这些界限，这也是我们在用行动来爱孩子。

我希望你们带着喜悦和充实来准备与家长们的见面会。分享与年幼的孩子一起工作而获得的智慧，对老师来说也是很大的收获。视家长为同事，全身心地投入这个最具挑战但也最充满惊叹的旅程中来，培养孩子们成为真正的人，不仅家长受益，孩子受益，老师也受益。

与孩子们的意志力一起工作

——家长们可以使用的几样工具

南希·布兰宁

在幼儿园的很长的一段时间里，我发现自己经常陷入与某些孩子的言语的"博弈"之中，特别是与那些 6 岁的孩子。特殊教育的经历让我马上想起两个孩子，因为他们非常清楚如何"让老师掉进他们的圈套"。虽然下定决心不再卷入这些复杂纠缠的对话当中，却发现自己还是屡屡被这些能言善辩、聪明清醒的孩子绕来绕去。按照老师的话说，观察孩子们的行为当中流露出来的是什么，揭示了人智学深刻的真理。回想起这些真理能让我理解以什么样的方式回应孩子更合适，而且最终这个研究经过提炼，总结成一些可行的建议与家长们分享。接下来是我在家长会讲座的一些笔记以及独立的家长手册，大家都可以参考上面的建议。

我之前也提到过，这个研究促成了一次工作坊的诞生："不用说破嘴皮，也能让孩子照你想的去做。"不可否认这个主题很有挑战性，标题也是真实生活的体现。有很多家长前来参加，反响也很不错。因为我们给出的建议都是非常实用的，所以家长们以自己的个人经验马上就可以判断这些建议是否有效。

华德福家长需要在很多方面相信自己的直觉，特别是在那些难以靠观察得出结论的方面。所以，如果能给他们提供一些具体可行的而且马上奏效的建议，是非常好的。作为教师，重新回顾这些原则，可以让老师们更有意识地看到为什么我们要依照自己的直觉与孩子们的意志一起工作。然后我们就能够更好地观察自己的行为，从而改善和加强与孩子们的互动。这个讲座的核心在于让家长们更清晰地看到孩子的本质，从而进行自我观察和自我发展。

大人应该根据孩子们的发展阶段来调整他们的方式，而不是将一种不合适的、不公平的期待强加在孩子身上，这样做只会令人失望。很多文化的因素对我们造成了影响，告诉我们应该告诉孩子所有的事情，包括非常细节的、有逻辑的解释。有时孩子们确实能以一种符合情理的方式来回应，从而让大人误以为这个年幼的孩子是一个具有逻辑思维能力的生命体。但是斯坦纳的洞察揭示了年幼的孩子是生活在意志里、模仿里，而不是生活在概念性思考里的。他们看到什么就做什么。他们是实践者。他们通过做事情来探索这个世界，并且教育他们自己什么是一个真实的世界。通过活动，孩子们可以很好地控制自己的身体，整合他们的感官，发展有益的习惯模式，从而引导他们未来的成长。一般来说，健康的发展，有目的的身体活动往往会先于语言的发展。如果偏离了这个轨道，我们的老师就要马上引起注意了。如果我们用一种智性的、带有明确指示的方式讲话，其实会对孩子产生非常不好的后果，可以说会让他们近乎瘫痪。所有的能量都会冲到头上，让他们的四肢僵硬，无法移动。当孩子要行动——比如要穿上鞋子和外套，拿上餐盒，走到门口，准备去上学——给他们指示会让我们事与愿违。我们必须要通过不同的途径来激活他们的意志。

- 帮助孩子真正开始行动
- 运用模仿的力量
- 运用故事和充满想象力的图景

在幼儿园工作多年的经验教会我，要让孩子到老师身边来最简单易行的方式是，伸出手去牵孩子的手，把他们带向我想他们去的方向。几乎所有的孩子都会牵着老师的手跟随老师——特别是那些孩子们的思维还没有被语言指示唤醒的孩子。

所以，跟家长们分享的第一个原则是：你的行动要先于你的语言。如果我们想要孩子走到门那里去，请将你的手放到孩子的手上，然后带他走到门那里去。如果是要穿外套或穿鞋了，拿起外套，将右手穿进右边的袖子里。还没有开始叛逆的孩子，一般都会继续这个动作，将他的左手穿进另一个袖子里。一般只要把鞋子放在孩子的双脚面前，他们很自然地就会把鞋穿好。一旦我们开始这些动作，似乎中间的那些不顺畅就开始消融，孩子们很愿意跟随。本书331页给家长们建议：

- 你的行动要先于你的语言。如果你必须得先说话，你可以说“现在该把外套穿上了”之类的话，做一个一般的事实性陈述，而不是给一个命令。

家长们不敢相信可以这么简单就做到。然而，在尝试过这种方法之后，他们也很惊讶为什么这个方式总能那么奏效。经过一段时间以后，这种身体上的帮助可以逐渐减少，后来就只需要拿起外套，孩子们就会像接受了邀请一样地过来穿外套。到最后，你只需要说一声“该穿外套了”就足够了，因为健康的活动习惯模式已经印刻在孩子身上了。通过这样一个过程，孩子就会发展自理和自立性。

孩子们通过模仿来学习的天性是我们可以用来启动他们的意志力的第二个工具。对于年幼的孩子来说，大人们一定要记住了：如果我想要孩子“做”，我首先得自己“做”。一个很小的孩子总会忍不住想要模仿大人的行为。如果是该把地上的玩具收起来的时候了，孩子会模仿大人的行为，也会主动加入收玩具的过程当中来。如果这样的一些模式在孩子还小的时候就建立起来了，等他大一点上幼儿园的时候，就更容易引导他了。清扫时间到了的时候，幼儿园的老师总是会树立好一个孩子模仿的典范，最先行动起来，然后递给孩子一块木头或是一块布，让他们把它收好。

第三个工具就是利用孩子的想象力和故事让孩子动起来。在这种情况下，语言的运用是很不一样的。还是举那个穿外套的例子，故事可以这样开始：“小熊朝窗外看去，他很想到朋友家玩。他们会要堆一个雪人，但是外面太冷了，小熊的皮毛还不够保暖，他还需要穿一件衣服……”孩子们几乎都会很快就进到故事当中来，而且立即就会穿上外套。外套穿上后，故事继续着：“穿得暖和之后，他就可以到外面去玩啦。在路上，他看到……”孩子和家长出门后，坐上车去学校，故事继续着。

讲故事对于幼儿园老师来说是信手拈来，但对于家长来说也许就不那么容易了。而且家长们常常会感觉有些尴尬，觉得他们的故事储备肯定不够。我们可以鼓励家长：“不试怎么知道。”老师们清楚，孩子们不是文学评论家，他们不可能不喜欢听故事。大人们很努力地为他们创造故事，他们很感激。这种带着爱的努力，是他们在故事背后所能体会到的。这也从学校的一位家长最近给我讲的一个故事那里得到证实。她为上幼儿园的儿子创作的一个故事，他原以为会很糟糕。恰恰相反的是，这个简单、平淡的故事和谐地陪伴了他们上幼儿园两年的时光。他的儿子现在 7 岁半了，上一年级，有一天对她说："你还记得小熊的故事吗？他曾经帮助我们去上学。你还能再给我讲讲那个故事吗？"

对于幼儿园里大一点的孩子来说，这种具有暗示性的小动作也许开始不那么奏效了。6 岁的孩子逐渐会从模仿转移到权威。他们希望感受到更有目的性和更有意义的参与。引领他们行动起来的梦幻般的模仿在这个时候正转变成更为清醒的意向。那些我们希望他们去做的事情，还是要带领他们去做，树立一个可以被模仿的典范，仍然是很有力，而且也很有必要，但是就这个典范本身还是不足够满足孩子。孩子们知道，他们是小孩儿，不是大人，但是他们想让大人们看到他们在长大。如果有机会能够和大人们一起肩并肩工作的时候，他们更愿意一起来合作。比如说，如果玩具碗摊得满地都是，我们可以说："这些盘子散得到处都是！请你收拾一下。不过我也会一起来帮忙。"这样一句简单的话，往往就足以让孩子开始动手收拾。

为 6 岁的孩子选择适合他们做的工作也是非常重要的。他们到了这个年龄，开始寻找一些更复杂、更具挑战性的事情。他们想做一些"难做"的事情，但也不至于超出他们的发展阶段，难以完成。在教室里，他们也许很想在点心时间帮大家倒杯果汁或茶水什么的，或者给坐在桌边的小朋友们送上一碗碗的粥。他们看老师搭偶戏台，看老师在活动时间搭几个桩子，几次下来之后，他们就会想挑战一下，自己来做这样的事情了。他们可能会拒绝把木头块儿放进篮子里（那是"小小孩儿"做的事情！），但是却会很愉快而充满热情地排成"一条长龙"（经老师示范和启发），一个接一个地把木块儿往下递，直到木块儿最后到达篮子里。如果大一点的孩子能运用他们的想象力和正在成长的力量去做正确的事情的话，他们会很乐意为整个班级做一些事情。

还有一些事情，家长可以配合在家里一起来做，这样也会有力地支持我们在幼儿园的工作和其他家长的工作。包括：

- 有节奏的生活，可以帮助孩子很好地度过每一天，也不用疲于决定接下来要做什么。
- 有形和秩序——外套、鞋子、餐盒等等，总是把它们放在同一个地方，这样他们在第二天早上要走的时候就总能在同一个地方找到它们。
- 提前想好和准备好事情应该怎么做，这样生活才会有节奏、有预测性，逐渐有规律。头一天晚上就把第二天的中餐准备好，要穿的衣服也摆好，等等，让自己不慌不忙。

最后要考虑的一点是，我们需不需要给小孩子一些选择。虽然现代文化建议我们这样做，但是，作为老师，我们知道这样做，不仅不利于年幼孩子的发展，而且会让他们感到疲劳。而且，大人有时候喜欢随口向孩子提出回答是或不是的问题，哪怕实际上这并不是一个选择性的问题。我们有时会看到这样一个画面，家长来学校接孩子，问："我们回家好吗？"意思是"我们该回家了。"孩子也许（而且很可能会）回答"不"。叛逆意识就被唤醒了，接下来就是孩子与家长之间的博弈了。我们给家长的一个建议是：

- 除非一定要做出选择，否则不要随意提出选择性的问题，而要以客观性的、有想象力的方式陈述接下来会发生什么，比如说要吃晚饭了，你说：

“你愿意帮我摆一下餐具吗？”孩子们往往不会有什么反应。如果你告诉孩子该怎样摆放，并直接将餐具送到孩子手里，“叉子马上就要摆上桌了。”往往一句话就足够了。

不要让孩子做不必要的选择是一个很重要的指导原则。但是随着孩子年龄的增长，你也可以尝试对六七岁的孩子稍稍做一些改变。这可能是一个可以给一点点“选择”的时候。在晚餐时间，对话可以这样开始：“今晚，我们有一家餐馆。你是想在厨房里当厨师削胡萝卜呢？还是想当服务员摆餐具？”只要这种想象的场景建立起来，“服务员总是会把桌子上的餐具摆得很漂亮，大家才愿意去他摆的桌子上用餐”这样一种暗示总能让他们积极行动起来。让大一点的孩子从几种特定的选项当中来选择他们的任务，能够让他们更愿意来配合你。

作为老师和家长，我们应当客观地看待自己使用的语言。要确保我们在最大程度上利用好我们对孩子的理解。我们的语言要清晰、有生气、充满热情、有画面感，并且充满想象空间。我们所说的话对孩子来说要有意义而且有意思。我们的文化当中无处不渗透着各种噪音和无意义的谈话，孩子和我们自己经常会自动选择对其进行屏蔽。在这种情况下，我们可能就会选择很少说话，或者保持沉默，这是很危险的。这不是我们希望看到的，因为语言是上天赋予我们的最大的礼物，将我们联接起来，成为社会的人和精神的人。

我们自己也不想为一些毫无意义的琐事喋喋不休。应该确保我们对孩子们说的话是值得孩子聆听的，确保我们通过行动和语言对孩子的引领是在把他们慢慢唤醒，并促使他们的意志力朝健康的方向发展。我们要通过有意义的语言和行为慢慢培养和加强这种练习，我们的体验和经验就会慢慢结出智慧的果实。对于和我们在这条教育之路上一起前行的人们——亲爱的幼儿园家长们，老师们有很多的东西愿意与你们分享。

不用说破嘴皮，孩子也能按你所想的去做

南希·布兰宁

在我们看来，年幼的孩子看起来好像有逻辑思维，也挺通情达理，但其实这不是他们存在的最原本的方式。他们生活在肢体之中、运动之中和意志的力量之中。

如果你真的希望一个孩子行动起来，光靠嘴巴说是无济于事的。因为这时孩子所有的能量都会冲向头脑来思考，促使他立即行动起来的力量就所剩无几了。

你的行动要先于你的语言，可以通过带动孩子的手或手臂的动作来带动他们整个身体的动作。如果真要说些什么，那就说一些类似于“现在该穿外套了”之类的话吧，做一个一般的事实性陈述，而不是像在发号施令，说话的同时把外套递给他。

可以尝试根据当时的情况，为你的孩子即兴创作一些故事，而不是试图跟他们讲道理。几乎没有孩子可以抵挡住故事的魅力。你在讲故事时，其实就是在启动孩子四肢的运动。例如将手臂伸进外套的袖子里，或者递给他一块积木，让他像你那样把它放进篮子里，孩子就会模仿你这么做。

除非真的需要做出选择，否则不要随意询问孩子意见。例如，当要回家的时候，许多家长会问：“你准备好走了吗？”从而让自己处于尴尬的境地，

而不是说“现在我们该走了”。

减少让孩子做选择的机会。除非你的孩子真的非常清楚自己想要穿什么衣服或者喜欢吃什么食物，一般来说，如果孩子可以尽量少去做选择，他们会为此很感激你。你可以帮他们选好要穿的衣服，或者把食物摆在他们面前，然后告诉他们：“这是你的早餐。”试想一下，如果你自己面临一个不得不做很多选择的境地会是怎么样，你将会身心疲惫，更不要说对一个孩子了。

提前定好“框架”。头一天晚上可以先准备好第二天要穿的衣服，这样，不论是你或是你的孩子都不需要第二天一大早再来选择。想好你第二天早上要做什么早餐，而不必要问家人想吃什么。

要时刻提醒自己的是，成人照顾好孩子，就是要让他们的能量足以跟上他们的成长的需要。我们服务孩子最好的方式就是，为他们提前想好和计划好接下来要干什么——就像建立一个“框架”——这不仅会有益于孩子，对我们自己也是很有帮助的，因为这样，我们的生活才会很有条理而且是可预计的。

但是请不要误解为父母应该成为孩子的仆人。作为父母，我们是孩子这个世界的引领者和教导者。我们希望孩子们尽可能做他们自己能做的事情，如穿衣服、吃饭和一些简单的家务。但是我们确实需要创造一个环境来让孩子们自己很好地完成这些事情，是一个有开始、经过、结束的过程，而不是听之任之，让孩子自己去揣度。

把孩子当作自己的“学徒”是很有帮助的一种方法。在任何行业学手艺，师傅总是从最简单的步骤开始教起，然后难度逐步加大。每当以我们的实际经验去教导孩子们如何运用具体而实用的方法去做某件事情的时候，我们是在护送他们走向通往“大师”的道路。

这些建议在许多情况下都会很有帮助，但不是所有的都适用。

有时候我们不得不进行一些博弈。要谨慎选择你的战场。不要试图跟你孩子的意志力去对抗，除非你有必胜的信心——不是因为你自己，而是为了孩子。有问题最好在家里解决，因为在家里时间不是问题，超市里显然不是一个好的博弈场。

有时候，你可以尝试通过一个故事将某一个任务随即转变成一个游戏，或者通过提供帮助来完成这些任务。“这些书散得满地都是。如果能放回到书架上的话，它们会更开心哦。你来收这本，我也来帮忙一起收。”或者“我收这一堆书肯定收得比你快。我们来比赛吧！”或者“我闭上眼睛，看看这些书会不会悄悄地跳回到书架上去。”故事可以这样开始：“我跟你讲过一个大风吹进小熊的房间，把所有的东西都吹得七零八落的故事吗？”

如果你在跟大一点的孩子博弈的话，最好以客观事实的词汇，明确地对你的孩子讲清楚什么事情必须做。“脏衣服需要放进洗衣篮里。我们可以等你把这件事情做完然后离开。”如果你的孩子还是不听从的话，把他拉回来，再重复以上说过的话。说话的时候尽量保持平静，不要带有指责或愤怒的语气。

请记住，作为家长，你是孩子们敬爱的权威。要敢于承担这个角色。你的引领不仅不会压抑你孩子的意志力，反而会让它更加强大。一个让人感觉温暖而又充满自信并且知道事情该怎么做的大人，可以很好地给孩子以安全感，并引领他前进的道路。

家长手册

苏珊·R·约翰逊医学博士

苏珊·约翰逊博士撰写的以下文章是该家长手册的重要来源，对于家长们会很有帮助。孩子们六七岁时会经历一些变化，这对于家长和老师们来说往往会是一个具有挑战性的时期，因此，读一些关于育儿方面的文章会让家长们在获取信息的同时也更加安心。此外，以太体的诞生往往会伴有发烧甚至其他症状，如耳痛。约翰逊博士也非常友善地同意我们给家长使用这个家长手册。

一、如何帮助年幼的孩子度过这个转换期

（一）温暖的重要性

作为一名儿科医生，我的专业知识告诉我，通过触摸一个小宝宝或是孩子的肌肤就能判断他们是否足够温暖。如果她感觉温暖，那她穿的衣服就够了，如果她感觉到冷或者她的皮肤都有些发紫了，那么她应该再多穿些衣服。这很简单。不过我也曾经让我两岁大的孩子穿着一条纸尿裤，站在雨里玩水。我当时觉得他没有问题，因为他觉得温暖！

温暖也许是我们能给孩子们最好的一份礼物了，不仅仅是爱的温暖，也有他们物质身体的温暖。孩子在发展他们的身体，特别是在他们生命最初的七年里。一个婴儿或者是一个年幼的孩子，除非冻得不行了，一般情况下他们总是会觉得很温暖的，因为他们的新陈代谢比较快。如果我们不给他们穿上一些棉质或羊毛的衣服来为他们的身体保暖，他们就得动用原本是用来“成长”的能量来温暖他们的身体，而这些能量原本可以用来进一步发展他们的大脑、心脏、肝脏、肺和其他器官。此外，寒冷会降低我们的免疫力。当我们又湿又冷的时候，我们更容易被细菌和病毒入侵。当我们的身体需要消耗额外的能量来让我们保持温暖的话，那可以用来“抵抗”感染入侵的能量就变少了。

现在的问题是我们如何能让孩子穿上他们的夹克？一种方法是，只要孩子出去到寒冷的室外玩耍，就要让他们养成戴帽子和穿外套的习惯。我们也可以告诉孩子，如果戴帽子出去的话，她可以跑得更快，而且有更多的力气玩耍。如果孩子不穿上外套，那么他们的身体就不得不消耗很多的能量来保持身体基本的温暖，而能用来发展肌肉和玩耍的能量就很少了。最后一点想跟大家分享的是，孩子们穿的衣服的材质不同也会产生很大差异。聚酯纤维制成的睡衣不透气，孩子醒来时往往一身是汗。哪怕是聚酯纤维做的夹克衫，也不如棉、丝和羊毛那样可以很好地抵御寒冷。如果孩子出汗的时候穿的是聚酯纤维的衣服，汗就没有办法排散，所以到后来反而会觉得冷。

那么为什么孩子们很少会说他们冷呢？因为孩子在 7 岁之前跟自己的身体的连接还不是那么紧，甚至还不明白什么是冷，也不知道表达他们是否感觉到冷。他们是活在当下的，容易被眼前好玩的东西深深吸引，以至于无法去感知身体是否寒冷。这就是为什么孩子们经常在游泳池或海里一直玩到他们身体都快“冻紫”了，他们还说不冷，也不想从水里出来。通过帮助孩子发展这种温暖感，我们事实上是在加强他们的免疫系统，为他们在成年之后拥有健康的身体和健康的器官打下基础。

（二）早餐的重要性

经常听到我自己的父母说，早餐是一天中最重要的一餐。然而，当我十几岁的时候，我经常不吃早餐，或者就用牛奶冲一点巧克力粉或吃一些糕点快餐。我以为我这样做没问题。直到我在医学院连续 12 周进行连轴转的手术实习时，我才意识到吃早餐的重要性。一天早上 7 点，我正在协助做外科手术，当我握着一个牵引器时，突然晕倒了。我在手术室的一角慢慢醒来后，医院主治外科医生走过来，轻声地给我提了一个非常有价值的关于身体健康的建议——要吃东西，而且每天早上都要吃一顿营养丰富的早餐。当然，从那天起，我每天都会吃一顿营养丰富的早餐。

我还是争取让我的儿子尽量早起，这样他就能在去学校之前好好地吃一顿早餐。我知道，如果我 6 岁的孩子能早点上床睡觉（晚上 7：00—7：30），他早上就更容易醒来，这样我们才有时间坐下来好好吃早餐。在瑞士培训的时候，我们曾经了解到，如果某个孩子有多动或易怒的倾向，那么最好不要让她在早餐吃含有糖分的食物。现在我们常吃的凉燕麦片，大部分都含有很多的糖（或蜂蜜）。必须要仔细阅读标签上的内容，最好吃一些不含糖、色素或防腐剂的燕麦片。富含蛋白质，特别是燕麦之类的谷物（或者含有七种谷物的煮来吃的那种燕麦）的早餐是很棒的，即使是一些汤、华夫饼（还是要注意看糖的含量），配上一些无糖的苹果酱、农场的奶酪，或者前天晚上的剩菜等等，都可以是一顿不错的早餐。煮熟的鸡蛋比打碎的鸡蛋事实上更难以消化。

吃一顿营养丰富的早餐对成人来说同样重要。有研究表明，成人如果每天在早晨消耗掉他们每天所摄入的卡路里的话，他们可以减轻体重。如果他们是在晚上消耗同样的卡路里的话，那他们会增加体重。我们的新陈代谢系统被设定为一个需要丰盛的早餐、丰盛的中餐和少量的晚餐的系统（“早餐像国王，中餐像王子，晚餐像贫民”）。我们体内帮助消化食物的酶在早上和午后的时间最活跃。肝脏处理我们的食物，所以跟我们的能量高低有很大的关系。它喜欢在下午到傍晚的时候睡觉。到了下午的时候，肝脏就想着要开始为第二天储存能量了（合成代谢），而不是代谢食物（分解代谢）。一顿由易消化的碳水化合物或者汤构成的简单晚餐，比一顿含高蛋白和脂肪的晚餐（往往会导致夜间消化不良和入睡困难）要好得多。

咖啡和巧克力当中的咖啡因也对身体不利，因为它会直接刺激胰腺分泌胰岛素。胰岛素会摄取血液中的糖分，从而导致饥饿感、烦躁、嗜糖现象的产生。这就是为什么在喝了一些健怡可乐或者咖啡后的 20 分钟到 1 个小时之内我们就会觉得饿，特别是空腹喝。如果是为了减肥，其实喝健怡（减肥）饮料是最容易产生反作用的一种方法，因为他实际上会让你很想吃甜的东西，导致低血糖。此外，还有不少人会质疑健怡饮料当中许多其他糖的取代物是否健康。它们模拟大脑的神经传递素，并且可能会导致一些不利于健康的行为活动和神经病学的相关症状，例如大人和小孩都会产生的头痛。

以下是格哈德·施密特医生（Dr. Gerhard Schmidt）对于谷物的一些论述：小麦是所有谷物当中的蛋白质含量最高的。一般来说，小麦很容易消化，但是其中有一种蛋白质叫作麦麸（面筋），对有些孩子来说比较难以吸收。大米的蛋白质含量低，脂肪含量也最低，碳水化合物的含量却最高（77%）。

这就是为什么在生病或康复期间，大米是最好的食物，因为它易于消化，而且吃一些温热的低蛋白和低脂肪的食物更健康。大米是对于所有胃的疾病都很好的一种谷物。黑麦含有高品质的蛋白质。黑麦面包是最易于消化的面包之一。而且，与小麦相比，它还含有更多的纤维素。燕麦也很棒，而且它是一种最为丰富的植物脂肪的谷物。燕麦与不加糖的苹果酱一起吃，对胃来说也是非常温和的，易于消化。如果你感觉到有一些抑郁，那么每天早上一碗燕麦片也许可能帮助你感觉好一点。大麦含有丰富的硅和铁。小米富含硫，还含有硅和氟化物，被视为可以美容的谷物，因为它可以净化皮肤。坚持 3 个月每天早上吃小米粥，可以有效减轻青少年长青春痘的症状。

最后，送给大家施密特医生的两句话：

- “精致的白面粉里所谓的营养并没有营养价值。”
- “我们找不到路——迷失了方向——也是每天营养的问题。”

所以，定好闹钟，拿起勺子，吃好每一顿早餐！

（三）睡眠的重要性

我每天都尽量让我快 7 岁的孩子在 8：00 之前睡觉。如果错过这个时间，入睡就会变得有些困难。要是我们在 5：00 之前吃完饭，在 6：00 之前稍微玩一小会儿，那么在讲完睡前故事后，他在 7：30 就可以睡着。但是如果我们是 6：00 或 7：00 才吃晚饭，那么 8：00 或 8：30 才会开始收拾，这时似乎又来了一阵风把他吹醒了，他可以一直玩到晚上 10：00 或 10：30。第二天，他的状态就不怎么好。不想起床，不想吃早餐，上学迟到。他很疲劳，而且那一整天都比较烦躁。这是怎么了呢？

如果你去找人智学医生的话，基本上他都会给你的孩子开一些针对肝脏的药，如 Hepatodoron（译者注：药名，含葡萄叶、野草莓和草莓属的多种植物成分。此药品是由德国 Weleda 公司依照人智学观点所生产的，可以帮助增强肝脏功能，改善睡眠）。肝脏的功能与我们睡眠的质量有关。它为我们第二天的活动调节能量水平，而且与我们的整体的情绪相关，比如是开心还是抑郁。肝脏跟随太阳的周期。大概晚上 6：00 的时候，它会开始犯困，并且开始储存糖分（肝糖），为第二天所用。它不喜欢消化大餐（特别是在下午 3：00 之后高蛋白、高热量的大餐）。

当我们的孩子（也包括我们）熬夜的时候，其实就影响了肝脏的新陈代谢。他就不能再储存糖分了。我们的身体，因为一直醒着、活动着，需要血糖，所以我们就会迫使肝脏打破原来的程序，甚至反过来分解肝糖从而提供我们身体活动所需要的糖分。新吹来的那一阵风，就是从我们血糖所提供的，然而我们却是在透支我们第二天所需要的能量。由于我们的肝脏无法储存它第二天所需要的肝糖，所以第二天我们拥有的肝是一个肝糖透支的肝。随之，我们的身体会要求我们的肾上腺释放应激激素，来保证我们的身体能照常运行。这种激素会向血液提供更多的糖，但是它同时也会让我们的心率加速、血压上升，抑制我们的免疫系统（我们更容易感觉到冷）。当应激激素工作的时候，你自己可以判断出来，因为即使血管收缩把血液挤压到手部和脚步，但是还是手脚冰凉。

如果应激激素和过少的肝糖的症状相结合的话，我们的肝脏往往会让我们嗜糖。当我们吃得太甜（比如说糖果和曲奇饼干），特别是空腹的时候，过多的糖分会过度刺激我们的胰腺，从而导致分泌过多的另一种激素——胰岛素。过多的胰岛素会导致我们的细胞吸收过多的糖，这样的话，就没有足够的糖分留在我们的血液里。血液里的糖分偏低就会导致低血糖，我们就会感到疲劳、烦躁、头重脚轻，或者孩子们的行为变得更加冲动或者过激（没有目的的）。低血糖还会让我们更加嗜糖，整个过程在这一整天就不断地恶性循环着。

有些孩子和成人对这种变化更为敏感。他们的胰腺可能会分泌更多的胰岛素来吸收糖。有些孩子和成人会释放更多的应激激素，来抵抗睡眠不足的现象，但是这种生理反应在我们每个人身上都会发生。对于那些已经非常活跃，而且在学校难以集中注意力的孩子，让他们早点上床睡觉，断绝含糖的食物确实可以帮助孩子和家庭都更好地运转。

有这么一种说法，午夜之前的睡眠是有滋补性的，而且睡一个小时顶两个小时。所以最好就是早睡早起（上学的孩子最好是在晚上 7：00—8：00 睡觉，成人最好是在 9：00—10：00 睡觉）。也许本杰明・富兰克林（Benjamin Franklin）说的那句话就是一句真理：早睡早起，富有、聪明、身体好。

（四）疾病的意义

人智医学认为我们的灵性（高我）总是健康的。我们的心魂总是先得病。如果不去关注我们的心魂，我们就会逐渐失去活力（我们的以太体就变得越来越虚弱），然后我们的物质身体就开始生病。菲利浦・因考医生（Dr. Philip Incao）是一位人智学医生，在科罗拉多州的丹佛工作。他在鲁道夫斯坦纳学院召开的阿尔泰米夏会议（Artemisia Conference）上发言时，描述了荷兰人智学医生所提出的关于健康的疾病的一个图景。

请把健康想象成一个天空湛蓝、万里无云、阳光明媚的一天。大地上长满了一层青青的小草，各种植物和树从由矿物质构成的坚硬的大地上生长出来。太阳是我们的精神，天空是我们的灵魂，绿色的植物是我们的生命力（以太体），坚硬的土地是我们的物质身体。我们是怀着进化我们灵魂的目的来到这个地球上的。在我们的灵魂当中，总是会有云形成：人生中总有这样的一些事情（我们的需求、愿望和欲望），我们试图去突破和转变。在任何一个特定的时候，如果我们的灵魂足够强大，我们就可以像太阳一样，总能驱赶走那些挡在我们路上的乌云。有的时候，突然有太多的云形成，或者一团云很快就变得很大，挡住了太阳的光芒。如果我们不关注我们灵魂发出的信息，云就会越积越多，雷电交加，化成雨滴洒落在大地上。大雨过后，天空又会变得晴朗起来，但是雨水也许会冲刷大地。如果我们的以太体不够强大来抵御暴风雨的话，我们的物质身体就有可能生病。遗传因素、命运和生命力都会影响我们这一世的物质身体，但是我们能做一些事情来增强我们的以太体，从而帮助我们自己在灵魂生命经历暴风雨的时候抵抗住疾病的挑战。

以太体是在我们生命的最初七年形成的。每天有节奏和有规律的生活（特别是规律的用餐时间、睡觉时间、早起的时间、节日庆典等）都可以增强我们的以太体。充足的睡眠（小孩和青春期的孩子通常需要睡大约 11 个小时）、足够的衣服（这样才会手脚暖和）和适当的营养（这样就可以很好地遵循我们肝脏的工作周期，下午 3 点前吃含有脂肪和蛋白质的食物，早餐和中餐都吃好，还可以搭配一些有营养的小点心，晚餐吃少）。这些都会帮助我们的器官健康地发展而且会增强我们的免疫系统。尽量减少我们身边的压力来源（电视、食品、电脑、咖啡因、睡眠不足、长时间坐车，总是急匆匆地从一个地方跑到另一个地方）可以增强我们的以太体。这些压力源会过度刺激我们的神经系统，从而到导致我们释放应激激素，进而削弱我们的免疫系统，让我们失去活力。

大自然是最好的治疗师。在布满树林的公园里，或者在一个安静的树林里，或者在水边走一段很长的路程，可以滋养我们。当我的灵性和生命力需要变强大的时候，我会去爬山，坐在红木树下、小河边。当我的灵魂感觉到很受折磨，或者头脑里太多想法，忧虑如洪水般冲向我的意识的时候，我会坐在一个瀑布旁边，或者到海边走走，听听海浪的声音。最后想跟大家说，我们能给我们自己和孩子们的最好的礼物是，慢下来，请记住："少往往是最好的。"

（五）发烧

人智医学对待发烧的方式和我在医学院学的方式很不一样。在人智医学看来，发烧是一件好事，因为它能增强孩子的免疫系统，并且帮助孩子更好地进入她的物质身体。只要能够确认孩子的病情并没有到一个很严重的程度，例如脓毒性咽喉炎、肺炎、脑膜炎等，孩子发烧并不是什么坏事。但是对于两岁以下的孩子发热，最好是第一时间去看医生，以确保孩子不会得此类疾病。据我了解，如果孩子发烧了，最好让他在一个安静的环境里休息（没有电视机和收音机），让他的身体保持温暖，而不是让孩子就穿一件 T 恤，光着脚丫子到处跑来给他"降温"。建议给孩子穿上三层的天然材质的衣服，两层天然材质的裤子，还要穿上羊毛袜子。这样做的目的是，帮助热量能够分布到身体的各个部分，这样，孩子的额头、手、脚，还有肚子都会保持同一温度。

喝有温度的东西也很重要（如菩提茶、加有柠檬汁的温水，或者温的稀释过的果汁），并且要避免任何凉的东西（如冰棍）。然而，如果身体的某一部分仍是凉的，那么身体就会想办法产生更多的热量来补偿，这样就会导致体温升得更高、更快。体温的迅速升高，特别是在生病的最初的 24 小时内，考虑可能是热性癫痫发作。

发烧的时候，不能吃蛋白质（鸡蛋、肉、牛奶）和脂肪，这一点很重要，因为这些食物更难以消化，而且蛋白质在新陈代谢之后更容易产生热量，因此，可能会导致体温进一步升高。蔬菜汤、米饭、苹果酱、香蕉、吐司面包是碳水化合物，更易于消化。甜食、巧克力和含有咖啡因的饮料会让孩子容易烦躁，而且会给他们的新陈代谢带来压力。

记得有一次我的孩子感冒，并且发烧到华氏 104 度（约为摄氏 40 度）时，我作为家长第一次使用人智医学的方法给他治疗。他喉咙没有发炎，也不咳嗽，也没有任何的呼吸困难，他的肺音听起来也很清晰，也没有任何呕吐、斜颈的症状，所以也没有任何脑膜炎的迹象。当时是深夜了，我们住在山上，到任何一个医院或者急诊室至少都需要 30 分钟。高烧让我儿子开始出现了一些幻听的症状。我用微温的水给他泡了一个澡。泡澡只起到了暂时的作用（5 ～ 10 分钟），但是他后来又感觉到冷，打寒战，然后体温又上升到比原来更高的温度。我又给他泡了两次微温的澡后，还不奏效，然后就打电话给我一个朋友，他是一名人智学医生。他告诉我去摸一摸孩子的脚。如果他的脚是温暖的（而不是凉的）话，我可以给他用柠檬包（译者注：也有用 lemon sock，柠檬袜）。如果脚是凉的话，我需要先用毯子或热水袋把脚先弄暖和了，再用柠檬包。

如何做柠檬包呢？先拿一个柠檬，把柠檬汁挤到平底锅上，然后加入半杯到一杯水，将其加热直至即将烧开。他告诉我，把一双棉袜子浸到这个热柠檬汁里（据一些报告，微温或是温暖的柠檬水也同样有效），取出袜子，尽量拧干，然后趁热给我儿子穿上（袜子一直穿到小腿肚的位置）。然后，我又给他穿上了一双羊毛袜子，这样他的脚和腿就不会觉得冷了，最后给他盖上毯子。当我在做这些的时候，我脑海里浮现出明天早上的报纸头条上写着："母亲是一位儿科医生，却用柠檬汁给儿子医治，导致儿子死于热性癫痫发作。"

当然，这只是一种假想。我儿子的体温逐渐下降到华氏 102 度（约为摄氏 38.89 度），而且幻听的现象没有了，一切就在 10 分钟内发生了变化。我让他一直穿着带有柠檬汁的袜子 20 分钟后，我才把它们脱下来。柠檬包一般仅在孩子发烧华氏 102 度以上，而且感到很不安和不舒服的时候才采用。通常情况下，在 24 小时之内最多使用三次柠檬包，同时要密切观察孩子是否有任何更为严重的病情发生。柠檬包并不会促使体温大幅度下降，但是，它却可以将头部的炎症从脚底拔出。

下半夜的时间里，我儿子没有明显不舒服的状况，体温维持在华氏 99~100 度（约为摄氏 37.2~37.8 度）的低烧状态。烧渐渐自己退掉，直到第二天下午恢复到正常体温。我真不敢相信我竟然没有用泰诺就帮他把烧退下去了。他没有出现冷热交替的症状，而且看起来比原来更自在了。发烧好像将他带入了一个新的发展阶段。他的个性变得柔和起来，对其他的孩子更友好、更温和了，在学校里画画似乎也比以前更得心应手了。我跟他的感觉也更亲近了，因为在他生病期间，我一直陪伴着他。

（六）耳痛

我儿子上周飞去南加州看望我的父母，在那里待了 8 天的时间。第二天跟他打电话时，我发现他好像有点儿感冒。几天之后，父亲打电话告诉我，孩子在哭，因为他的耳朵痛。除了鼻塞以外，他没有任何其他症状。虽然他耳朵里曾经有过积液，但是从来没有听说过他耳朵痛。我父亲问我他是不是可以给孙子吃一点泰诺或者其他什么能治耳朵的药。他看了一下孩子的耳朵，觉得应该是耳朵里面痛，而不是外耳道痛。

我几次欲言又止，但是最终还是跟我父亲说："不，爸爸。我不想你给他吃泰诺或是任何的抗生素。这也许听起来有一些奇怪，但是我想要你到超市去买一个洋葱（白洋葱或黄洋葱，不要红洋葱）。然后你把洋葱切一半下来放在烤箱里，以华氏200~250度（约为摄氏93.33~121.11度）的温度烤5～10分钟，只要把它烤暖了就好了，不要把它烤干。然后，让孩子把洋葱敷在耳朵上10～15分钟。"

我感觉得到了电话那头的沉思与安静。然后，我解释说，我不知道洋葱到底是不是有用，但是我想洋葱里面含有的一些天然化学香料可以麻醉耳膜，帮助止痛。我还告诉他，我在瑞士学医的时候，也听老师说过，洋葱也经常用于治疗耳痛。我自己也有两个朋友这么做过，她们将洋葱切碎，用粗棉布包起来，然后将它敷在孩子的耳朵上来缓解耳痛。听完这些之后，他让我再重复一次刚才说的内容，然后马上起身去超市。

第二天早上我打电话回家时，孩子告诉我耳痛已经好了。前一天晚上我儿子将洋葱敷在耳朵上大约10分钟，然后耳朵就不痛了。他整晚都睡得很好，第二天早上醒来，耳朵就完全不痛了。是洋葱让耳朵不痛了吗？一用洋葱就好了，这只是一种心理安慰还是巧合？我一边满心欢喜地跟儿子打电话，一边听到电话那头我的家人们一大早就在讨论这些问题。

二、育儿的几点提示

（一）养育年幼的孩子——学校从没教过我的

作为一名在儿童行为和发展方面接受过专业训练的儿科医生，我以为我知道所有一切关于孩子以及如何养育孩子的知识。可是，当我成为母亲之后，我却虚心地意识到，其实我知之甚少。有一些育儿方面的经验（和照顾婴儿的技巧）是医学院从来没有教过我的，包括如何养育小孩儿。

1. 年幼的孩子，特别是 7 岁以下的孩子，他们无法延迟他们的满足。孩子们生活在当下，他们看他们想看的，听他们想听的。他们还没有抵抗诱惑或延迟满足的认知能力。比如，在我儿子 4 岁的时候，我为他买了一个“很特别”的圣诞日历。12 月 1 日，我让他打开第一扇窗户。然后我把日历放到厨房里一个很特别的地方，然后就离开了房间。你猜猜看，他会怎样？所有圣诞节前的 24 天的小窗户在短短的几分钟内都被打开了。从那以后，我学会了在某些情况下应该更多地保持沉默，而且不要跟孩子说太多我的想法和计划，因为他们会想去做我所提到的所有事情——而且是马上去做！

2. 如果我们自己对界限不够清晰的话，孩子们也会很困惑。他们会把你往前推，直到他们找到了那面墙。虽然我对于在车上要系安全带这个问题上从来没有商量的余地，但是孩子上床睡觉这个问题却让我头疼。我儿子很快就学会了他可以不断地在睡觉时间说要喝水（我怎能拒绝一个口渴的孩子呢），上床之后还想吃一些点心（我怎么能让他饿着肚子睡觉呢），问一些关于这个偌大的世界的各种问题（我怎能不去满足孩子一颗好奇的心呢），等等。我现在仍在学习该如何在睡觉这个问题上做得更好。有时候，学习不一定总是会帮助我从一个状态转变到另一个状态。我也花了很多时间才从各种纷繁复杂当中辨别出对我最重要的价值观和思想是什么，这样才能为他设定清晰的界限。

3. 年幼的孩子，特别是 7 岁以下的孩子，真的能读懂我们的心思，而且是我们自己灵魂情绪的晴雨表。有人跟我说，没有人能读懂你的心思。可是小宝宝们也许可以通过感受我们加快的心跳和呼吸的频率感受到我们的焦虑，我的认识仅此而已。对于两三岁的孩子来说，如果我们不说，他们会认为没有那回事儿。换句话说，我可能对我孩子非常生气，但如果我不告诉他我很生气，或者在我的语气和表情上没有表现出来生气的话，孩子可能根本不知道。

记得有一次，我去我家附近的一所华德福学校参加家长工作坊。当时我的儿子 3 岁，我正在帮他找一个合适的幼儿园。我听了一个关于育儿的讲座，讲座的老师提到持有一种善念的重要性，因为年幼的孩子有能力感受到这种善念。我记得我当天晚上回家后，虽然对某些观点持一些保留意见，但是我很喜欢在讲座上老师给出的那个家长的形象：如果你有一个青春期的孩子或者是一个两三岁的孩子，你作为家长的角色就是做河流里的石头。你必须像一块石头一样坚定，任情绪如流水一般划过你，你不会被水冲走，也不会移动，或者被水冲得失去平衡。第二天早上醒来的时候，我对这样一个场景进行了思考。然后我儿子就醒来了，下楼来，爬到我的腿上坐着。我抱住了他，但什么都没说。接着，他看着我说："妈妈，我们一起来演小河里石头边的消防员吧。"（我儿子之前从来没有使用过石头或者小河这样的文字）

我还学到了思想和行动一样有力。不仅仅是我们做什么，说什么，或者如何行动（姿态）很重要，我们的思想也非常重要。我们可以通过诸多的方式相互影响，这些方式超越了我们的听觉、视觉和活动。我们对孩子做什么，我们对孩子说什么，我们如何在孩子面前活动，我们是如何想的都很重要。我们对于自己的看法也有很强的能量。我们有时候可以成为自己最大的敌人。如果我们不相信有些事情真的会因为我们而实现，那它往往就真的不会实现。我们最担忧的事情却常常会找上门来。积极正向的思考也是有能量的。这就是为什么许多奥运会运动员会聘请体育心理咨询师教他们如何正向思考的技巧，从而设想在赛场上自己有上佳的表现。

4. 你不让孩子做什么，他们偏要去做什么。年幼的孩子听到的是句子当中的动词，也就是采取行动的那个词，其他的几乎听不到。我记得我儿子上托儿所的时候，老师对他说："不要穿着球鞋去踩水。"你应该可以猜到，谁跳到小水洼里去踩水了。我有一个朋友，她很喜欢动物，也在和动物一起工作，他跟我说，其实还有更深的原因。实际上是你头脑中的那个图景在指导孩子。孩子们可以读到你心中的图景。如果我们说："不要跑到马路中间去。"然后我们头脑中出现的一个图景就是一个孩子跑到马路中间去了。那么这样一个图景被孩子读到后，他就很有可能会跑到马路中间去。相反，如果我们说"请在人行道上行走"并且头脑中一直保持这种图景，那么孩子更有可能在人行道上行走。

5. 当我们希望孩子做某事的时候，请说"你可以……"，不要陷入跟他们的谈判当中。"你可以……"比"请你……好吗？"或者"你不觉得我们该……吗？"要奏效得多。如果不必要做选择，那就不要给他们选择。而且孩子们很想试试看，如果他们不按父母所说的那样去做的话，到底会怎么样。给孩子太多的选择会让孩子过早地把关注放在自己身上，容易导致以自我为中心，这样做也会削弱他们的意志力。他们会僵硬地站在那里，不知道如何做出选择，也不知道该做什么。

在学习如何做家长的道路上，那些让我成长的付出和努力总是会留在我的记忆中。没有人是完美的。我们都会犯错误，是人就会犯错误。这就是我们学习和成长的道路。

（二）正视我们内在的阴影

养育孩子是最令人肃然起敬、最崇高和最具有挑战性的工作了。然而，作为养育孩子的父母，我们所处的文化却很少给予我们支持和认识。对于我来说，读医学院，做儿科实习医生，成为美国儿科学会的一员，成为一名职业的儿科医生，这些都比做一位母亲来得容易。在我的记忆当中没有任何事情像在过去的七年半养育一个小孩这么辛苦。我觉得有一部分辛苦是来自我自己需要去做的自我发展的工作（现在仍然在做），才跟得上我眼前这个眼睛闪亮、天真浪漫、充满能量的、不断发展的小男孩的步伐。养育一个孩子让我有机会重新过一次自己的童年。我不断发现我所有那些难以放下的、长期以来受到压抑的情感和想法，现在都迸发了出来。

几个月前的一个周末，我参加了内华达城（Nevada City）一个叫 Encompass 的团体为家长组织的“自然学习韵律”的工作坊。许多关于孩子的观点和想法都跟我最近参加的华德福教师培训和人智医学的课程非常一致。在这个工作坊中，我了解到，任何年龄段的人在他们自己的那个发展阶段都会有他们自己的智慧、滋养他们的“食物”，也会面临毒素和威胁。例如，孩子在他们最初的七到八年当中是生活在他们的身体和感官当中的。他们像海绵一样吸收他们所看到的、听到的、闻到的、尝到的、摸到的一切。他们是通过做来整合他们自己的听觉、视觉、平衡觉、运动觉，还有很多其他细微的感官。

这个年龄段的孩子还有令人难以相信的感知我们灵魂情绪的能力。不是用我们所说的语言来教育这个阶段的孩子，而是我们内在的真正的那个人——“我”——来教育孩子。是我们的声音、我们的态度、我们的姿态、我们的灵魂情绪，我们能保持活在当下的能力（不为过去的失败和未来的担忧所困扰和不安）。孩子们从我们身上以及他们所处的环境当中汲取养分，直到他们最深的灵魂深处。因此，我们必须要问自己，我们是值不值得他们模仿，我们孩子所处的环境（他们所看所闻的）值不值得他们模仿。

从家长工作坊当中，我学到从出生到 8 岁的孩子总是尝试发现他们自己的力量，界定他们自己的边界，进入他们的身体当中。这就是这个阶段的孩子的智慧。这个阶段最好的滋养食品包括抚触、安全、温暖、灵活和身、心、灵的营养。这个阶段的孩子需要清晰的规则和界限，很多可以预知的生活规律和节奏、丰富的营养、充足的睡眠、不要有太多的选择（行动和榜样的力量胜过语言的力量）。不管是肢体上还是语言上的威胁，对孩子的成长来说都是毒素，因为这会导致他们在物质身体层面和以太体（生命力）的层面处于收缩的状态，在灵魂和精神层面也会如此。这对于他们发展自己的能力、探索自己的力量、发现他们的界限，并且完全进入他们的身体都会带来阻碍。

我从这个工作坊中学到的一个重要内容是，所有的孩子，特别是青春期的孩子，就像是他们所在的环境和我们文化的一面镜子。小孩子们照见我们自己的阴影，青春期的孩子同时照见我们作为家长的阴影和我们这个文化的阴影。换句话说，我们有时候作为家长拒绝承认的在我们自己身上，或者我们所处的社会当中的某些特质，会在我们孩子身上看到。如果我们小的时候不能表现出生气的情绪，那么往往我们的孩子就会展现出较多的生气的状况，从而也激怒我们发火。如果我们小时候被教育得害怕生气，那么我们的孩子想要什么东西的时候就会通过发脾气来控制我们。

我们与我们孩子之间的关系，就像我们与家人和朋友之间的亲密关系一样，继续揭示着我们内在的阴影，因此也让我们有机会去蜕变并疗愈我们的灵魂。

（三）结果与过程

作为一位家长，会面临什么样的身份认同危机呢。我是在一个只注重最终结果而不看重事情过程的文化中长大的。在医学院学习和我当儿科医生的时候，我睡得好不好，吃得好不好，对家人好不好，对身边的朋友好不好，都没有关系，只要我完成了任务（看病人，准备诊所的谈话，完成我的研究论文）。换句话说，我过着一种“只看结果，不看过程”的生活。

有了孩子以后，生活慢慢地让我知道“结果”不能说明“过程”。当我第一次和孩子一起做烘焙的时候，我就是太注重结果，太注重最后的成品了。我对于面粉或发酵粉的量和比例的精确程度的要求近乎苛刻，因为我希望最终做出来的是一个“完美”的玛芬蛋糕。然而，我的孩子却想要感受面粉和其他东西混在一起的那种有意思的质感。因为我总是过于担心结果（例如不知道蛋糕做出来会不会好吃），以至于整个烘焙对于我们俩来说并不是一个享受的过程。虽然最后玛芬蛋糕做出来味道还不错，可是在经过这样的体验过后，我的儿子就再没有兴趣和我一起做烘焙了。出去散步也是一样。在没有孩子之前，每次出去散步或爬山的时候，我总会有一个目的地。因为我认为，你必须要到达那个目的地，才算得上是“一次成功的散步”。而我孩子散步的时候呢，总是走几步就停下来，观察一下石头，看一看小虫子，或捡一根小木棍。整整一个小时过去了，我们才走完一个街区。我会有些不耐烦，他也看到了我的不耐烦，不过可能不知道为什么。直到过了很长一段时间，我逐渐学会如何更好地活在当下之后，和他一起出去散步才成为一件真正令人愉悦的事情。

如果没有照顾好自己，也是不行的（如某顿饭不吃、睡眠不足、喝太多含咖啡因的饮料，或者生闷气）。这都会影响我和孩子的关系。特别是在最初的七年，孩子们会吸收我们的灵魂情绪和我们的姿态。即使是对于年龄大一点的孩子，我们的情绪和我们的姿态就像老师和榜样一样会影响他们。我们灵魂的情绪存在于我们的每一个姿态当中，而这些姿态又会印刻在孩子身上。如果我在做一个动作，比如切胡萝卜，而我心里却在想今天早些时候发生的让我很生气的一件事或者一条新闻（也就是说是过去发生的事情），它会影响我切胡萝卜的心情。我切的时候动作会很生硬，心情很糟糕，菜板会被我切得咚咚直响。当孩子看到我这样的姿态的时候会非常不解，一边看着我切胡萝卜，一边吸收我的手臂生硬的动作，吸收我脸上一副跟切胡萝卜这件事情毫不相干的表情。

我最近去听过一个讲座，那位讲座的老师提到，如今我们的孩子表现出来的越来越多的焦虑和行为紧张，可能是与我们在他们面前做事情的时候，缺乏那种临在感有关。我们都承受着压力，似乎总有做不完的事情。然而，我们如何使用时间，是一个精神上的问题。当我们和孩子相处的时候，我们总是会忍不住停留在过去或担心着未来。孩子们是活在当下的，但是如果我和他们在一起的时间足够长的话，他们也会提醒我们该如何活在当下。

最后，跟大家分享一句话：“孩子们是不是能记住我们所说的话并不那么重要，重要的是当他们和我们在一起的时候，我们如何让他们感受。”我们能给予孩子的，也是我们能够相互给予的最好的礼物，就是真真实实地和他们在一起。

本书其他参与者简介

梅丽莎·博登（Melissa Borden）

梅丽莎·博登是西雅图华德福学校的一位幼儿园老师，她在那里从事了20年的教育工作。她和她的丈夫，以及他们的3个孩子都在阿拉斯加中南部过夏天，在那里他们有一家三文鱼捕捞公司。

黛雯·布朗西（Devon Brownsey）

黛雯·布朗西是日出华德福学校的一位老校友，正与她的女儿一起参加母校的亲子班学习，他的儿子也在这里上幼儿园。黛雯是一位职业摄影师和全职妈妈。

劳瑞·克拉克（Laurie Clark）

劳瑞·克拉克和她的丈夫汤姆生活在科罗拉多州，他也是一位华德福老师。他们有3个女儿和1个外孙女。这已经是她当华德福幼儿园老师的第26个年头了，她现在在丹佛华德福学校工作。劳瑞也是一位大会发言人，教师培训老师和幼儿园指导老师。最近，她与南希·布兰宁一起合写了《运动之旅和晨圈探索》(Movement Journeys and Circle Adventures.）

苏珊·R·约翰逊，医学博士（Susan R. Johnson，MD）

约翰逊医生是一位华德福学校的行为和发展方面的儿科医生，她在每周通讯里会为家长写一些关于医疗保健方面的内容，也到社区里做讲座。她在加州的菲尔奥克斯（Fair Oaks）有一间针对儿童行为和发展的私人诊所，称为拉斐尔之家（Rahpael House），在这里，她会与孩子的家长们一起，帮助那些 2 ～ 18 岁在发展、行为和学习方面有挑战的孩子。

珍妮特·科尔曼（Janet Kellman）

珍妮特·科尔曼从事华德福教育工作已经有 30 多年了。她和她的先生是加州艾博盖尔特槲树华德福学校（Live Oak Waldorf School in Applegate）的初创成员。她是一位幼儿园老师，并且负责鲁道夫·斯坦纳学院的幼教教师培训项目长达 12 年，现在是槲树华德福学校的早教和幼儿园小班（Nursery Preschool）的老师。

伊丽莎白·摩尔－哈斯（Elisabeth Moore-Haas）

伊丽莎白·摩尔－哈斯曾是瑞士一位幼儿园老师，她是瑞士伯尔尼幼教培训的创始人和负责人。她作为外聘教师在北美从事了多年的幼儿早期教育工作。

黑尔佳·鲁夫，医学博士（Helge Ruof，MD）

黑尔佳·鲁夫在维滕 / 黑尔德克大学（University Witten/Herdecke）学习医学，这所大学是由格尔哈德·金勒（Dr. Gerhard Kienle）和一些人智学医生共同创办的。她在瑞士巴塞尔大学医院完成了她的实习和驻院医生的工作，并于 2004 年获得加州儿科医生证书。

约尔格·鲁夫，医学博士（Jörg Ruof，MD）

约尔格·鲁夫在德国维滕/黑尔德克大学获得他的医学博士学位，并在德国汉诺威医学院接受了内科和血液科的培训。他在制药业的各个领域工作了多年。黑尔佳和约尔格现在与他们的两个孩子居住在巴塞尔。

参考书目

第一部分

鲁道夫·斯坦纳,《教育的根基》(The Roots of Education), 伦敦：鲁道夫·斯坦纳出版社，伦敦，1982，第 61 页。

第二部分

鲁道夫·斯坦纳,《华德福教育和人智学 Ⅱ 》(Waldorf Education and Anthroposophy 2), 哈德森，纽约：人智学出版社，1996，第 212 页，出自 1924 年 8 月 30 日在伦敦的一次演讲。

第三部分

弗莱娅·亚福克 (Freya Jaffke), 编者,《关于孩子的玩耍：鲁道夫·斯坦纳对与幼儿一起工作的启示》(On the Play of the Child: Indications by Rudolf Steiner for Working with Young Children), 春之谷，纽约：WECAN，2004，第 18 ～ 19 页，节选自 1920 年 6 月 10 日的一次演讲，无完整英文版。

第四部分

鲁道夫·斯坦纳,《教育的精髓》(The Essential of Education), 哈德森，

纽约：人智学出版社，1997，第 40 页。

第五部分

弗莱娅・亚福克，编者，《关于孩子的玩耍：鲁道夫・斯坦纳对与幼儿一起工作的启示》，春之谷，纽约：WECAN，2004，第 41 页，出自 1992 年 1 月 5 日在多纳赫（Dornach）与英国客人的讨论，黑德维希・浩克（Hedwig Hauck）在《艺术和手工》（Art and Handwork）当中引用。

第六部分

海因茨・齐默尔曼（Heinz Zimmermann），《说、听、理解》（Speaking，Listening，Understanding），哈德森，纽约：林迪斯凡出版社（Lindisfarne Press），1996，第 43 页。